Lise Bourbeau

Höre auf Deinen Körper und sei wie Du bist

Das Vergangene loslassen,
das Wesentliche tun und sich selbst lieben

WINDPFERD

Wichtiger Hinweis

Die in diesem Buch beschriebenen Methoden sollen ärztlichen Rat und medizinische Behandlung nicht ersetzen. Die in diesem Buch vorgestellten Informationen sind sorgfältig recherchiert und wurden nach bestem Wissen und Gewissen vorgestellt. Dennoch übernehmen Autor und Verlag keinerlei Haftung für Schäden irgendwelcher Art, die direkt oder indirekt aus der Anwendung oder Verwendung der Angaben in diesem Buch entstehen. Sämtliche Informationen in diesem Buch sind für Interessierte zur Weiterbildung gedacht.

Titel der französischen Originalausgabe Écoute ton corps – *Encore! – Tome 2*
Erschienen bei *Les Éditions E.T.C. Inc., Kanada*

Aus dem Englischen übertragen von *Martin Rometsch*

2. Auflage 2006

www.windpferd.de

Umschlaggestaltung: Marx Grafik & ArtWork
Lektorat Bücherwurm, Ulm
Gesetzt aus der ITC Korinna
Gesamtherstellung: Schneelöwe Verlagsberatung & Verlag, Aitrang
Gedruckt auf säurefreiem, chlorfrei gebleichtem Papier

Printed in Germany · ISBN 3-89385-500-9

Inhalt

Vorwort

Hier bin ich wieder, diesmal mit der Fortsetzung meines ersten Buches *Höre auf Deinen besten Freund, auf Deinen Körper.* Dieses Buch schrieb ich 1985, aber es wurde erst 1987 veröffentlicht. Nun möchte ich mit meinen Leserinnen und Lesern alles teilen, was ich in diesen acht Jahren gelernt habe.

Auch in diesem Buch nehme ich mir die Freiheit, meine Leserin und meinen Leser zu duzen, weil ich mich ihnen dann näher fühle. Wenn ich das Wort „Universum“ verwende, meine ich den „göttlichen Plan“. Am Ende jedes Kapitels empfehle ich dir eine Übung, die dir hilft, das Gelernte in die Tat umzusetzen. Wir wissen, dass Bewusstsein auf *Erfahrung* beruht. Du kannst dieses Buch lesen, ohne die Übungen zu machen, aber in diesem Fall ist der Nutzen geringer, denn das Gelernte bleibt nur mentales Wissen.

Damit dein Bewusstsein Wissen aufnimmt, musst du es in deiner physischen, emotionalen und mentalen Welt erleben – dann wird dein Wesen vollständig davon geprägt. Deshalb rate ich dir dringend, die Übungen zu machen. Natürlich kannst du das Buch zuerst von vorne bis hinten durchlesen; aber dann empfehle ich dir, es anschließend noch einmal zu lesen und die Übungen zu machen.

Dieses Buch besteht aus drei Teilen: *Haben, Tun* und *Sein*. Ich behandle das *Haben* zuerst, weil ich festgestellt habe, dass die meisten Menschen darauf großen Wert legen. Da uns heute jedoch die Energie des Wassermannzeitalters beeinflusst, müssen wir vor allem *sein*. Wir müssen herausfinden, was wir wollen, um glücklich zu *sein,* und dann *tun,* was notwendig ist, damit wir *haben,* was wir wollen. So leben wir aber noch nicht lange – erst seitdem die Ära der Fische zu Ende ist.

Zweitausend Jahre lang standen wir unter dem Einfluss der Fische und lernten, dass es wichtiger ist, Dinge zu *haben,* als etwas zu *tun* und glücklich zu *sein*. Oft hören wir zum Beispiel: *„Wenn ich Geld (ein Diplom, einen Mann, Gesundheit) hätte, könnte ich dieses oder jenes tun und wäre glücklich.“* Jetzt haben sich unsere Prioritäten geändert: Wir müssen zuerst und vor allem *sein*.

Dennoch habe ich mich entschieden, dieses Buch mit dem *Haben* zu beginnen, damit dir bewusst wird, welche Bedeutung wir dem Haben beimessen. Wenn du das Buch gelesen und die Übungen gemacht hast, wirst du das *Sein* verstehen und schätzen. Dann harmonieren das *Tun* und das *Haben* von selbst mit dem *Sein*.

Ich hoffe, dass dieses Buch dazu beiträgt, deine Lebensqualität erheblich zu verbessern. Viel Spaß beim Lesen!

In Liebe

Lise Bourbeau

Teil 1

HABEN

Kapitel 1

Glaube und Furcht

Am Anfang der Zeit waren alle Wesen reiner Geist, also Licht. Irgendwann beschlossen wir jedoch zu experimentieren und als Gott in der materiellen Welt zu inkarnieren. Um auf der dreidimensionalen Ebene leben zu können, brauchten wir mentale, emotionale und physische Körper. Dadurch wurden wir sozusagen immer menschlicher (deshalb sprechen wir von *menschlichen Wesen)* und begannen alle Arten von Erfahrungen auf dem Planeten Erde zu sammeln.

Als der reine Geist einen materiellen Körper schuf, schuf er auch eine Seele und somit die Dualität – eine unmittelbare Folge der Trennung der Seele vom Geist. Die Seele ist der subtile Aspekt der materiellen Ebene und umfasst die mentalen und emotionalen Dimensionen jedes Menschen. Nach dem ursprünglichen Plan sollte jedes Wesen auf der materiellen Welt alle Arten von Erfahrungen machen und zugleich einen freien Willen haben: die Fähigkeit, sich zu entscheiden. Alle Menschen waren und sind imstande, Erfahrungen zu machen, die sie machen wollen, sie auf ihre Weise auszuleben und selbst zu bestimmen, wann sie zufrieden sind.

Leider verstrickten sich die meisten von uns so tief im Materiellen, dass wir vergaßen, wer wir wirklich sind: Götter auf der materiellen Ebene! Wir vergaßen unser „Sein“, weil wir zu glauben begannen, wir seien unser mentaler, physischer Körper. Warum mental? Weil das Mentale die höchste und mächtigste Ebene der materiellen Welt ist.

Werfen wir einen genaueren Blick auf die mentale Dimension des Menschen, die man auch niederes Selbst, Intellekt oder Gedächtnis nennt. Alle Gedankenformen, jeder Glaube, jede Furcht und das Ich stammen von der mentalen Ebene. Die wichtigste Aufgabe des Intellekts besteht darin, Informationen zu sammeln, die unsere Sinnesorgane wahrnehmen, und das Verlangen des emotionalen Körpers zu speichern. Der Intellekt oder mentale Aspekt ist eine riesige Datenbank. Alles, was die Sinnesorgane melden und was der emotionale Körper empfindet, wird in dieser Datenbank aufgezeichnet, und zwar ohne die Etiketten „gut" oder „böse". Der Intellekt speichert diese Erfahrungen, damit wir sie später verwerten können; vor allem aber soll er uns daran erinnern, dass wir Lichtwesen sind, die versuchen, alle Erfahrungen voller Liebe und Harmonie zu durchleben.

Wenn uns wirklich klar ist, dass wir Götter sind, ist die Liebe unser einziger Maßstab. Wir lieben uns und andere, und wir erlauben uns und anderen, ohne Schuldgefühle alle Arten von Erfahrungen zu sammeln. Wir urteilen nie, einerlei, was geschieht. Darum bleiben wir uns selbst treu. Wenn wir in Not geraten und die Harmonie oder das Gleichgewicht verlieren, bedeutet das, dass wir Gott – die Liebe – vergessen haben.

Der Intellekt zeichnet jede einzelne Erfahrung auf. Jeder Gedanke wird eine Gedankenform. Diese Gedankenformen, die uns einhüllen, haben lediglich einen Zweck: Sie erinnern uns an alles, was wir brauchen, um auf Erden zu leben – Name, Anschrift, Lesen, Schreiben und so weiter. Doch anstatt Ereignisse nur im Gedächtnis zu speichern, kamen wir nach und nach auf die Idee, diese Erfahrungen seien die einzige Wirklichkeit. Wenn ein Ereignis uns körperliche oder seelische Schmerzen bereitet, messen wir ihm zu viel Bedeutung bei und denken daher: *„Ich will nicht, dass so etwas noch einmal geschieht; darum werde ich es nicht vergessen. Ich habe zu große Angst davor."* Und je mehr wir ein Ereignis vergrößern, je öfter wir *„Ich darf nicht"* oder *„Ich sollte nicht"* sagen, desto mehr Macht gewinnen diese Gedankenformen und werden schließlich zu einer festen Überzeugung.

Das gilt für die ganze materielle Ebene. Je stärker wir an einer Erfahrung haften, desto wichtiger wird sie. Ein Glaube ist nichts weiter als eine Erinnerung, von der wir uns leiten lassen.

Angenommen, ein Kind wird in eine Familie hineingeboren, in der die Eltern bereits sehr mit anderen Kindern, ihrer Arbeit und sonstigen Dingen beschäftigt sind. Das sind keine günstigen Bedingungen, weil niemand Zeit für das Kind hat. Darum besteht die Gefahr, dass es sich als Belastung für die anderen und als Außenseiter empfindet, weil es den Eindruck hat, dass im hektischen Familienleben niemand von ihm Notiz nimmt. Wenn das Kind daraus schließt, dass es nicht willkommen ist, dass niemand es liebt, wird diese Gedankenform so mächtig wie die Energie, die sie aufrechterhält. Wenn dieser Mensch erwachsen ist, wiederholt er womöglich dieses Szenario, weil er als Kind beschlossen hat, daran zu glauben. Die meisten Menschen denken in solchen Situationen: *„Es ist normal, das zu glauben. Es passiert mir ja immer wieder!“* Aber glauben sie es wirklich, weil es geschieht? Nein – die Erfahrung wiederholt sich, weil sie *glauben,* nicht geliebt zu werden. Darauf müssen wir unbedingt achten: *Sobald wir zulassen, dass eine Gedankenform sich zu einem Glauben entwickelt, wird sie unsere Herrin und führt von da an unser Leben,* so dass unser Selbst – unser Licht – uns nicht mehr führen kann.

Das meine ich mit „vergessen, wer wir sind“. Man sagt: *Wir erfahren, was wir glauben, nicht, was wir wollen.* Warum? Weil wir dem Intellekt erlauben, uns zu beherrschen, und ihm daher unsere Kreativität schenken. Da der Intellekt aber nichts weiter als ein Gedächtnis ist, kann er uns nur auf der Basis seiner gespeicherten Erfahrungen regieren, die er deshalb immer wieder neu erschafft. Wenn ein Glaube uns beherrscht, leben wir in Furcht, weil wir den Kontakt mit unserem inneren Licht verloren haben. Wir stehen im Dunkeln. Aber wir können uns immer zwischen Licht und Finsternis, Liebe und Furcht, Glück und Unglück entscheiden.

Vielleicht wendest du jetzt ein: *„Man muss doch an etwas glauben! Seit meiner Kindheit glaube ich an mich, an das Leben, an das Glück und an Gott.“* Ja, ich stimme dir zu. Wenn wir bewusster werden, benutzen wir unsere Intelligenz, um zu entscheiden, welche Überzeugungen sinnvoll sind. Was richtig oder falsch ist, entscheidet immer das Ich. Zunächst sagen wir: *„Ich glaube, ich werde mit dieser Situation fertig.“* Dann handeln wir. Mit anderen Worten: Wir glauben zunächst an etwas, und darum sind wir imstande zu sagen: *„Jetzt kann ich.“* Wenn wir völlig bewusst sind, wissen wir jedoch intuitiv, was für uns richtig ist – ohne dass wir zuerst daran glauben müssen.

Die Bekräftigung *„Ich kann“* ist viel mächtiger als *„Ich glaube, ich kann.“* Solange wir glauben, besteht die Gefahr, dass wir zweifeln, unsere Meinung ändern und etwas anderes glauben. Das gilt auch für Gott. Die Menschen *glauben* zunächst an Gott und schließlich fühlen und wissen sie: *„Ich bin Gott. Ich bin ein Ausdruck Gottes auf der materiellen Ebene.“*

Letzteres ist eine viel wirksamere Bekräftigung. Der Glaube ist also ein notwendiger Schritt hin zum Wissen. Wenn du sagst: *„Ich glaube, ich kann“*, bewegst du dich immerhin auf etwas Angenehmes zu.

Wir müssen uns jedoch dessen bewusst sein, dass jeder Glaube die Furcht nährt, dass etwas Unangenehmes geschehen wird, falls wir gegen den Glauben verstoßen.

Mancher Glaube wird von Millionen von Menschen bekräftigt und darum brauchen wir mehr Energie, um uns von ihm zu lösen. Das gilt zum Beispiel für den Glauben

- dass wir uns bei Durchzug erkälten
- dass wir am nächsten Morgen müde sein werden, wenn wir heute spät zu Bett gehen
- dass wir im Alter krank werden oder nichts mehr erreichen können
- dass wir dreimal am Tag essen müssen, um gesund zu bleiben und Energie zu haben
- dass wir egoistisch sind, wenn wir tun, was wir wollen
- dass wir andere verletzen, wenn wir unsere Meinung sagen
- dass wir nicht immer die Wahrheit sagen dürfen, weil andere uns sonst nicht lieben
- dass wir mehr geliebt werden, wenn wir vernünftig sind
- dass andere uns ausnutzen, wenn wir Gefühle zeigen
- dass wir einen schönen Körper brauchen, damit andere uns lieben und begehren
- dass wir dünn sein müssen, um schön zu sein

Diese Meinungen sind weit verbreitet, und es ist wichtig, sich ihrer bewusst zu sein, weil sie uns sonst beherrschen, ohne dass wir es merken. Wir haben seit unserer Geburt eine Menge Überzeugungen dieser Art angehäuft, und ihre Summe nennen wir „Ich“ oder „niederes Selbst“. Das Ich ist der Teil von uns, der verhindert, dass wir unser wahres Selbst sind. Wer ein starkes Ich hat, stößt in seinen Beziehungen häufig auf Schwierigkeiten, weil er anderen ständig widerspricht und stur an seiner Meinung festhält. Er glaubt, alles zu wissen und immer Recht zu haben, und er merkt gar nicht, dass er in seinen Überzeugungen gefangen ist. Er glaubt nur an seinen Intellekt und lehnt Ratschläge anderer und alles Neue ab.

Darum ist es sehr wichtig, dass du dir deiner Überzeugungen bewusst wirst; denn solange dir das nicht gelingt, beherrschen sie dein Leben und du hältst an deinem Glauben fest, ohne es zu wissen. Wenn du nicht mehr an einem Glauben haftest, verwandelt er sich in eine schlichte Erinnerung, die du nach Belieben nutzen kannst. Um das zu erreichen, musst du genau untersuchen, was du fürchtest, denn Furcht wird vom Glauben genährt. Es ist oft leichter, sich einer Furcht bewusst zu werden, während der dahinter stehende Glaube schwer zu entlarven ist. Aber in einigen Fällen ist es umgekehrt.

Nehmen wir an, ein Mensch hat ohne Erfolg eine Stelle gesucht. Er behauptet, er wolle arbeiten; aber die Tatsache, dass er sein Ziel nicht erreicht, lässt vermuten, dass ein unbewusster Glaube ihn blockiert. Um diesen Glauben aufzuspüren, muss er sich fragen: *„Welche unangenehme Erfahrung könnte ich machen, wenn ich Arbeit fände?“* Lautet die Antwort: *„Daran wäre nichts unangenehm, denn es ist mein größter Wunsch, einen Job zu bekommen“,* befindet er sich im Einklang mit seinem Wunsch, nicht mit einer blockierenden Furcht. Wenn ihn jedoch eine Überzeugung am Erfolg hindert, muss er tiefer dringen, um die daran haftende Furcht zu identifizieren. Das geht am schnellsten, wenn er bereit ist sie zu erleben. Dann entdeckt er vielleicht, dass er fürchtet, die Erwartungen seines Chefs nicht zu erfüllen, unter Wert bezahlt zu werden, ausgenutzt zu werden, seine Freiheit zu verlieren, Fehler zu machen, sich zu langweilen oder ausgelacht zu werden (wie bisher).

Angenommen, dieser Mensch ist sehr engagiert und fürchtet, man werde ihn ausnutzen. Dann wissen wir zugleich, dass er diese Erfahrung bereits gemacht hat. Er muss erkennen, dass er glaubt: *„Ein engagierter Mensch wird immer ausgenutzt“*. Dieser Glaube ruft die beschriebene Situation hervor. Andere wollen ihn nicht ausnutzen; sein *Glaube* ist schuld am Misserfolg. Das illustriert die immense schöpferische Kraft der Menschheit. Erst wenn wir uns nutzloser Einstellungen bewusst werden, können wir hervorbringen, was wir wirklich wollen, nicht das genaue Gegenteil.

Du kannst dir schädlicher Überzeugungen auch dadurch bewusst werden, dass du deine Gewohnheiten genau prüfst.

Im Allgemeinen bestimmt dein Glaubenssystem deine Gewohnheiten. Wenn du also gewohnheitsmäßig handelst, solltest du dich fragen, ob du eine bewusste Entscheidung getroffen hast oder aus Furcht handelst. Nehmen wir an, du isst dreimal am Tag. Tust du das aus Furcht, Kopfweh zu bekommen oder keine Energie mehr zu haben, wenn du eine Mahlzeit auslässt? Wenn ja, ist es weder deine Entscheidung noch die deines Wesens, sondern dein mentaler Glaube zwingt dich, dreimal täglich zu essen, obwohl dein Körper vielleicht gar nicht so viel Essen braucht.

Du kannst auch deine moralischen Urteile und deine Kritik analysieren, während du mit anderen redest oder an sie denkst. Mehr dazu findest du in Kapitel 9.

Achte auch darauf, wann du Worte benutzt wie *„Ich muss"*, *„Ich sollte"*, *„Ich würde gerne"*, *„Ich hätte sollen"*, *„Hätte ich doch nicht"* und so weiter. Sie deuten auf Furcht hin. Selbst wenn wir etwas haben wollen, tun wir nichts dafür, weil unser Intellekt uns davon abrät. Ist es unsere Entscheidung, wenn wir *„Ich muss"* sagen? Vielleicht haben wir uns in eine Situation gebracht, in der wir ein gegebenes Versprechen nicht zurücknehmen können, weil der Preis dafür zu hoch wäre. Das ist in Ordnung, wenn es unsere *Entscheidung* ist; aber wenn wir etwas tun *„müssen"*, weil ein mentaler Glaube es verlangt, haben wir unser Leben nicht im Griff.

Jedes Mal, wenn wir uns von einem Glaubenssystem leiten lassen, sind wir nicht Herr unseres Lebens. Eine Entscheidung, die allein auf einem mentalen Glauben basiert, ist selten nützlich, weil sie oft der Furcht entspringt. Wir müssen uns darauf besinnen, dass wir Gott sind; nur dann kennen wir unsere wahren Bedürfnisse.

Stellen wir uns unser „Wesen" als Zentrum vor, das vom Mentalkörper, vom Emotionalkörper und schließlich vom physischen Körper eingehüllt wird. Wie eine Zwiebel haben wir unser Zentrum mit Schichten (Körpern) zugedeckt, damit wir auf der materiellen Ebene Erfahrungen sammeln können. Diese Schichten haben nur auf der materiellen Ebene Substanz; spirituell gesehen sind sie eine Illusion. Ein spiritueller Mensch erkennt leicht, was er will und braucht, weil er mit seinem Zentrum, seinem inneren Gott verbunden ist. Er benutzt seine drei materiellen Körper, um seine Bedürfnisse auf der materiellen Welt zu befriedigen. Die materielle Welt ist also die Dienerin des inneren Wesens.

Es beginnt damit, dass wir etwas haben wollen. Der Wille kommt aus der *Intuition,* aus dem Zentrum. Wir spüren den Wunsch mit dem *Emotionalkörper* und benutzen den *Mentalkörper* (durch Zugriff auf unseren Gedächtnisspeicher), um herauszufinden, wie wir den Wunsch erfüllen können. Schließlich ermöglicht es uns der *physische Körper* entsprechend zu handeln. Dank der gemeinsamen Arbeit der drei Körper können wir unsere Bedürfnisse harmonisch befriedigen. Doch leider werden die meisten unserer Bedürfnisse wegen unserer mentalen Blockaden nicht befriedigt.

Die Entdeckung der Ursache hinter Krankheiten oder Beschwerden ist eine weitere hervorragende Möglichkeit, einen Glauben zu enthüllen. In meinem Buch *„Dein Körper sagt: Liebe dich“* erkläre ich in allen Einzelheiten, wie mentale Überzeugungen alle Krankheiten auslösen können, indem sie den Energiestrom in einem bestimmten Teil des physischen Körpers blockieren, der seinerseits unter einer Störung des Emotionalkörpers, hervorgerufen von der mentalen Blockade, leidet. Das bedeutet: Wenn wir etwas auf der materiellen Welt begehren, hält unser Glaubenssystem uns davon ab und behauptet beispielsweise, das Geld werde uns ausgehen oder niemand werde uns lieben, wenn wir dies oder das tun. Der erkrankte Körperteil ist direkt mit unserem Wunsch verbunden, selbst wenn dieser unbewusst ist. Deshalb müssen wir überlegen, welcher Körperteil wehtut, um herauszufinden, welcher Glaube an der Blockade schuld ist.

Betrachten wir einmal den Fall einer Frau mit Schmerzen im rechten Arm, vor allem im Ellbogen. Ich fragte sie: *„Wovon würden die Schmerzen dich abhalten, wenn sie schlimmer würden?“* Da wir mit einem Arm sehr viel tun können, wollte ich wissen, ob sie etwas Bestimmtes mit ihm tat. Ohne zu zögern, antwortete sie: *„Das würde mich am Tennisspielen hindern.“* Da wusste ich, dass ihre Blockade mit diesem Sport zu tun hatte, denn sie sagte kein Wort darüber, dass die Schmerzen sie daran hindern würden, ihre Hausarbeit zu erledigen, ihr Kind im Arm zu halten und so weiter. In Wahrheit sagte sie: *„Meine Einstellung beim Tennisspielen tut mir weh.“* Darum fragte ich, ob ihr Tennis wirklich Spaß mache. Sie bejahte. Da ich weiß, dass Beschwerden uns dabei helfen sollen, mentale Blockaden aufzudecken, erkundigte ich mich, ob ihr an ihrem Spiel etwas missfalle, und sie erwiderte: *„Ich spiele gern Tennis, weil es Spaß macht. Aber zurzeit spiele ich mit drei anderen Frauen, die daraus einen Wettkampf machen. Wir haben zwei Teams gebildet, und jedes Mal, wenn ich spiele, strenge ich mich an, damit ich meine Partnerin nicht verliere. Aber diese Wettkämpfe machen mir keine Freude mehr."* Sie wollte Spaß am Spiel haben, aber sie fürchtete, ihre Freundinnen zu verlieren, wenn sie auf ihre Wünsche nicht einging. Der Glaube *„Ich muss tun, was andere wollen, damit ich Freunde habe"* hielt sie davon ab, so Tennis zu spielen, wie sie es wollte. Hätte sie an diesem Glauben festgehalten, wäre es für sie sehr schwer geworden, irgendetwas zu ihrem Vergnügen zu tun. Sie erkannte jedoch, dass es sinnlos war, so wie bisher weiterzumachen.

Also sprach sie mit ihren Freundinnen, und sie schlossen einen Kompromiss: Dreimal im Monat würden sie nur zum Spaß spielen und einmal um Punkte. So hatten sie alle etwas davon, und die Frau verlor ihre Freundinnen nicht. Ihre Schmerzen verschwanden. Außerdem wurde ihr klar, dass das, was sie glaubte, nicht unbedingt richtig war. Vielleicht hatte sie als Kind eine Freundin verloren, weil sie ihr einen Wunsch abgeschlagen hatte. Wir dürfen nie vergessen, dass Ereignisse sich nicht automatisch wiederholen. Allein der Glaube, den wir mit ihnen verbinden, sorgt dafür, dass sie ständig wiederkehren.

Es lohnt sich, bewusster zu leben; denn es hilft uns, ein Problem schneller zu lösen, nicht nur auf der materiellen, sondern auch auf der emotionalen und mentalen Ebene. Du wirst feststellen, dass ein Glaube nicht dauerhaft sein muss – auf der materiellen Welt ist alles unbeständig. Das Leben bewegt sich unaufhörlich. Dauerhaftigkeit gibt es *nur* auf der spirituellen Ebene; aber wir verwechseln beide Ebenen oft. Da wir unsere spirituelle Natur vergessen haben, halten wir unsere materielle Welt fälschlicherweise für beständig. Das ist ermutigend, denn es macht uns klar, dass wir an unseren Überzeugungen nicht bis ans Lebensende festhalten müssen, selbst wenn sie uns schon seit Jahren begleiten.

Wie entdeckst du einen schädlichen Glauben? Finde heraus, was du haben willst, und frage dich: *„Was kann schlimmstenfalls passieren, wenn ich mir diesen Wunsch erfülle?"* Denke daran, dass dein Wunsch von Furcht blockiert wurde, falls er sich nicht erfüllt. Lass dich nicht vom Intellekt täuschen, wenn er behauptet: *„Nein, ich fürchte mich nicht. Ich will das wirklich haben. Es gibt keine Blockade.“* Bekenne dich zu deiner Blockade. So wird dir bewusst, dass der Intellekt dich beherrscht.

Es gibt noch einen Weg, solche Überzeugungen aufzuspüren. Überlege, ob du früher jemanden mit einem ähnlichen Wunsch gekannt hast. Ist diesem Menschen etwas Unangenehmes zugestoßen? Wenn ja, fürchtest du, es werde dir so ergehen wie ihm. In diesem Stadium ist es *äußerst wichtig* zu akzeptieren, dass du diese Furcht schon immer gehegt hast. Dieser Schritt ist unumgänglich, wenn du eine mentale Transformation auslösen willst. Dein Glaube wird stärker, wenn du ihn leugnest; denn wenn du etwas abstreitest, haftet dein Gedächtnis noch mehr daran, und schließlich wird daraus ein Dauerzustand. Wenn du etwas so akzeptierst, wie es ist, transformiert es sich bald von selbst. Dieser Vorgang basiert auf dem Prinzip der Liebe. Das Leben selbst ändert sich ständig, und die Liebe ist die Voraussetzung dafür, dass Leben möglich ist.

Es ist *unbedingt notwendig* anzuerkennen, dass du früher beschlossen hast, etwas zu glauben, weil ein Ereignis dich oder einen geliebten Menschen traumatisiert hat. Dein Motiv war gut. Damals sollte der Glaube dich schützen: Du glaubtest, weil du nicht mehr leiden wolltest. Aber heute weißt du, was du damals nicht wusstest: Du hättest dich nicht zu fürchten brauchen, um wiederholtes Leiden zu vermeiden. Aber als du die traumatische Erfahrung machtest, hieltest du es für wichtig, dich künftig zu schützen.

Um herauszufinden, ob ein Glaube nützlich ist oder nicht, musst du genau untersuchen, welche Folgen er für dich hat.

Wenn die Folgen unangenehm sind, steht fest, dass der Glaube nicht mehr nützlich ist. Rede mit ihm, als würdest du mit einem Bekannten reden; denn ein Glaube gleicht einem Charakter, den du auf deiner mentalen Ebene erschaffst. Erkläre „ihm“, er sei eine gewisse Zeit nützlich gewesen, und bitte „ihn“, jetzt wieder eine Erinnerung zu werden, die nur einen einzigen Zweck hat: dich an ein bestimmtes Ereignis zu erinnern, wann immer du es willst. Dieser Glaube soll nicht dein Leben bestimmen und deine Pläne vereiteln, nur weil etwas Unangenehmes geschehen könnte.

Wenn wir unseren Glauben bitten, uns zu dienen, nehmen wir unser Recht auf inneren Freiraum in Anspruch. Ein Mensch, der in Harmonie mit sich selbst lebt, hat seine mentale Dimension im Griff und lässt sich nicht von ihr regieren. Die mentale Ebene (der Intellekt) war nie dafür bestimmt uns zu regieren, weil sie das gar nicht kann. Vergiss nicht: Der Intellekt hat die Aufgabe, sich zu erinnern, zu analysieren, zu philosophieren und nachzudenken.

Wenn du mehrere Methoden anwendest, um deine Glaubenssysteme aufzudecken, nimmt deine Furcht ab. Sobald du eine Furcht bemerkst, besteht der erste Schritt darin, diese Furcht als zeitweiligen Teil deines Wesens anzunehmen. Das ist ebenso wichtig wie das Annehmen eines Glaubens. Allerdings bewirkt dieser Prozess keine Heilung über Nacht. Gehe behutsam vor, und nimm dir genügend Zeit, um dich von einem Glauben oder einer Furcht zu befreien.

Wenn die Schmerzen unerträglich werden, tun wir oft was notwendig ist, um unser Glaubenssystem schneller zu ändern. Wegen der unterschwelligen Furcht sind wir anfangs zufrieden, wenn wir bestimmte Situationen meiden. Wir haben dann das Gefühl, nicht leiden zu müssen. Doch irgendwann werden die Schmerzen und die Furcht stärker als die vorübergehende Befriedigung, wie dieses Beispiel zeigt:

Ein Mensch fürchtet sich davor, sich selbst auszudrücken oder von anderen etwas zu fordern, denn er glaubt zurückgewiesen zu werden. Seine Furcht hindert ihn daran, etwas zu sagen und bewirkt, dass er Menschen aus dem Weg geht, die ihn vielleicht abweisen würden. Weil er glaubt, man werde ihn eher akzeptieren, wenn er nur das sagt, was andere seiner Meinung nach hören wollen, hat er ein falsches Gefühl der Sicherheit. Aber jetzt kann er sich nicht mehr selbst ausdrücken, und deshalb nehmen die Schmerzen zu und werden irgendwann stärker als das Gefühl der Sicherheit, das er empfindet, wenn er seine Meinung nicht äußert.

Genau in diesem Augenblick machen wir die größten Fortschritte in unserer Entwicklung, weil wir keinen Vorteil mehr darin sehen, an unserer Furcht und unseren verzerrten

Glaubensvorstellungen festzuhalten. Jetzt ist es leichter, sich anders zu verhalten und sobald wir unsere nutzlosen Überzeugungen ändern, schwindet die Furcht. Auch unsere Verhaltensmuster ändern sich, wenn die Furcht uns nicht mehr blockiert. Vielleicht fällt uns dann auf, dass einige unserer früheren Überzeugungen sich geändert haben.

Zum Schluss möchte ich dir eine Übung empfehlen. Schreibe fünf Folgen auf, die nicht zu deinen derzeitigen Wünschen passen. Notiere, was du haben willst, aber scheinbar nicht bekommen kannst. Frage dich dann: *„Was könnte schlimmstenfalls geschehen, wenn ich bekäme, was ich will?“* Schau tief in dich hinein, um die Antwort zu finden.

Ein Beispiel hilft dir, diesen Prozess besser zu verstehen. Eine Frau will ein geordnetes Leben führen, aber sie lebt in ständiger Unordnung. Sie könnte die oben formulierte Frage so beantworten: *„Wenn ich ein geordnetes Leben führen würde, wäre ich verpflichtet, meine Pläne zu erfüllen und könnte nicht mehr frei und spontan sein.“*

Wenn du dir dein „schlimmstes“ Szenario nicht ausmalen kannst, findest du vielleicht einen Menschen, der genau das hat, was du haben willst. Wie beurteilst du diesen Menschen? Das moralische Urteil, das du fällst, hilft dir, den Glauben und die Furcht aufzudecken, die verhindern, dass dein Wunsch sich erfüllt. Folge dann den Schritten, die ich in diesem Kapitel beschrieben habe.

Sobald du deine Überzeugungen und Ängste kennst, fühlst du dich tief im Inneren frei.

Wahre Freiheit liegt allein in uns selbst!

Kapitel 2

Erwartungen

Was bedeutet es, Erwartungen zu haben? Ist das gut? Ist es normal? Das fragen sich ziemlich viele Menschen. Etwas erwarten bedeutet dem Wörterbuch zufolge, „voraussehen, für wahrscheinlich halten, mit etwas rechnen, etwas erhoffen". Eine Erwartung ist auch der Glaube, dass etwas unmittelbar bevorsteht, dass wir etwas tun oder bekommen werden.

Wenn wir etwas erwarten, hat uns meist jemand etwas versprochen oder wir haben uns mit jemandem auf etwas geeinigt. Oft sagen wir: *„Ich erwarte einen Brief mit einem Scheck"*, *„Ich erwarte sie heute Abend um acht"* oder *„Ich erwarte den Zug in ein paar Minuten"*. Wenn wir einen Scheck erwarten, hat jemand uns versprochen, ihn zu schicken. Wenn wir einen Zug erwarten, haben wir den Fahrplan gelesen und nehmen an, dass der Zug zur festgelegten Zeit ankommt.

Solange Erwartungen auf Vereinbarungen beruhen, sind sie völlig normal. Andernfalls lösen sie großen emotionalen Stress aus. Wenn wir etwas ohne vorherige Absprache erwarten, *glauben* wir, dass etwas geschehen *soll* oder dass jemand etwas Bestimmtes sagen oder tun *soll*. Eine der Hauptursachen für emotionalen Stress im täglichen Leben und in unseren Beziehungen sind Erwartungen ohne vorherige Übereinkunft.

Dafür gibt es viele Gründe. Wir stützen unsere Entscheidungen oft auf einen Glauben, ohne mit dem betroffenen Menschen zu besprechen, ob unsere Erwartung legitim ist. Wir halten für selbstverständlich, was wir glauben. Das ist der Hauptgrund für unvernünftige Erwartungen.

Angenommen, ein Mann erwartet, dass seine Mitmenschen an seinen Geburtstag denken. Das hat er früher gelernt, und das glaubt er. Wenn nun jemand seinen Geburtstag vergisst, ist er enttäuscht. Ein anderes Beispiel sind Ehepaare, die glauben, beide Partner müssten sich gemeinsam und in gleichem Umfang um die Kinder kümmern. Dieser Glaube brachte meine Ehe nach der Geburt unserer Kinder in große Schwierigkeiten. Als ich heiratete, war es „normal", Kinder zu bekommen – man heiratete, um Kinder zu haben. Ich dachte nicht einmal darüber nach, ob ich das wirklich wollte. Darum sagte ich zu meinem Mann: *„Wir müssen ja Kinder bekommen. Also fangen wir am besten sofort an, eine Familie zu gründen. Was hältst du davon?“* Er sagte, das sei ihm egal, denn er habe nicht wegen der Kinder geheiratet, und außerdem sei es Aufgabe der Mutter, die Kinder zu erziehen. Wir sprachen nie wieder über dieses Thema, denn der Begriff *Kommunikation* sagte mir damals nichts. Ich begann sofort zu planen, ohne mich zu vergewissern, ob er sich zusammen mit mir um die Kinder kümmern wollte. Das hielt ich für selbstverständlich, da er ja der Vater war. Aber er hatte es nie versprochen.

Wie du siehst, ist fehlende Kommunikation eine weitere wichtige Ursache für schädliche Erwartungen. Deshalb gab es eine Menge Streit in unserer Ehe. Wenn ich meinen Mann kritisierte, weil er mir nicht mit den Kindern half, entgegnete er: *„Ich weiß doch gar nicht, was ein Vater tut. Das habe ich nie gelernt. Ich war zu Hause der Jüngste, und mein Vater verließ uns, als ich zehn war. Ich hatte kein Vorbild!“* Trotzdem erwartete ich von ihm, ein Vater zu sein, weil er ein Vater *geworden* war. Das war einer der Hauptgründe für unsere Scheidung. Ich hielt ihn für verantwortungslos, weil er sich nicht so um die Kinder kümmerte, wie ich es von ihm erwartete.

Worauf gründete mein Glaube? Als ich klein war, traf mein Vater keine Entscheidungen, die seine Kinder betrafen; das überließ er meiner Mutter. Aber er half ihr im Haushalt, mit den Neugeborenen und später mit den Heranwachsenden. Er tat etwas für uns und mit uns. Damals entschied ich, dass ein guter Vater diesem Modell entsprechen müsse. Dabei vergaß ich etwas Wichtiges: den Glauben meines Mannes zu respektieren. Ich hielt es für selbstverständlich, dass er glaubte, was ich glaubte.

Erwartungen ohne vorherige Absprache sind ein Beweis für unzureichende Kommunikation.

Nehmen wir die Frau, die zu ihrem Mann sagt *„Um sechs ist das Abendessen fertig“* als Beispiel. Sie erwartet, dass er um sechs Uhr zu Hause ist, obwohl er das nicht versprochen hat. Sie hat nur erwähnt, dass das Essen um sechs Uhr fertig sein wird. Wir können uns leicht vorstellen, wie sie reagiert, wenn ihr Mann zu spät oder gar nicht kommt. Wenn solche emotionalen Probleme sich häufen, untergraben sie eine Beziehung.

Das Gleiche gilt für die Kinder. Die Eltern kaufen ein Geschenk für ihr Kind, vergessen aber, sich vorher zu erkundigen, was es haben will. Dennoch erwarten sie Dankbarkeit, selbst wenn das Geschenk dem Kind nicht gefällt. Die Eltern haben als Kinder gelernt, dass es höflich und „normal" ist, sich für ein Geschenk zu bedanken. Zum Glück wollen die Kinder heutzutage den „normalen" Erwartungen der Erwachsenen nicht mehr entsprechen. Sie lügen nicht, sondern sagen einfach die Wahrheit, selbst wenn die Erwachsenen darauf mit Unverständnis reagieren.

Hinter allen Erwartungen ohne vorherige Übereinkunft liegt Furcht. Eltern wollen, dass ihre Kinder gut essen, gesund sind und in der Schule Erfolg haben, weil sie fürchten, man werde sie sonst für schlechte Eltern halten.

Oft erwarten wir von anderen, was wir selbst nicht schaffen. Wir wollen, dass andere die Leere füllen, die entstanden ist, weil wir unfähig sind, unser Versagen zu akzeptieren. Nehmen wir als Beispiel einen Vater, der von seinem Sohn verlangt, die Schule abzuschließen, weil er sich mit seinem Versagen in der Schule nie abgefunden hat. Solche Erwartungen sind schädlich, weil sie mit Entscheidungen über andere verbunden sind und deren Bedürfnisse nicht berücksichtigen. Damit verstoßen sie gegen das Gesetz der Liebe. Außerdem enthüllen sie unsere Neigung, alles im Griff zu haben. Wenn es auch dir so geht, solltest du daran denken, dass du über dein *eigenes* Leben entscheiden darfst, nicht aber über das Leben anderer. Niemand auf Erden hat das Recht, Entscheidungen für andere zu treffen, es sei denn, er wird darum gebeten. Wir können nicht für andere entscheiden, weil wir nicht wissen, welche Erfahrungen sie brauchen, damit sie sich wieder mit ihrem inneren Licht verbinden können.

Vielleicht hältst du es für normal, Erwartungen zu haben – immerhin ist es in jeder Gesellschaftsschicht üblich. Ein Unternehmer erwartet etwas von seinen Mitarbeitern, und diese erwarten etwas von ihm. Eltern erwarten etwas von ihren Kindern, und diese erwarten etwas von ihnen (zum Beispiel genügend Zuwendung und Taschengeld). Das Gleiche gilt für die Partner einer Beziehung. Diese unvernünftigen und unausgesprochenen Erwartungen erzeugen Emotionen, die von Furcht bis zum Kummer und von Verbitterung bis zum Hass reichen.

Ich habe schon öfter von Fällen wie dem Folgenden gehört: Eine achtzigjährige Witwe ist sehr krank und lebt im Pflegeheim. Sie hat drei Kinder. Eine ihrer Töchter besucht sie regelmäßig, und sie erwartet dasselbe von ihren beiden anderen Kindern, die zu ihrer großen Enttäuschung aber nur selten kommen. Die Tochter, die ihre Mutter häufig besucht, erwartet von ihren Geschwistern, ihr bei der Pflege der Mutter zu helfen. Und weil sie die Einzige ist, die etwas für die Mutter tut, erwartet sie von ihr Dankbarkeit. Nach einiger Zeit empfindet sie Groll, weil die Mutter ziemlich anspruchsvoll ist und die Geschwister tun, was sie wollen und sich für den Zustand ihrer Mutter anscheinend nicht interessieren.

Solche Erwartungen lösen Frustration und Krankheiten aus, zum Beispiel *Rückenschmerzen* (weil wir glauben, wir müssten allen Menschen um uns herum helfen, und daher zu viel auf uns nehmen), *Schmerzen in den Beinen* (weil wir hingehen, wo wir gar nicht hingehen wollen) und andere. Es ist wichtig, sich dieser Verhaltensmuster bewusst zu werden. Wir wurden nicht geschaffen, um emotional zu sein. Der Emotionalkörper soll es uns ermöglichen, zu *fühlen* und zu *begehren.* Wir empfinden eine Emotion, wenn ein bestimmter Wunsch nicht erfüllt wird und wenn eine mentale Blockade unser Leben beherrscht. Wir benutzen den Emotionalkörper also anders, als es ursprünglich geplant war. Aber wir können nicht glücklich sein, solange wir emotional sind.

Du kannst rücksichtsvoll sein, ohne emotional zu sein.[1] Wenn du andere immer so behandelst, wie du dich selbst behandelst, erwartest du von anderen nur, was du von dir selbst erwartest. Da die Außenwelt widerspiegelt, was in uns vorgeht, leben wir vor allem deshalb in einer Gemeinschaft, um uns durch andere selbst kennen zu lernen. Es ist allerdings einfacher, das Leben eines anderen zu betrachten als sein eigenes; denn wir haben meist keinen Kontakt zu unserem inneren Gott. Wir haben unse-

[1] Emotionen werden in Lise Bourbeaus erstem Buch, *Höre auf Deinen besten Freund, Deinen Körper,* erklärt.

re wahre Natur vergessen und beschäftigen uns zu sehr mit der materiellen Welt. Ich rate dir, die Erwartungen zu untersuchen, die du gegenüber dir selbst und anderen hast.

Jedes Mal, wenn du von dir enttäuscht bist und dir Vorwürfe machst, solltest du prüfen, was du von dir und anderen erwartest, und überlegen, was du wirklich willst. Erwartungen gründen auf deinen Erfahrungen in der Kindheit. Vielleicht erwartest du, nichts zu vergessen, immer höflich zu sein, gesund zu bleiben, dich nie zu ärgern und so weiter. Wenn du deinen Erwartungen nicht genügst, bist du von dir enttäuscht und wirst vielleicht sogar wütend. Unbehagen und Krankheiten können die Folge sein.

Wenn du dir vorwirfst, dumm zu sein, genügt das, um Kopfschmerzen auszulösen (als würdest du mit dem Kopf gegen eine Wand rennen). Wenn du glaubst, es sei deine Pflicht, das Haus unter allen Umständen sauber zu halten, immer pünktlich zu sein und alles perfekt zu erledigen, ehe du dir eine Minute Pause gönnen darfst, musst du mit Schmerzen in den Hüften oder Beinen rechnen, sobald du dich ausruhst, obwohl du noch gar nicht getan hast, was du dir vorgenommen hast. Dein Körper hilft dir einzusehen, dass du dich manchmal hinsetzen und nichts tun willst, anstatt immer zu versuchen, deine physikalische Umwelt in den Griff zu bekommen. Wenn du siehst, dass andere tun, was du dir nicht erlaubst, wirst du ebenfalls sehr emotional, weil du von anderen erwartest, sich so zu verhalten wie *du*.

So ist es auch, wenn du anderen einen Rat gibst und dann enttäuscht bist, weil sie den Rat nicht befolgen. Aber haben die anderen versprochen, deinen Rat zu befolgen, oder wollten sie nur wissen, was du an ihrer Stelle tun würdest? Das ist eine wichtige Frage. Wenn du dir oder anderen einen Rat gibst, solltest du ihn nie mit Erwartungen verbinden, sondern mit bedingungsloser Liebe. Nimm dir Zeit, um darüber nachzudenken, ob du wirklich entschlossen bist, den Rat zu befolgen, oder ob du nur die möglichen Ergebnisse erforschen willst. Du hast das Recht, dir einen Rat zu geben, ohne ihn unbedingt zu befolgen.

Wenn du etwas schenkst, solltest du ebenfalls keine Erwartungen hegen. Beobachte einmal, was du empfindest, wenn du etwas schenkst: Erwartest du eine Gegenleistung?

Wie würdest du reagieren, wenn ein Mensch, dem du wiederholt geholfen hast, dir nicht hilft, obwohl du ihn darum bittest? Wenn dich das nicht stört, wenn du dabei nicht emotional wirst, hattest du vielleicht keine Erwartungen. Wenn du aber denkst: *„Mann! Ich habe ihm schon viermal geholfen – warum muss ich der Einzige sein, der anderen hilft?“*, hast du unbewusst Erwartungen gehegt. Unter diesen Umständen wäre es besser, gar nicht zu helfen. Wenn du es dennoch tust, solltest du dir deiner Erwartungen bewusst sein und sie nutzen, um die Furcht zu entlarven, die dich zur Hilfe bewegt hat.

Wenn du Hilfe mit Erwartungen verknüpfst, wollest du tief im Inneren gar nicht helfen. Du hilfst im Grunde nur aus einem bestimmten Grund: Vielleicht, um geliebt zu werden oder aus Furcht, nicht geliebt zu werden. Möglicherweise auch aus Pflichtgefühl oder damit man dich nicht für egoistisch hält. Wenn du dir deiner Furcht bewusst wirst, fällt es dir leichter, gelegentlich Hilfe mit Erwartungen zu verbinden, sofern der Mensch, dem du hilfst, davon weiß. Wenn du zu jemandem sagst: *„Ja, ich helfe dir, wenn du etwas für mich tust“*, ist dem anderen klar, dass du ein Abkommen mit ihm schließen willst. Es ist also akzeptabel, Erwartungen zu hegen, sofern wir die anderen darüber genau informieren. Aber das fällt den meisten von uns offenbar schwer!

Wer heimlich Erwartungen hegt, glaubt, er müsse etwas zurückgeben, wenn er etwas bekommt. Wir fühlen uns anderen verpflichtet, wenn wir glauben, dass eine Gegenleistung immer notwendig ist. Wir nehmen an, dass andere genauso denken und darum helfen wir aus Pflichtgefühl und nicht aus Freude. Deshalb fällt es uns so schwer, Hilfe anzunehmen – wir glauben einfach nicht daran, dass jemand ohne Erwartungen hilft. Wir können uns über nichts freuen, weil wir glauben, dafür den doppelten Preis zahlen zu müssen, zum Beispiel doppelt so hart arbeiten zu müssen, um eines Geschenkes würdig zu sein.

Um nutzlose Erwartungen loszuwerden, musst du lernen, anderen zu sagen, was du haben willst. Eltern können zu ihrem Kind sagen: *„Wenn du mir wirklich eine Freude machen willst, dann bring gute Noten aus der Schule mit, damit du später einen ordentlichen Beruf erlernen kannst.“* Aber du solltest nicht erwarten, dass dein Kind deine Wünsche erfüllt – lass es selbst entscheiden, was gut für es ist. Wenn du klar und deutlich sagst, was du für einen anderen wünschst, erfüllt er dir diesen Wunsch vielleicht gerne, weil deine Offenheit zeigt, dass du ihn respektierst und du akzeptierst seine Entscheidung im Voraus.

Was aber tun wir mit unseren Erwartungen, wenn der andere eine Vereinbarung nicht einhält? Zuerst müssen wir prüfen, ob die Vereinbarung beiden Parteien klar war. Falls ja, zeigt uns diese Erfahrung, wie tolerant wir sind, wenn andere uns so behandeln, wie wir uns selbst behandeln. Wenn wir mit anderen etwas vereinbaren, sind Erwartungen normal. Wird die Absprache nicht eingehalten, ist es interessant, wie wir darauf reagieren. Unsere Gefühle ähneln denen, die wir empfinden, wenn wir ein Versprechen nicht einhalten, das wir uns selbst gegeben haben. Die Enttäuschung ist gleich stark. Der andere hat uns geholfen, das zu erkennen.

Hast du dir schon einmal vorgenommen, Geld zurückzulegen, etwa um ein Haus zu kaufen, oder täglich Sport zu treiben und hast du deinen Vorsatz dann aus irgendwelchen Gründen nicht eingehalten? Kannst du das tun, ohne emotional zu werden oder dir Vorwürfe zu machen? Wir sind zu uns selbst etwa so tolerant wie zu anderen. Das bedeutet: Wir müssen lernen, zu uns selbst ebenso tolerant zu sein wie zu anderen.

Wenn wir uns oder anderen etwas versprechen, haben wir meist gute Absichten, obwohl wir kaum wissen können, ob wir womöglich zu viel von uns verlangen. Manchmal merken wir erst später, dass wir unsere Fähigkeiten überschätzt haben – aber wir mussten diese Erfahrung erst einmal machen. Wir müssen akzeptieren, dass wir Grenzen haben und dass wir Versprechen zurücknehmen dürfen, wenn wir an eine Grenze stoßen. Das heißt nicht, dass diese Situation von Dauer ist; denn auf der materiellen Ebene ist alles vergänglich, einschließlich unserer Grenzen. Wenn wir uns erlauben, Grenzen zu haben, erlauben wir das auch anderen und wir können leichter akzeptieren, dass sie ihre Versprechen nicht immer halten.

Deine Mitmenschen können dir helfen, die Einstellung zu entwickeln, die du dir von anderen wünschst.

Mir ist aufgefallen, dass wir auf uns selbst viel wütender werden als auf andere, die ihre Versprechen nicht halten. Wir ärgern uns, weil wir anderen erlaubt haben, unser Vertrauen zu missbrauchen, und unser Ich ist verletzt, weil es glaubt, es sei falsch, Versprechen zu brechen. Aber das ist weder gut noch schlecht; es ist lediglich eine Erfahrung, die uns hilft, zwischen Liebe und Wut zu wählen. Darum ist es in unserem Interesse, wenn wir lernen, etwas zu versprechen, obwohl wir wissen, dass wir das Versprechen möglicherweise nicht halten können. Mit der Zeit wird uns klarer, was wir erwarten, und wir verstehen, dass wir manchmal Erwartungen hegen und manchmal nicht. Dann merken wir auch besser, wann und von welchen Menschen wir etwas erwarten. Wir beanspruchen unseren eigenen Freiraum, und andere respektieren ihn.

Andererseits haben unsere Eltern, Kinder und Partner auch Erwartungen an uns und deren Grundlage sind ihre Glaubenssysteme. Wenn wir diesen Erwartungen nicht entsprechen können, bedeutet dies, dass sie uns mehr zutrauen als wir selbst. Angenommen, dein Kind erwartet, dass du immer tolerant, mitfühlend und geduldig bist. Es stellt dich auf ein Podest und begreift nicht, dass du Grenzen hast. Akzeptiere es, wenn andere mehr von dir halten als du. Sei ihnen dankbar für ihre Liebe: *„Ich danke dir von ganzem Herzen dafür, dass du so an mich glaubst. Aber ich muss zugeben, dass ich mir nicht so viel zutraue und deine Erwartungen derzeit nicht erfüllen kann.“* Denke nicht ständig daran, dass die anderen unrealistische Erwartungen hegen und mache ihnen deswegen keine Vorwürfe.

Vergiss nie, dass Erwartungen ein notwendiger Bestandteil der materiellen Ebene sind. Wir müssen nur akzeptieren, dass wir hier sind, um viele verschiedene Erfahrungen zu machen. Dank unserer Erwartungen sehen wir die Fortschritte, die wir auf dem Weg zur bedingungslosen Liebe für uns und andere machen. Und sie helfen uns, unproduktive Überzeugungen aufzudecken, die unsere Wünsche blockieren. Wie du siehst, hat alles eine gute Seite.

Zum Schluss schlage ich dir vor, darauf zu achten, wann du eine unbegründete Erwartung hegst. Nimm dir dann Zeit, mit dem betroffenen Menschen zu reden. Sag ihm genau, was du erwartest. So findest du heraus, ob deine Erwartung gerechtfertigt ist oder nicht und ob der andere damit einverstanden ist. Schließe, wenn möglich, eine Übereinkunft.

Dann suche jemanden, der etwas von *dir* erwartet. Vereinbare ein Treffen mit ihm, und sage ihm, wie sehr du es zu schätzen weißt, dass er so viel von dir hält. Du kannst hinzufügen, dass er sich vielleicht ein idealistisches Bild von dir macht, das du erst noch selbst in sich entdecken musst. Zeige ihm deine Grenzen auf, und erkläre ihm, wie weit du derzeit gehen kannst, was diesen Aspekt deines Lebens anbelangt.

Suche zum Schluss einen Menschen, von dem du (wegen einer klaren Vereinbarung) mit Recht etwas erwartet hast, der sein Wort aber nicht hielt. Sage ihm, wie du dich damals gefühlt hast und wie du dank dieser Situation herausgefunden hast, was du von dir selbst erwartest. Danke ihm dafür, dass er dir geholfen hat, selbst-bewusster zu werden, und füge hinzu: *„Jetzt verstehe ich, dass es genau deswegen so geschehen musste."*

Kapitel 3

Abhängigkeit

Wenn wir von jemandem oder von etwas abhängig sind, leben wir nicht wirklich erfüllt. Es ist leichter, Abhängigkeiten auf der materiellen Ebene aufzuspüren, weil ihre Wirkungen viel offensichtlicher sind als auf der emotionalen und mentalen Ebene. Auf die körperlichen Abhängigkeiten werde ich später eingehen, ebenso auf ihre Verbindungen mit psychischen Abhängigkeiten, zu denen auch die emotionalen und mentalen Ebenen gehören.

Wir können unsere Abhängigkeiten aufspüren, wenn wir darauf achten, woran wir auf der materiellen Ebene hängen – so sehr, dass wir nicht länger als eine Woche darauf verzichten können. Manche Menschen halten es zum Beispiel ohne eine Zigarette nicht einmal fünfzehn Minuten aus.

Die häufigsten Abhängigkeiten sind solche von Tabak, Alkohol, Medikamenten, Zucker (auch Nachtisch, Kaugummi, Limonade, Weißbrot, Nudeln), Drogen und Kaffee. Aber es kann auch das Telefon sein (wenn wir es nicht ertragen, einen Tag lang niemanden anzurufen und nicht angerufen zu werden) oder Sex, Einkaufen, Sport, Lesen, Fernsehen, Religion oder der Computer.

Es ist jedoch ein Unterschied, ob wir abhängig sind oder etwas *mögen*. Nehmen wir Menschen als Beispiel, die gerne lesen. Sie lesen aus Freude, wann immer es möglich ist, und sie wissen, wann sie aufhören müssen – im Gegensatz zu Abhängigen, die nicht aufhören können. Der Abhängige fängt an zu lesen und macht selbst dann weiter, wenn er schon sehr müde ist und seine Augen schon halb geschlossen sind. Wenn er mit seinem Buch nicht fertig ist, liest er am nächsten Tag weiter, auch wenn er etwas anderes zu tun hat. Dieser Mensch ist nicht mehr Herr seines Lebens – er wird vom Lesen beherrscht. Das bedeutet Abhängigkeit.

Du kannst das Ausmaß deiner Abhängigkeit bestimmen, indem du untersuchst, was du empfindest, wenn du vollständig auf Dinge verzichtest, die du besonders gerne hast oder tust.

Wenn du es nicht länger als ein paar Stunden aushältst, bist du stark abhängig. Schreibe auf, wie viele Stunden oder Tage du dich während der Abstinenz wohl fühlst. Ich verlange nicht, dass du dich zusammenreißt, sondern nur, dass du den Grad deiner Abhängigkeit feststellst. Wenn deine Grenze bei zwei Tagen liegt und du danach extrem unruhig wirst, empfehle ich dir, deiner Abhängigkeit nachzugeben, sich ihrer jedoch bewusst zu sein.

Jede körperliche Abhängigkeit spiegelt eine oder mehrere seelische Abhängigkeiten wider. Warum ist ein Mensch von einem anderen abhängig? Weil er sich selbst nicht genug liebt, weil seine Selbstliebe ihm keine Erfüllung bringt. Er hat das Bedürfnis, einen anderen Menschen zu lieben. Hier sind einige der häufigsten Formen von emotionaler Abhängigkeit:

Abhängigkeit von der Zustimmung oder Meinung anderer. Wer an dieser Abhängigkeit leidet, hat zu wenig Selbstvertrauen und glaubt, er wisse in bestimmter Hinsicht nicht genug, um seinem eigenen Urteil zu trauen, zum Beispiel wenn er etwas kauft, einen Kurs belegt oder eine wichtige Entscheidung trifft. Es fällt ihm sehr schwer, Entscheidungen ohne die Zustimmung anderer zu treffen. Er muss jemanden fragen: *„Was hältst du davon?“* Ich kenne einige Frauen, die ohne Zustimmung ihres Mannes nicht den Mut hätten, ihre Frisur zu wechseln.

Vielleicht denkst du nun: *„Ich brauche nie die Meinung anderer Leute. Ich entscheide selbst.“* Sei wachsam – vielleicht täuscht dein Intellekt dir etwas vor. Aber das kannst du herausfinden, wenn du über die folgenden Fragen nachdenkst:

Wie würdest du reagieren, wenn nach einer Entscheidung, die du ohne die Zustimmung eines anderen (vor allem ohne die Zustimmung eines nahen Verwandten) getroffen hast, jemand zu dir sagen würde: *„Damit bin ich überhaupt nicht einverstanden.“* Wärst du beunruhigt? Hättest du ein schlechtes Gewissen? Würdest du versuchen, den Kritiker davon zu überzeugen, dass deine Entscheidung gut begründet war, um seine Zustimmung zu erreichen? Wenn du eine dieser Fragen bejahst, bist du von anderen abhängig. Wer von dieser Art Abhängigkeit frei ist, gerät nicht aus der Fassung, wenn jemand ihm widerspricht. Er nimmt es zur Kenntnis und macht weiter. Es ist normal, dass andere unsere Meinung nicht teilen.

Abhängigkeit von der Anerkennung durch andere. Manche Menschen glauben, dass sie nicht genug für andere tun. Wie du siehst, wird jede Abhängigkeit von einem Glauben genährt. Im vorigen Fall glaubte ein Mensch, er wisse nicht genug; hier glaubt er: „*Ich tue nie genug.*" Um mehr tun zu können, braucht er Anerkennung und Dank. Er freut sich, wenn man zu ihm sagt: „*Was würde ich nur ohne dich tun?!*"

Hier sind einige weitere Beispiele: Eine Mutter putzt stundenlang die Wohnung und will dafür gelobt werden. Ein Angestellter braucht die Ermutigung und Anerkennung seines Chefs. Ein Ehemann erwartet Dankbarkeit für das Geld, das er nach Hause bringt. Diese Menschen weisen auf alles hin, was sie für andere getan haben oder noch tun wollen, selbst wenn niemand sie darum gebeten hat. Sie wollen, dass alle es wissen, weil sie Anerkennung brauchen.

Mache einen Test, wenn du nicht sicher bist, ob du an dieser Form von Abhängigkeit leidest. Strenge dich bei einer Arbeit oder Aufgabe an und frage dich, ob du enttäuscht bist, weil niemand deine Leistung bemerkt hat. Hast du den Wunsch, anderen davon zu erzählen? Wenn ja, hängst du von der Anerkennung anderer ab.

Abhängigkeit von Komplimenten. Diese Menschen glauben, sie seien nicht gut oder attraktiv genug, und darum brauchen sie Komplimente von anderen, um sich getröstet oder sicher zu fühlen. Die Komplimente können das Aussehen oder eine Leistung betreffen. Ein solcher Mensch will wissen, ob er es richtig gemacht hat oder ob er gut aussieht, und er wartet verzweifelt darauf, dass du ja sagst. Es fällt ihm schwer, sich selbst zu loben. Wenn wir von der *Anerkennung* anderer abhängig sind, geht es vor allem um eine Leistung. Wenn wir von *Komplimenten* abhängig sind, geht es um die Persönlichkeit, das Aussehen und das Selbstgefühl. Oft versuchen wir, andere mit unserem Aussehen zu beeindrucken.

Abhängigkeit von der Anwesenheit anderer. Wenn sie allein sind, glauben manche Menschen, dass niemand sie liebt. Zu diesem Schluss kamen sie, als sie in ihrer Kindheit allein gelassen wurden, und seither glauben sie daran. Es fällt ihnen sehr schwer, sich für irgendetwas zu interessieren, solange sie allein sind. Aber wenn ein Mensch oder mehrere bei ihnen sind, ist alles wunderbar. Sie haben nun mehr Energie und wollen etwas unternehmen. Lässt man sie allein, schwindet ihre Motivation. Angenommen, du möchtest heute Abend ausgehen, aber dein Mann hat keine Lust. Wenn du zu Hause bleibst, weil du sonst alleine ausgehen müsstest, bist du von der Anwesenheit anderer abhängig.

Wenn es uns schwer fällt, auf geliebte Menschen – Ehepartner, Kinder oder Eltern – zu verzichten, weil wir nicht allein sein wollen, hängen wir von ihrer Anwesenheit ab. Wenn du meinst, das gelte nicht für dich, weil du seit Jahren allein lebst, solltest du genauer nachdenken. Du lebst allein – aber wenn du dauernd telefonierst, andere einlädst, ängstlich darauf wartest, dass man dich einlädt, oder immer dort sein willst, wo „etwas los ist“, bist du von der Anwesenheit anderer abhängig.

Abhängigkeit von der Aufmerksamkeit anderer. Wer von der Aufmerksamkeit anderer abhängig ist, glaubt, er sei unwichtig. Er fühlt sich nur dann wichtig, wenn andere ihn beachten. Wer von der *Anwesenheit* anderer abhängt, kommt stundenlang damit zurecht, dass niemand ihn beachtet – solange die anderen da sind. Wer sich nach *Aufmerksamkeit* sehnt, braucht jemanden, der ihm zuhört, mit ihm redet oder sich um ihn kümmert. Oft unterbricht er andere oder stellt Fragen, nur um auf sich aufmerksam zu machen.

Abhängigkeit vom Gefühl, nützlich zu sein. Wenn ein Mensch glaubt, er müsse die Bedürfnisse anderer über seine eigenen stellen, und davon überzeugt ist, dass er nur so lieben und geliebt werden kann, will er *nützlich* sein. Darum fühlt er sich stark zu Menschen hingezogen, die Probleme haben (zum Beispiel zu Alkoholikern) – er will jemanden retten. Wenn er das Gefühl hat, jemandem aus der Patsche zu helfen, ist er befriedigt, und er „hilft“ selbst dann, wenn andere gar keine Hilfe brauchen. Oft denkt oder sagt er: *„Ein Glück, dass ich da war!“* oder *„Du hast Glück, dass ich bei dir bin!“* Diese Abhängigkeit ist mit der Abhängigkeit von der Anerkennung anderer eng verwandt. Allerdings kann sie dazu führen, dass ein Mensch sich selbst völlig vergisst, weil er sich nur noch mit den Bedürfnissen seiner Mitmenschen beschäftigt.

Abhängigkeit von der Autorität anderer. Manche Menschen glauben, sie könnten von sich aus nichts tun. Sie fühlen sich zu Menschen hingezogen, die sich durchzusetzen wissen, und sind verloren, wenn sie Entscheidungen treffen müssen, weil sie sich das nicht zutrauen.

Wenn du immer selbst entscheidest, kannst du dennoch an dieser Abhängigkeit leiden. Vielleicht zwingst du dich zu Entscheidungen, um zu verbergen, dass du abhängig bist. In diesem Fall sind Entscheidungen für dich anstrengend. Eine innere Stimme sagt zu dir: *„Ich würde das lieber nicht entscheiden. Aber ich bin dazu gezwungen."*

Abhängigkeit vom Glück anderer. Diese Menschen sind nur glücklich, wenn ihre Nächsten glücklich sind. Sie tun alles, um andere glücklich zu machen, weil sie glauben, für das Glück anderer verantwortlich zu sein. Es kann sein, dass sie die ganze Nacht darüber nachdenken, wie sie die Probleme anderer lösen können – auch wenn sie nicht darum gebeten wurden. Kaum hat jemand in ihrer Umgebung ein Problem, tun sie alles, was sie können, um ihm zu helfen. Wenn andere unglücklich sind, dann sind sie es auch; und wenn andere glücklich sind, dann sind sie ebenfalls glücklich.

Es ist sehr wichtig, dass du herausfindest, ob und in welchem Umfang du an einer dieser Abhängigkeiten leidest. Überlege, wann diese Abhängigkeiten angefangen haben. Vielleicht haben deine Eltern unwissentlich dazu beigetragen, oder es hat dir als Kind etwas gefehlt, was du auch heute brauchst, und du suchst jetzt Menschen, die es dir geben können.

Aber kein Mensch kann einen anderen glücklich machen; denn Glück kommt von innen.

Wir können nicht glücklich sein, wenn wir unser Glück in der äußeren Welt suchen. Wenn es uns nicht gelingt, die Zuneigung oder Aufmerksamkeit zu erlangen, nach der wir uns sehnen, und wenn wir unsere Bedürfnisse nicht selbst befriedigen können, greifen wir zu künstlichen Mitteln, um unsere innere Leere zu füllen. Man spricht hier von einem *Transfer,* zum Beispiel auf Alkohol, Drogen, Zigaretten, Zucker, Sex und so weiter.

Diese künstlichen Mittel füllen die Leere vorübergehend oder betäuben den Schmerz; aber sie beseitigen nicht die eigentliche Ursache. Je mehr wir draußen nach Lösungen suchen, desto stärker wird der Schmerz. Vielleicht glaubst du, dass du zu viel Süßes isst oder zu viel Alkohol trinkst, weil andere dir nicht die Zuwendung geben, die du brauchst. Aber es ist nie die Aufgabe anderer Menschen, unsere Bedürfnisse zu befriedigen. Das ist allein unsere Aufgabe. Nur wir sind für uns selbst verantwortlich. Andere können lediglich zu dem beitragen, was bereits in uns ist; aber sie können nicht unsere Leere füllen. Niemand kann versprechen, uns die Aufmerksamkeit zu geben, die wir bis ans Ende unseres Lebens brauchen. Was geschieht mit uns, wenn dieser Mensch uns aus irgendeinem Grund verlässt? Mach dir klar, dass alles in deinem Leben unbeständig ist, und arbeite an deiner emotionalen Stabilität, damit du nicht verzweifelst, wenn andere gehen.

Du kannst herausfinden, welche körperlichen Abhängigkeiten eine seelische Komponente haben. Nehmen wir die Abhängigkeit von Kaffee als Beispiel. Frage dich: *„Was gibt mir der Kaffee? Was fühle ich, wenn ich ihn trinke?“* Wenn die Antwort lautet: *„Kaffee regt mich an“,* suchst du nach der seelischen Abhängigkeit, die dich am meisten stimuliert. Vielleicht entdeckst du, dass Aufmerksamkeit dich noch mehr anregt als Kaffee. Dann kannst das Kaffeetrinken mit dem Wunsch nach Anerkennung verbinden. Wenn du das Bedürfnis hast, Kaffee zu trinken, macht dein Körper dich darauf aufmerksam, dass es dir an Anerkennung fehlt.

Auch wenn du zuckersüchtig bist, kannst du mit der gleichen Frage herausfinden, dass Zucker dein Leben „süß“ macht, dass du dich auf diese Weise selbst belohnen möchtest. Sobald dir das klar ist, suchst du nach der emotionalen Abhängigkeit, die bewirkt, dass du von anderen belohnt werden willst. Vielleicht hängst du von der Anwesenheit anderer ab, denn wenn jemand sich um dich kümmert, ist er „süß“ zu dir. Wenn jedoch niemand imstande oder bereit ist, dir „Süßigkeiten“ zu geben, tust du es selbst – du vertilgst Süßigkeiten, anstatt sich deiner inneren Süße oder Sanftheit zu erfreuen.

Wer stark von der Anerkennung oder den Komplimenten anderer abhängt, leidet noch mehr, wenn er merkt, dass die Menschen, von denen er abhängt, sich Dritten zuwenden. Wenn die Abhängigkeit sehr groß ist, sind die Schmerzen schier unerträglich. Manche Menschen sind nur ab und zu abhängig, andere sind es immer. Und je abhängiger sie sind, desto mehr verlangen sie von anderen. Das ist ein heimtückischer Kreislauf. Der Glaube, dass uns etwas fehlt, entspricht dem Ausmaß unserer Abhängigkeit. Wir könnten alle Komplimente bekommen, von denen wir je geträumt haben – doch wenn wir sie nicht für wahr und echt halten, erlischt unser Verlangen nie. Wir müssen also daran denken, dass unser inneres Gefühl des Wohlbehagens die Folge dessen ist, was wir in uns entwickeln. Wenn wir auf äußere Faktoren angewiesen sind, um glücklich zu sein, dauert unser Glück nur ein paar Augenblicke: genau so lang, wie wir es empfangen.

Ein sehr abhängiger Mensch hat große Angst. Er ist sehr emotional und fürchtet sich oft vor Strafe. Häufig ist auch sein Sonnengeflecht zu weit geöffnet. Wer von der äußeren Welt abhängt, muss sehr offen sein, weil er ständig nach günstigen Ereignissen Ausschau hält. Er achtet genau auf den mentalen und emotionalen Zustand anderer und auf ihre leisesten Wünsche, und darum öffnet er sich der astralen Ebene weit. Außerdem gerät er leicht in einen traumähnlichen Zustand, das heißt, er ist wach, befindet sich aber außerhalb seines Körpers. Er verlässt die Erde, wenn seine Abhängigkeit nicht befriedigt wird, und darum wird er mit seinen Problemen nicht fertig.

Je abhängiger wir sind,
desto leerer wird unser Herz.

Der Abhängige sagt: *„Hilfe, ich mag mich nicht, ich brauche etwas, was meine innere Leere von außen her füllt.“* Er versucht, die innere Leere mit Dingen von der materiellen Ebene zu füllen. Je weniger wir uns selbst lieben, desto mehr blockieren wir die Energie des Herzzentrums und desto weiter entfernen wir uns vom inneren Licht. Das führt zu Unzufriedenheit und zu dem Gefühl, auf dem falschen Weg zu sein. Außerdem hemmen wir unsere Kreativität und können nicht länger so leben, wie wir es wollen.

Alle diese Blockaden lösen auch körperliche Beschwerden aus, etwa Schmerzen im Bereich des Steißbeins und in den Beinen, Verdauungsstörungen, Hautausschläge, Hypoglykämie und Diabetes. Wenn wir zu viel Zucker, Alkohol oder Tabak konsumieren, werden die Nebennieren müde und erfüllen ihre Aufgaben immer schlechter. Diese Drüsen erzeugen Adrenalin, das wir brauchen, um Furcht zu überwinden; und wenn es fehlt, geraten wir in Panik.

Mentale Störungen wie Schizophrenie und andere Psychosen sind die schwersten körperlichen Probleme bei chronisch abhängigen Menschen. Sie bewältigen ihr Leben, indem sie völlig von sozialen Netzwerken abhängig werden, weil sie glauben, sich nicht selbst helfen zu können.

Nachdem wir unsere Abhängigkeiten aufgedeckt haben, glauben wir meist, der beste Weg, sie zu überwinden, bestehe darin, uns zu kasteien. Diese Methode ist jedoch ungeeignet, weil wir uns nicht endlos lange im Griff haben können. Irgendwann verlieren wir die Beherrschung und versinken noch tiefer in unserer Abhängigkeit, falls wir sie nicht in etwas anderes transformieren. Um herauszufinden, ob du versuchst, deine Abhängigkeiten durch Selbstbeherrschung zu überwinden, musst du beobachten, wie verstört du wirst, wenn du dir vorenthältst, wovon du abhängst. Wenn dir das sehr schwer fällt, wenn du oft daran denkst, wenn du unruhig wirst, sobald du jemanden mit der gleichen Abhängigkeit siehst, dann versuchst du mit Sicherheit, dich zu beherrschen und akzeptierst deine Abhängigkeit nicht.

Selbstbeherrschung ist langfristig schädlich. Ich kenne einige Menschen, die aufgehört haben, zu rauchen oder zu trinken, und dies mehrere Jahre lang durchgehalten haben. Sie verurteilen andere, die immer noch rauchen oder trinken, am schärfsten. Diese Menschen beherrschen sich, um ihre Abhängigkeit in den Griff zu bekommen. Aber es ist bekannt, dass Abhängigkeiten sich verlagern, wenn wir uns ständig beherrschen müssen. Das erklärt, warum Menschen, die aufgehört haben, zu rauchen oder Alkohol zu trinken, oft eine Menge Süßigkeiten essen, viel Kaffee trinken oder sich mit Medikamenten voll stopfen. Sie haben einen Aspekt ihrer Abhängigkeit in den Griff bekommen, und obwohl die neue Abhängigkeit dem Körper wahrscheinlich weniger schadet, ist die Ursache nicht beseitigt. Das heißt, die seelische Abhängigkeit besteht weiter.

Um jede Art von Abhängigkeit loszuwerden, müssen wir sie zuerst aufdecken, wie ich es oben beschrieben habe. Dann müssen wir sie akzeptieren. Denke daran, was „akzeptieren" bedeutet:

Akzeptieren heißt, sich eine Abhängigkeit erlauben, obwohl du nicht damit einverstanden bist.

Du musst begreifen, dass dein inneres Kind dich abhängig macht. Eines Tages entscheidest du, dass du nicht nett genug bist, dass niemand dich wirklich lieben kann, dass etwas mit dir „nicht stimmt", dass du nicht beweisen konntest, der Situation gewachsen zu sein, dass du nichts selbst machen kannst, dass du jemanden oder etwas brauchst, um zu überleben. Deshalb hast du dir erlaubt, vorläufig diese Abhängigkeit zu haben, ohne darüber zu urteilen.

Der nächste Schritt besteht darin, anderen zu sagen, dass du abhängig bist. Wenn du beispielsweise Anerkennung brauchst, kannst du sagen: *„Ich habe immer noch gewisse Zweifel daran, dass ich ein guter Mensch bin (dass ich wichtig bin, dass ich genug leiste). Ich muss das von anderen hören. Wenn es nicht zu viel verlangt ist, würden Sie mir für meine Arbeit ab und zu danken oder gratulieren?"*

Wenn du von der Anwesenheit eines anderen abhängig bist, kannst du sagen: *„Ich liebe mich selbst nicht genug, um allein sein zu können. Ich brauche immer noch andere, die bei mir sind. Wenn es dir möglich ist, würde ich mich freuen, wenn wir öfter zusammen wären."* Wenn du dir diese Abhängigkeit gestattest und sie zugibst, ohne dich zu kritisieren, kannst du leichter akzeptieren, dass kein anderer Mensch verpflichtet ist, deine Bedürfnisse zu befriedigen. Du kannst deine Wünsche bekräftigen und anderen mitteilen und gleichzeitig lernen, dich von deinen Erwartungen zu lösen.

Solange wir abhängig sind, suchen wir wahrscheinlich nach einer Kompensation in der materiellen Welt.

Wir schaden dem Körper, indem wir ihm Substanzen zuführen, die er nicht braucht. In solchen Fällen können wir mit dem physischen Körper reden und ihm erklären, dass wir zurzeit an einer Abhängigkeit leiden, die uns oft zwingt, einen Ausgleich auf der materiellen Ebene zu suchen. Das bedeutet nicht, dass uns diese Situation gefällt; aber wir räumen ein, dass es derzeit so ist, und versprechen, unser Bestes zu tun.

Da alles unbeständig ist, solltest du deinen Körper bitten, nicht aufzugeben, weil du eines Tages weniger abhängig sein und ihn dann nicht mehr so missbrauchen wirst.

Gehe Schritt für Schritt vor. Wenn du dich beim Rauchen, einem großen Nachtisch oder dem vierten Kaffee ertappst, sage zu dir: *„Ich weiß, dass ich das nicht wirklich brauche. Also werde ich vorzeitig damit aufhören, damit mein Körper eine Pause bekommt."* Wenn du zögerst, weil du das Gefühl hast, etwas zu vergeuden, schlage ich vor, dass du nach innen gehst und den Rest jemandem auf dieser Welt opferst, der es braucht. Das hilft dir, einen Teil deines Nachtisches stehen zu lassen! Wenn du den Nachtisch auf diese Weise in Gedanken verschenkst, besteht sogar eine gute Chance dafür, dass jemand unerwartet etwas zu essen bekommt. Das Universum erfüllt deinen Wunsch irgendwie und irgendwo!

Je abhängiger du deiner Meinung nach bist, desto mehr Komplimente solltest du dir jeden Tag machen. Eines Tages wird dir klar werden, dass du ein besonderer Mensch bist, und du wirst es allmählich auch glauben und schließlich tief im Herzen akzeptieren. Beginne mit mindestens zehn Komplimenten am Tag. Dafür brauchst du keine herausragenden Leistungen zu erbringen – nutze jeden kleinen Grund, dich selbst zu loben. Vielleicht hast du liebevoll an jemanden gedacht oder ihn angelächelt, oder du warst tolerant oder hast eine kleine Aufgabe gelöst. Sobald du daran gewöhnt bist, dich zu loben, wird es einfacher.

Wenn wir abhängig sind, glauben wir auch, dass andere von uns abhängig sind. Darum können wir unsere Mitmenschen fragen, ob wir uns ihrer Meinung nach zu sehr in ihr Leben einmischen oder ob sie den Eindruck haben, nicht ohne uns auszukommen. Angenommen, du sagst deinen Kindern, deinem Mann oder einem Freund, was deiner Meinung nach zu tun ist, ohne dass du dazu aufgefordert wurdest. Dann ist dies ein Zeichen dafür, dass du glaubst, die anderen kämen ohne dich nicht zurecht. Du musst akzeptieren, dass die anderen sehr wohl ohne deinen Rat auskommen. Dann bist du auch in der Lage zu glauben, dass dein Glück nicht von anderen abhängt.

Zum Schluss rate ich dir, drei körperliche Abhängigkeiten und deren Ausmaß zu identifizieren, indem du eine Woche lang dagegen ankämpfst. Halte durch, bis dir das sehr schwer fällt.

Finde dann heraus, welche seelische Abhängigkeit dahinter steckt, und befolge die Anleitung, die ich in diesem Kapitel gegeben habe. Und vergiss dabei nicht das Wichtigste:

Erlaube dir, abhängig zu sein, ohne dich zu kritisieren oder zusammenzureißen.

Kapitel 4

Einen hübschen Körper haben

Dass das äußere Erscheinungsbild heutzutage wichtig ist, lässt sich nicht bestreiten. Fitnesscenter haben immer mehr Zulauf, und es werden immer mehr Produkte verkauft, die Schönheit und Schlankheit versprechen. Dieser Teil unserer Wirtschaft wächst auf der ganzen Welt und vor allem im Westen ziemlich schnell.

Wer sein Aussehen nicht akzeptieren kann, hält sich meist für übergewichtig. Dass jemand sich für zu dünn hält, kommt seltener vor. Nach der Statistik haben drei von vier Nordamerikanern ein „Gewichtsproblem“ und sind mit ihrem Aussehen nicht zufrieden. Ich habe dieses Thema bereits ausführlich in meinem ersten Buch behandelt und gehe daher hier nur auf die neuesten Erkenntnisse ein.

Wenn du mein erstes Buch gelesen hast, bist du jetzt wahrscheinlich davon überzeugt, dass der physische Körper unsere innere Wirklichkeit, also unseren seelischen Zustand widerspiegelt. Da der physische, der emotionale und der mentale Körper zur materiellen Ebene gehören, liegt es auf der Hand, dass sie miteinander verbunden sind: Was der eine empfindet, beeinflusst die beiden anderen. Psychologen wissen, dass die ersten sieben Lebensjahre für die Entwicklung des Menschen am wichtigsten sind. Vor dem achten Lebensjahr fallen viele bedeutsame Entscheidungen, die großen Einfluss auf unser Leben als Heranwachsende und Erwachsene haben. Diese Entscheidungen treffen wir mit Hilfe des Mentalkörpers, und sie wirken sich sofort auf den emotionalen und den physischen Körper aus.

Schauen wir uns den Zusammenhang zwischen Körper und Seele einmal näher an. Manche Menschen sind schlank, oft sogar dünn. Das ist meist ein Zeichen dafür, dass sie sich im Mutterleib oder als kleine Kinder ungeliebt fühlten. Das Gefühl war so stark, dass sie sich wünschten, nie geboren worden zu sein – sie wollten einfach „verschwinden“. Später im Leben wurden sie sehr mager, um möglichst wenig Raum einzunehmen. Menschen mit sehr dünnen Beinen neigen zu Tagträumen. Sie befinden sich auf der Astralebene. Wenn sie sich setzen, kreuzen sie die Beine so, dass sie die Erde nicht berühren; denn je weniger sie geerdet sind, desto weiter rutschen sie auf die astrale Ebene. Das ist eine Art Flucht: Sie erschaffen ihre eigene imaginäre Welt und hoffen, dort so lange wie möglich zu bleiben.

Wer zu dünn ist, wurde vielleicht als Kleinkind unzureichend versorgt. Solche Menschen hatten eine Mutter, die nicht fähig war oder keine Zeit hatte, sich um ihr Kind zu kümmern und daraus zog das Kind den Schluss, dass nicht genug materielle und geistige Nahrung vorhanden war, um es zu versorgen. Als Erwachsene geht es ihnen ebenso: Sie brauchen immer etwas, und es fehlt ihnen immer etwas. Darum „fallen sie vom Fleisch" oder sehen sogar aus, als fehle ein Körperteil, etwa weil die Arme und Beine sehr dünn oder die Brüste und der Po bei Frauen sehr klein sind.

Dieses Gefühl der Leere kann bewirken, dass wir sehr von anderen abhängig werden, weil wir nie genug haben. Wir klammern uns an andere und bitten oft um etwas. Wir haben Angst, verlassen zu werden, und das ist schlimmer als Ablehnung. Wer sehr dünn ist, fühlt sich abgelehnt und hat beschlossen, zu verschwinden; wer nicht genug bekommt, fühlt sich verlassen und wird sehr abhängig von anderen.

Wenn du dich in diesen Beispielen wieder erkennst, musst du dir klarmachen, dass eine Flucht in die Astralwelt nicht die beste Lösung ist. Jede Erfahrung, die dir entgeht, musst du früher oder später dennoch machen, wenn nicht in diesem Leben, dann im nächsten. Du musst dann wieder geboren werden, um zu vollenden, was du versäumt hast. Da du aber bereits beschlossen hast, dieses Leben auf der Erde zu verbringen, ist es viel klüger, hier zu bleiben und erfüllt zu leben.

Denke daran, dass dein Körper Entscheidungen widerspiegelt, die du als Kind getroffen hast, und dass diese Entscheidungen nicht unwiderruflich sind.

Glaube nicht länger daran, dass jemand dich abweist, sondern betrachte die andere Seite der Münze: Was du als Kind „Ablehnung" nanntest, war in Wirklichkeit Ausdruck der begrenzten Fähigkeiten der Menschen, die dich betreuten. Deine Eltern haben ihr Bestes getan, und zwar auf der Grundlage ihres damaligen Wissens und der damaligen Umstände. Jetzt musst du lernen, deine Bedürfnisse selbst zu befriedigen und nicht immer von anderen abhängig zu sein.

Für die Leser, die übergewichtig sind oder auffällig große Körperteile haben, fasse ich nachfolgend kurz zusammen, was ich in meinem ersten Buch über dieses Thema geschrieben habe.

Wir begegnen immer wieder Menschen, die „stark", also korpulent sind. Sie scheinen Macht auszustrahlen. Männer, die zu dieser Gruppe gehören, haben breite, starke Oberkörper, breite Schultern, einen großen Brustkorb – aber eine schmale Taille und einen kleinen Po. Bei Frauen vermitteln die Beine, die Oberschenkel, der Po und die Hüften diesen Eindruck der Macht.

Diese Machtdemonstration deutet auf den Wunsch hin, andere zu beherrschen. Es ist eine Körpersprache, die sagt: *„Schaut, wie stark ich bin. Mich könnt ihr nicht herumkommandieren. Ich bin derjenige, der alles im Griff hat."* Oft legen wir uns diese Einstellung in der Kindheit zu, weil der Vater oder die Mutter sehr autoritär ist. Deshalb beschließen wir, dass wir uns von niemandem mehr herumkommandieren lassen, sondern dass wir unsererseits andere herumkommandieren werden. Wir wollen immer obenauf sein; wir sind wachsam, haben immer eine Antwort parat und lassen uns kaum jemals überraschen. Wir haben entschieden, aus jeder Situation das Beste zu machen.

Ein Mensch, den wir als „dick" und nicht als „stark" bezeichnen oder der einige überproportional große Körperteile hat, wurde als Kind gedemütigt. Dieses Schamgefühl ist mit „tun" oder „haben" verbunden. Er beschloss, etwas für andere zu tun und auf diese Weise seinen Scham zu verbergen. Wenn er viel tut, so glaubt er, fühlt er sich nicht mehr beschämt und andere haben keinen Grund, sich seiner zu schämen. Oft sagt er: *„Ich kann viel auf mich nehmen."* Er ignoriert seine eigenen Bedürfnisse völlig, um den Erwartungen und Wünschen anderer zu genügen. Darum wird er „masochistisch".

Wenn du übergewichtig bist oder einige „zu dicke" Körperteile hast, rate ich dir dringend, darauf zu achten, wann du dich schämst, wann du fürchtest beschämt zu werden und wann du

Angst hast, dass andere sich deiner schämen. Dieses Gefühl beherrscht dich selbst dann, wenn du es nicht merkst. Wenn du nach innen schaust, entdeckst du das Ausmaß dieser Furcht und erkennst, was du im Laufe eines Tages tust, um sie nicht spüren zu müssen. Wenn ich mit Übergewichtigen arbeite, fällt mir auf, wie leicht sie sich schämen oder schuldig fühlen. Wenn ich ihnen beispielsweise sage, sie hätten etwas Bestimmtes anders machen sollen, haben sie sofort ein schlechtes Gewissen, vor allem wenn sie glauben, mir oder jemand anderem geschadet zu haben. Sie denken dann: *„Ich hätte es wissen müssen. Es ist eine Schande, dass ich nicht früher daran gedacht habe."*

Nimm dir Zeit, nach innen zu schauen, und schreibe auf, welche demütigenden Situationen du seit deiner Kindheit erlebt hast – vielleicht sind es mehr, als du erwartest. Übergewichtige stammen meist aus Familien, in denen man nicht darüber reden durfte, was im Haus vorging, weil die Familienmitglieder sich nicht vor anderen blamieren wollten. Menschen mit Gewichtsproblemen haben meist einen kurzen, aber breiten und verspannten Hals. Sie ziehen sich meist zurück und sagen nicht viel. Man sieht, dass sie etwas in sich hineinfressen.

Wenn du übergewichtig bist, hast du als Kind zu glauben beschlossen, dass du dich nicht mehr schämen musst, wenn du viel für andere tust und deine eigenen Bedürfnisse ignorierst. Diese Entscheidung schadet dir.

Wenn nur ein Teil deines Körpers dick ist, hat das andere Ursachen. Wenn die Beine zu dick sind, willst du verhindern, dass jemand dich gegen deinen Willen irgendwo hinschickt oder dir einredet, du wärst unfähig, etwas Bestimmtes zu tun. Du hast starke Beine, damit niemand dich herumschubsen kann und du möglichst vielen Menschen nützlich sein kannst.

Wenn die Oberschenkel, der Bauch und das Gesäß dicker sind, kann eine sexuelle Blockade der Grund sein. Der Körper sagt: *„Mit mir darfst du keinen Sex haben."* Vielleicht wurdest du als Kind sexuell belästigt und glaubst seither, eine ordentliche Schutzschicht werde ähnliche Vorkommnisse in der Zukunft verhindern. Aber du musst einsehen, dass du diesen Schutz als Erwachsener nicht mehr brauchst. Du kannst dich mit deiner inneren Kraft schützen.

Menschen, die am Bauch und im Bereich des Sonnengeflechts dick sind, drücken damit aus: *„Sag ruhig, was dich bedrückt.*

Ich kümmere mich darum." Sie wollen anderen zuhören und dann versuchen, ihre Probleme zu lösen, denn sie glauben, es sei ihre Pflicht, ihre Mitmenschen glücklich zu machen, und offenbar macht es ihnen Spaß, diese Verantwortung zu übernehmen. Man hört sie rufen: „*Das übernehme ich!*"

Wer im Brustbereich füllig ist, denkt: „*Ich kann alle bemuttern.*" Die Kinder, der Ehepartner, die Eltern und andere Leute nutzen diese Menschen oft aus, weil sie bemuttert werden wollen.

Jetzt verstehst du, warum ich sagte, dass Menschen, die leicht zunehmen, eine „masochistische" Ader haben. Wir sorgen dafür, dass wir für andere leiden. Je mehr wir uns um die Probleme anderer kümmern, desto größer wird unser Bedürfnis, uns mit einer Schutzschicht zu umgeben, um unsere Verwundbarkeit zu verbergen. Wir wollen nichts mehr fühlen. Um diesen Panzer zu durchdringen, brauchen wir große Probleme, die starke Gefühle auslösen, damit wir wieder an unsere Empfindungsfähigkeit glauben können.

Menschen, die seit mehreren Jahren übergewichtig sind, scheinen aus den Nähten zu platzen. Sie sehen aus, als sei ihre Haut geschwollen und bis zum Maximum gedehnt – als wollten sie sagen: „*Ich muss so viel in mich hineinfressen, dass ich vielleicht platze und verschwinde.*" Das geschieht natürlich unbewusst und wird niemals bewirken, dass das Übergewicht verschwindet. Im Gegenteil – der Körper sagt: „*Es ist Zeit, dass du etwas unternimmst und deine Denkweise änderst.*" Das gilt vor allem für jene, die eng anliegende Kleider tragen, in denen sie aussehen, als würden sie gleich platzen.

Die meisten Übergewichtigen nehmen von anderen umso weniger an, wie sie ihnen geben. Sie wollen nicht als Schnorrer gelten, aber genau dafür halten sie sich selbst, ohne es zu merken. Wenn man ihnen etwas gibt, freuen sie sich nicht, sondern denken: „*Ich habe jemandem etwas weggenommen!*" Und je mehr sie anderen „wegnehmen", desto mehr schulden sie ihnen. Sie gönnen sich nicht einmal die Freude, ein Geschenk anzunehmen. Um geliebt oder geschätzt zu werden, müssen sie etwas zurückgeben. Wir spüren, dass sie sich schämen; denn wenn sie sich das kleinste Vergnügen gestatten – wenn sie etwas für sich kaufen oder etwas Gutes essen –, können sie es nur für wenige Sekunden genießen; dann schämen sie sich dafür. Vielleicht sagen sie es nicht laut, aber sie denken oft: *„Ich sollte mich schämen! Ein Nachtisch ist das Letzte, was mein Körper braucht."* Sie empfinden nur selten Freude, weil dieses Gefühl sofort von Scham verdrängt wird.

Solche Menschen wollen geliebt werden, und darum tun sie viel für andere. Wenn jemand nicht zu schätzen weiß, was sie tun, oder es sogar kritisiert, halten sie sich für Versager, anstatt einfach zuzugeben, dass sie es nicht allen recht machen können.

Gehörst du zu den Menschen, die ein wenig zunehmen, das Gewicht rasch verlieren, erneut zunehmen und so weiter? Hast du jede mögliche Diät ausprobiert? Achtest du ständig darauf, was du isst? Wenn ja, ist ein Teil von dir „masochistisch", ein anderer Teil überaus streng. Ein strenger Mensch beherrscht sich und hat meist eine hübsche Figur. Nicht jeder, der gut aussieht, ist übertrieben streng, aber viele bleiben nur deshalb schlank, weil sie sich ständig zusammenreißen: Sie überwachen genau, was sie essen und was sie tun, und das kostet sie enorme Mühe. Weil sie unter autoritären Eltern leiden mussten, beschlossen sie: *„Ich will niemandem zeigen, wie verwundbar ich bin. Ich möchte keine Gefühle mehr haben."*

Diese Menschen haben scheinbar alles im Griff; doch in Wirklichkeit ringen sie ständig um Selbstbeherrschung. Wenn sie ein Problem haben und man sie fragt, wie es ihnen geht, antworten sie: *„Wunderbar! Das stört mich überhaupt nicht."* Sie tun so, als hätten sie nie ein Problem.

Das erklärt, warum Menschen, die viele Jahre lang eine gute Figur hatten, in einem bestimmten Alter zunehmen. Nach so vielen Jahren können sie sich nicht mehr beherrschen, und der masochistische Zug wird stärker. Darum sind Diäten so selten erfolgreich. Die Statistik sagt, dass 98,5% der Menschen, die eine Diät gemacht haben, das verlorene Gewicht (und etwas mehr) innerhalb von zwei Jahren wieder aufholen.

Wie du siehst, tragen wir „Masken", um Furcht, Gefühle und Verwundbarkeit zu verbergen. Wir treffen schon in sehr jungen Jahren Entscheidungen und glauben danach aufrichtig, dass ein bestimmtes Verhalten (unsere „Maske") uns vor Leiden schützt. Diese Entscheidungen gründen immer auf einem bestimmten Ereignis. Aber wenn die Maske die Schmerzen steigert, anstatt sie zu lindern, beginnen wir, nach innen zu schauen und unsere Seele zu erforschen.

Wir alle wollen wieder mit unserer kindlichen Seele verbunden sein, die wusste, wer wir sind und was wir sein wollen: wir selbst! Weil wir sein wollten, was wir sind, wurden wir unterdrückt, beschimpft, gedemütigt und betrogen. Darum haben wir beschlossen: *„Wenn ich bin, was ich bin, akzeptieren die Erwachsenen mich nicht. Also trage ich diese Maske."* Als Erwachsene müssen wir diese Masken eine nach der anderen ablegen, also die Schutzschichten entfernen, die wir uns seit unserer Kindheit zugelegt haben. Damals erfüllten die Masken einen Zweck; unsere Absicht war gut. Doch es ist nicht gut, die Masken ein Leben lang zu tragen.

Wenn wir wissen, dass der Körper der Ausdruck dessen ist, was wir innerlich sind, verstehen wir, warum ein dünner Mensch doppelt so viel essen kann wie ein dicker, ohne zuzunehmen. Das kann für den Übergewichtigen sehr frustrierend sein! Was den dünnen Menschen betrifft, so hat er als Kind die Entscheidung getroffen, dass er nie genug hat. Obwohl er ziemlich viel isst, bleibt nichts lange genug im Körper, um sich anzusammeln. Sein Stoffwechsel verbrennt in kurzer Zeit alles, was er isst. Allerdings altert er schneller als andere. Jetzt verstehst du, warum ein dicker Mensch jünger aussieht als ein sehr dünner, wenn beide älter werden, und warum ein dünner Mann eine übergewichtige Frau heiratet (oder umgekehrt): Sie kann viel auf sich nehmen und will immer etwas für ihn tun, während er nie genug hat.

Die äußere Erscheinung war schon immer wichtig und weil diese Idee von einer Generation an die nächste weitergegeben wird, ist es schwierig, sie aufzugeben. Sicher ist dir aufgefallen, dass ein hübscheres Baby von den Eltern und Angehörigen mehr Zuwendung erhält. Wenn gut aussehende Menschen ein Darlehen beantragen oder sich um eine Stelle bewerben, haben sie bessere Chancen als weniger Attraktive.

Deshalb fällt es uns schwer zu sagen: *„Obwohl ich nicht hübsch bin, muss ich Selbstvertrauen haben."* Da bedingungslose Liebe das Aussehen einschließt, müssen wir es so akzeptieren, wie es derzeit ist.

Neulich las ich, dass Menschen nur dann als *fettleibig* gelten, wenn ihr Gewicht sie im täglichen Leben behindert, ihre Gesundheit gefährdet oder sexuelle Ablehnung auslöst. Viele Menschen halten sich für fett, obwohl diese Voraussetzungen bei ihnen nicht zutreffen.

Das gilt vor allem für Menschen, die an Anorexie oder Bulimie leiden. Ihnen fällt es schwer, ihre Mutter zu akzeptieren, denn Nahrung symbolisiert Mutter Erde, die Nahrungsquelle aller Geschöpfe (der Kosmos symbolisiert den Vater). Wenn Bulimie-Kranke zu essen beginnen, können sie nicht aufhören. Wie eine Maschine verschlingen sie alles, was sie in die Finger bekommen. Für Anorexie-Patienten gilt das Gegenteil: Sie essen fast nichts, so wie sie mit ihrer Mutter nichts zu tun haben wollen und keine emotionale Unterstützung bei ihr suchen. Obwohl sie mager sind, halten sie sich immer für zu dick. Es ist, als wollten sie verschwinden.

Anorexie finden wir vor allem bei Frauen, die auf keinen Fall wie ihre Mutter sein wollen und sich vollständig von ihr zurückziehen. Wenn sie die Schmerzen der Trennung nicht mehr ertragen, erkranken sie an Bulimie in der Hoffnung, ihre Mutter zu verschlingen. Sie vermissen die emotionale Unterstützung der Mutter und wünschen sich einen Augenblick lang, sie akzeptieren zu können. Wenn aus einer Anorexie eine Bulimie wird, zwingen sich die Betroffenen sofort, alles zu erbrechen, was sie gegessen haben, weil sie sich vor Gewichtszunahme fürchten.

Wenn wir klüger werden, wird uns klar, dass der physische Körper uns sogar hilft, unser inneres Wesen besser zu verstehen. Wir alle wissen, dass der physische Körper vergänglich ist und eines Tages sterben wird. Darum empfehle ich dir dringend, deinen Körper zu nutzen, um dich selbst besser kennen zu lernen. Danke ihm dafür, dass er dir den Kontakt mit Aspekten deiner selbst ermöglicht, die dir nicht gefallen. Sei dankbar dafür, dass dein Körper dein Spiegel ist, und behandle ihn gut. Werde dir deiner inneren Schönheit bewusst, und akzeptiere dich so, wie du bist.

Sich akzeptieren bedeutet, dass du deinem Körper erlaubst, so zu sein, wie er derzeit ist.

Dein Körper arbeitet perfekt und versagt bei seinen Aufgaben nie. Wenn du etwas gegen ihn hast, bist du ungerecht und vergeudest zudem deine Zeit. Dein Körper ist ein Führer, der dir hilft, mit bestimmten Aspekten deiner selbst wieder Kontakt aufzunehmen und die Masken abzulegen, die du als

Kind aufgesetzt hast und die dir heute nichts mehr nutzen. Im Gegenteil – diese Masken blockieren deine Entwicklung und verhindern, dass du glücklich bist, innere Harmonie empfindest und friedliche Beziehungen aufbaust.

Obwohl dein Körper nicht dem gesellschaftlichen Ideal entspricht, musst du akzeptieren, dass er zu deiner Natur und zu deinem inneren Erleben passt. Wer sich einen „normalen" Körper wünscht, braucht Selbstbeherrschung und gerät dadurch auf einen falschen Weg, weil er vom Ich geführt wird, von Erlebnissen in seiner Kindheit. Du musst wieder werden, was du wirklich bist. Das kann einige Zeit dauern, denn der Körper braucht eine Weile, um sich anzupassen und mit dem Strom des Lebens zu schwimmen. Die körperliche Transformation entspricht den inneren Transformationen.

Natürlich darfst du deinen Körper verwöhnen. Danke ihm, liebe ihn, streichle ihn, pflege ihn mit der besten Feuchtigkeitscreme auf dem Markt. Sage zu ihm: *„Ich danke dir dafür, dass du mir hilfst, und zur Belohnung liebe ich dich so, wie du jetzt bist."*

Manche Menschen müssen ihr Leben lang übergewichtig bleiben, damit sie lernen, sich selbst zu akzeptieren. Vielleicht haben sie in einem früheren Leben Übergewichtige verachtet und müssen nun spüren, wie das ist. Da wir dessen aber nicht sicher sein können, ist es am besten, das Übergewicht zu akzeptieren und zu sagen: *„Ich werde lernen, mich zu lieben und zu sein, wer ich bin, und dann werde ich alles annehmen, was geschieht. Ich vertraue meinem Körper, weil er weiß, was er in diesem Leben braucht."*

Akzeptiere die Tatsache, dass das Leben weitergeht. Eines Tages kehrt der Körper zur Erde zurück. Doch wenn wir die falschen Einstellungen nicht abgelegt haben, die uns übergewichtig machten, und wenn wir uns weiter schämen oder zu viel auf unsere Schultern laden, kommen wir zurück und müssen in einem künftigen Leben die gleichen Lektionen lernen und die gleichen Fehler beseitigen. Denn nur der physische Körper stirbt.

Zum Schluss noch ein paar Vorschläge. Einerlei, ob du dünn oder übergewichtig bist oder den Körper hast, den du dir wünschst, schlage ich vor, dass du herausfindest, in welche Gruppe du gehörst, und dann geeignete Maßnahmen triffst (denn um ein anderes Ergebnis zu erzielen, müssen wir uns auch anders verhalten als bisher).

Wenn du übergewichtig bist, solltest du jeden Tag mindestens einmal etwas tun, was dir Spaß macht. Wenn das bedeutet, etwas zu essen, was du nicht brauchst, aber gerne isst, dann tu es. Danke Mutter Erde dafür, dass sie dir gibt, was du brauchst, und danke allen, die mit dem Anbau und der Zubereitung deiner Nahrung zu tun haben. Freue dich über schöne Dinge, mach dir selbst eine Freude, und liebe die materielle Ebene, ohne dich dessen zu schämen. Schreibe die folgende Affirmation auf, und befestige entsprechende Zettel an verschiedenen Stellen deiner Wohnung: *„Ich kann nicht alles auf mich nehmen und ich finde mich damit ab."*

Wenn du zu mager bist, nimm dir jeden Tag Zeit, darüber nachzudenken, wie wichtig du bist. Übe dich darin, dein Leben selbst in die Hand zu nehmen und selbst Entscheidungen zu treffen. Wenn du dich abgelehnt fühlst, denke daran, dass die anderen dich nicht wirklich zurückweisen – sie drücken nur aus, dass sie Grenzen haben.

Wenn du ein strenger, etwas starrer Typ bist, solltest du jeden Abend über deinen Tag nachdenken und überlegen, wie du dich in bestimmten Situationen, auch bei Gesprächen mit anderen, gefühlt hast. Auf diese Weise förderst du deine Fähigkeit zu fühlen.

Kapitel 5

Geld und materielle Güter

Da wir uns dem Wassermannzeitalter nähern, ist Geld für uns eines der wichtigsten Themen. Viele Menschen überlegen: *„Das Spirituelle wird jetzt für mich wichtiger. Soll ich meinen materiellen Besitz aufgeben, damit ich nicht mehr am Geld hafte?“* Aber Spiritualität setzt nicht voraus, dass wir uns materielle Dinge vorenthalten. Es stimmt jedoch, dass wir unserem wahren inneren Selbst umso näher kommen, je spiritueller wir werden und, dass wir uns dabei immer mehr vom materiellen Besitz trennen.

Dennoch brauchen wir materielle Güter nicht aufzugeben; wir sollten sie aber ohne ein starkes Gefühl des Anhaftens besitzen. Wie sehr wir an etwas hängen, merken wir an unserer Reaktion auf einen Verlust, zum Beispiel wenn jemand unser Auto, ein Möbelstück oder einen Gegenstand, den wir schätzen, stiehlt oder beschädigt.

Im Zeitalter der Fische glaubten wir, ein Armer sei Gott näher als ein Reicher. Wer wohlhabend ist, hat mehr Freunde, mehr Spaß, mehr materielle Güter, mehr Aufmerksamkeit und so weiter. Mit Geld können wir alles kaufen, was wir haben wollen. Deswegen ist die Gefahr größer, dass wir Gott vergessen.

Wenn wir fast nichts besitzen, keine Arbeit haben und hungrig sind, fühlen wir uns allein, und es ist wahrscheinlicher, dass wir uns im Gebet an Gott wenden, unsere einzige Quelle des Trostes und der Hilfe.

So dachten wir früher. Nun aber drängt uns die Energie des Wassermannzeitalters, Gott auf der materiellen Welt zu spüren und auf der physischen, emotionalen und mentalen Ebene alles zu nutzen, um Gott näher zu kommen. Noch haben wir ein gutes Stück des Weges vor uns, denn viele Reiche auf der Welt sind ihrem Geld offenbar immer noch näher als Gott. Sie sind derart mit Geldverdienen beschäftigt, dass sie ständig fürchten, es für immer zu verlieren.

Materielle Güter und Geld sind nur dann schädlich, wenn sie uns von Gott fern halten und deshalb unsere Furcht steigern.

Es ist nützlicher, einen Zustand der Fülle aufzubauen. Das ist nicht gleichbedeutend mit Geld. In Fülle leben heißt wissen, dass wir zur rechten Zeit alles bekommen, was wir brauchen. Das Gegenteil dieses Zustandes ist Armut. Wir können eine Menge Geld haben und dennoch arm sein, weil wir fürchten, nicht genug zu haben oder zu verlieren, was wir haben. Wir können sogar ohne Geld in Fülle leben, während andere viel Geld haben und arm sind. Der Unterschied liegt im Glaubenssystem, das wir seit unserer Kindheit aufgebaut haben.

Viele unserer Überzeugungen sind Generationen alt. Im Laufe unserer Geschichte hat es immer Menschen gegeben, die ganze Völker in Armut und Furcht stürzten, um sie besser beherrschen zu können. Darum ist es sehr wichtig, wieder einen inneren Zustand der Fülle zu erlangen, selbst wenn es uns mitunter schwer fällt. Wir müssen uns der Glaubensvorstellungen bewusst werden, die wir von unseren Eltern oder anderen Bezugspersonen als Wahrheiten übernommen haben. Viele dieser Überzeugungen sind uns nicht bewusst. Einige von ihnen habe ich nachfolgend aufgezählt. Prüfe beim Lesen der Liste, ob du ähnlich denkst oder dachtest oder ob du Leute kennst, die solche Aussagen machen:

- Geld macht nicht glücklich.
- Ich bin nicht reich, aber wenigstens gesund.
- Geld wächst nicht auf Bäumen.
- Geld verdirbt den Charakter.
- Ich bin zwar nicht reich, aber ein guter Mensch.
- Reiche Leute sind Betrüger.
- Reiche sind eingebildet.
- Ich bin nicht gut genug ausgebildet, um viel Geld zu verdienen.
- Geld wird schneller ausgegeben als eingenommen.
- Man sollte verheimlichen, dass man Geld hat, weil man sonst dauernd um Hilfe gebeten wird.
- Man sollte niemandem Geld borgen und für niemanden bürgen.
- Lege regelmäßig Geld für Notzeiten zurück.
- Man muss hart arbeiten, um Geld zu verdienen.
- Mir zerrinnt das Geld zwischen den Fingern.
- Je mehr ich verdiene, desto mehr Steuern muss ich zahlen.
- Es ist dumm, so viel Geld auszugeben.

Ich habe nur ein paar der häufigsten Aussagen über Geld erwähnt. Es gibt noch viele andere, und alle verhindern, dass wir in Fülle leben. Sie sind ins Unterbewusstsein gesickert und bestimmen jetzt unser Leben. Wenn wir nicht so viel Geld haben, wie wir brauchen, dürfen wir nie vergessen, *dass unser Glaube stärker ist als unsere Wünsche und letztlich immer die Oberhand gewinnt.* Wir müssen also unsere Einstellung zum Geld ändern. Geld ist kein materielles Gut wie ein Möbelstück. Es ist eher ein Tauschmittel auf der materiellen Ebene. Solche Tauschmittel gibt es seit uralten Zeiten.

Wir alle brauchen auf dieser Welt einige materielle Güter: ein Dach über dem Kopf, Essen, Kleidung, Geld für die Stromrechnung und andere tägliche Ausgaben. Also müssen wir einen Weg finden, um diese Verpflichtungen zu erfüllen. Allgemeingültige Tauschmittel sind ein Teil des Lebens auf diesem Planeten, und Geld ist am weitesten verbreitet.

Wer spirituell gesinnt ist, hat anscheinend größere Schwierigkeiten mit materiellen Gütern und Geld. Ich habe meine eigenen Probleme in meiner Autobiografie beschrieben. Die Arbeit, über die ich schreibe, war sehr materialistisch. Ich verkaufte verschiedene Produkte und hielt es für normal, dafür Geld zu verlangen. Wie viele andere Leute glaubte ich, dass die besten Verkäufer am meisten Geld verdienen, und da ich auch an meine Fähigkeiten glaubte, hielt ich ein hohes Einkommen für selbstverständlich, und es störte mich nicht, dass niemand mir mein Einkommen garantierte. Ich wusste, dass ich viel Geld bekommen würde, wenn ich lange arbeitete – wollte ich doppelt so viel Geld haben, brauchte ich nur doppelt so viel zu arbeiten. Und genau das geschah, weil ich gelernt hatte, dass Verkäufer für ihren Einsatz bezahlt werden.

Ohne es anfangs zu merken, erkannte ich allmählich, dass Geld eine fließende Energie ist, und je mehr Energie ich durch meine Arbeit zum Fließen brachte, desto mehr Geld verdiente ich. Aber ein Teil von mir glaubte immer noch, materielle Dinge seien die normale Folge, wenn ich materielle Dinge verkaufte.

Als ich meinen Job aufgab und das *Listen to Your Body Centre* gründete, hatte ich nichts Materielles mehr anzubieten. Aber es dauerte ganze zwei Jahre, bis mir klar wurde, dass ich immer noch an meinem alten Glauben festhielt: *„Geld ist ein*

Teil der materiellen Ebene". Ich hatte ein schlechtes Gewissen, wenn ich für meine Kurse Geld verlangte. *„Wenn ich könnte"*, sagte ich zu mir, *„würde ich dafür kein Geld verlangen."* Es war mein sehnlichster Wunsch, alle Menschen Liebe zu lehren, und es störte mich, wenn jemand aus Geldmangel nicht an meinen Kursen teilnehmen konnte. In diesen ersten beiden Jahren hatte ich finanziell zu kämpfen. Da ich nichts Materielles verkaufte, erlaubte ich mir nicht, dafür Geld zu verlangen. Erst als ich erkannte, dass ich kein *Produkt* anbot, sondern *Energie*, begann Fülle in mein Leben zu strömen.

Heute ist mir klar, dass die spirituelle Ebene die gleichen materiellen Werkzeuge braucht wie der Rest der Welt, um zu wachsen und sich zu entwickeln. So ist es nun einmal auf diesem Planeten. Wer Pornografie verkauft, wer durch Filme, Fernsehen oder Zeitungen die Gewalt fördert, benutzt Geld, um seine Ziele zu erreichen. Um dem erfolgreich entgegenzuwirken, müssen alle, die mit Spiritualität zu tun haben – indem sie Liebe, Frieden, Harmonie und Respekt fördern –, die gleichen Werkzeuge benutzen, damit sie bekannt werden und ihr Wissen und ihre Weisheit verbreiten können. Nur so können wir verhindern, dass Furcht und Gewalt uns ganz unterjochen.

Geld ist auch nützlich, wenn du deine innere Schönheit entdecken willst. Wenn du mit selbstsicheren und positiven Vorbildern Umgang hast, ist es leichter, Selbstvertrauen zu erwerben, und wenn du dich mit schönen Dingen umgibst, ist der Kontakt mit der inneren Schönheit einfacher. Das Gegenteil ist ebenfalls richtig: Alles Äußere ist eine Widerspiegelung deiner inneren Welt. Schau dich um. Was siehst du?

Um schöne Dinge zu kaufen, brauchen wir natürlich Geld. Wir müssen uns selbst erlauben, schöne Dinge zu besitzen, und dürfen nicht glauben, dass wir sie nicht verdienen, dass wir nicht hart genug dafür gearbeitet haben oder dass nur die Reichen sie besitzen dürfen. Anfangs solltest du nur wenige Dinge kaufen. Kaufe, was dein Herz öffnet. Ein paar Dinge, die wir wirklich lieben, sind besser als viele Dinge, die uns wenig bedeuten. Wir brauchen Dinge, die wichtig und nützlich für uns sind. Dann können wir nach und nach mehr Dinge erwerben, sofern sie uns auf der materiellen Ebene helfen, Kontakt mit unserer inneren Schönheit aufzunehmen – mit dem Gott in uns, mit unserer schöpferischen Energie.

All die schönen Dinge, die es auf der Erde gibt – Edelsteine, Seide, prächtige Häuser –, und alles, was uns gefällt, wurde von der göttlichen Kraft in jedem Menschen geschaffen. Sehr kreative Menschen, die mit ihrer inneren Kraft verbunden sind, können nur Schönes erschaffen. Wer in Furcht lebt, kann dagegen nur etwas hervorbringen, was auch in anderen Furcht auslöst.

Wenn du akzeptierst, dass Geld nur ein Tauschmittel ist und dass deine eigene schöpferische Kraft dich mit allem versorgt, was du brauchst, überwindest du die Furcht, Mangel zu leiden oder etwas zu verlieren. Deine schöpferische Kraft ist unendlich: Wenn du *einen* deiner Wünsche verwirklichen konntest, dann kannst du diese Leistung wiederholen. Deshalb gewinnen viele Menschen, die ein großes Vermögen verloren haben, ihren Reichtum zurück. Sie haben den Glauben an ihre schöpferische Kraft nur zeitweilig verloren.

Je mehr dir bewusst ist, dass du Gott bist, desto besser verstehst du deine wahren Bedürfnisse und deine Intuition und desto häufiger führt das Universum dich zur rechten Zeit an den richtigen Platz.

Leider lassen wir uns zu oft vom Intellekt ablenken, nachdem wir unserer Intuition gefolgt sind. Eine innere Stimme sagt: *„Das hättest du nicht tun sollen. Du hättest ein bisschen länger warten sollen, denn wenn es nicht klappt, verlierst du dein Geld.“* Wir fürchten uns, und die Probleme beginnen, weil diese Einstellung eine mentale Blockade errichtet, die verhindert, dass die „Geldenergie“ frei fließen kann.

Wenn du akzeptierst, dass Geld eine Energie ist, die durchs Universum zirkuliert und immer da sein wird, haftest du nicht daran. Jedes Mal, wenn du Geld benutzt, um etwas zu bezahlen, schickst du es zu einem anderen, und es wird in der einen oder anderen Form zu dir zurückkommen. Du weißt nicht im Voraus, welche Form das sein wird; aber was in die Welt hinausgeht, kehrt unweigerlich zu dir zurück – dafür sorgt das spirituelle Gesetz von Ursache und Wirkung.

Wenn ich beispielsweise der Telefongesellschaft am Monatsende Geld schicke, bezahle ich für ihre Dienste, und die Firma bezahlt mit dem Geld ihre Mitarbeiter, und einer von ihnen nimmt vielleicht eines Tages an meinem Kurs teil. Geld zirkuliert und kommt immer zurück; nichts geht verloren. Energie fließt ewig durch das ganze Universum.

Wenn wir glauben, das Geld, das wir verdienen, gehöre uns, geben wir es nicht gerne aus, denn wir fürchten, dass wir nicht genug davon haben. Diese Angst habe ich früher oft ausgestanden. Wenn ich heute Geld für mein Zentrum oder für mich ausgebe, weiß ich, dass dieses Geld nicht mir gehört. Ich gebe das Geld, das ich mit meinen Kursen und Büchern verdiene, nur weiter. Ich schicke es jemandem, der es seinerseits weiterreicht. Das Rad dreht sich endlos. Wenn ich diese Einstellung beibehalte, ist mein Leben viel einfacher, und das Leben versorgt mich zur rechten Zeit mit allem, was ich brauche.

Wenn wir auch mit größeren Geldbeträgen umgehen können, ist das ein Zeichen dafür, dass unsere Finanzen und unser Gefühl der Fülle sich günstig entwickeln. Vor fünfzehn Jahren waren 5000 Euro Schulden für mich eine enorme Summe. Heute kann ich einen Kredit von 50 000 Dollar aufnehmen und trotzdem ruhig schlafen. Ich stelle mir die Frage: *„Was kann schlimmstenfalls geschehen, wenn ich so viele Schulden habe?“* Die Antwort lautet: Im schlimmsten Fall läuft nicht alles so, wie ich es geplant habe, und ich muss von vorne anfangen und mit etwas Neuem experimentieren. Und wer weiß – diese neuen Erfahrungen sind vielleicht sehr aufregend.

Wenn wir das Leben genau analysieren, erkennen wir, dass wir immer wieder neu anfangen, weil wir uns ständig weiterentwickeln und nach Besserem streben.

Wenn du zu den Menschen gehörst, die Geld ignorieren und sagen: *„Geld ist nicht wichtig, weil ich spirituell bin. Ich möchte mich lieber mit tiefgründigeren Themen befassen. Die materielle Welt bedeutet mir nichts“*, wirst du vielleicht eines Tages eine Überraschung erleben, weil du materielle Güter brauchst, um zwischen deiner spirituellen und deiner materiellen Welt ein Gleichgewicht herzustellen.

Denke daran: Loslösung heißt nicht Verzicht.

Viele Menschen glauben, ihre einzige Einkommensquelle sei ihre Arbeit. Aber das ist nur eine von vielen Quellen. Wir müssen für alle Quellen offen bleiben, weil wir nicht wissen, wann sie zu sprudeln beginnen. Wenn es uns schwer fällt, etwas anzunehmen, versperren wir diesen vielen Quellen den Zugang. Mentale Blockaden hindern die Fülle daran, durch unser Leben zu strömen, so wie ein Staudamm einen Fluss zu einem Rinnsal macht.

Da wir ernten, was wir säen, sind Geschenke für andere eine vorzügliche Möglichkeit, Geld zu verdienen und materielle Güter zu erwerben. Diese Einstellung ist typisch für Wohlhabende, die keine Angst vor Mangel haben. Wichtig ist, dass du Dinge hergibst, die dir gefallen und dir etwas bedeuten. Schenke, um anderen eine Freude zu machen. Dadurch schaffst du Platz für etwas Neues. Auch so kannst du dich von inneren Blockaden – der Furcht vor Verlust oder Mangel – befreien, so dass der Strom der Fülle ungehindert durch dein Leben fließen kann.

Arbeite nicht nur des Geldes wegen, sondern auch, um kreativ zu sein. Wenn du in deiner Arbeit aufgehst, spürst du, dass du an etwas Bedeutsamem teilhast. Dann öffnet sich dein innerer Kanal und bringt Fülle in dein Leben. Experimentiere damit, denn wahres Verstehen beruht auf Experimenten und Erfahrung.

Ich kannte einmal einen Mann, der seine Karriere mit fünfzehn Jahren begann. Damals kümmerte er sich um die Obstauslagen in einem Supermarkt. Er war sehr engagiert und ersann ständig neue Möglichkeiten, die Früchte für die Kunden attraktiv zu machen. Bald wurde er zum Abteilungsleiter befördert, einige Jahre später sogar zum Betriebsleiter, obwohl er immer noch sehr jung war. Er hatte nie eine höhere Schule besucht, aber er war mit ganzem Herzen bei seiner Arbeit und schrieb seine Überstunden nicht auf. Einige Zeit später ernannte man ihn zum Direktor einer der größten Supermarktketten in Quebec. Jetzt lebte er in der Fülle. Warum? Weil die Arbeit für ihn mehr ist als ein Job. Er hätte zu sich sagen können: *„Ich bin ein Niemand, ich ordne ja nur Obst und Gemüse auf Regalen an“*. Aber er weigerte sich, so zu denken. Er nutzte seine Kreativität, entwickelte sich weiter und öffnete dadurch das Tor zur Fülle.

Einmal traf ich einen Amerikaner, der nach dem Zweiten Weltkrieg im Alter von 24 Jahren arbeitslos war, obwohl er eine Familie ernähren musste. Eines Tages ging er auf dem Land spazieren und bewunderte die hübschen Bauernhöfe.

Plötzlich hatte er eine Idee: Er wollte den Bauern anbieten, ihre Briefkästen silbergrau anzustreichen und ihre Namen in schwarzer Farbe darauf zu schreiben. Er verlangte fünf Dollar je Kasten, was damals viel Geld war. Aber die Bauern hatten genug Geld und wenig Zeit; darum bezahlten sie diesen Preis gerne.

Während er seine Runden drehte, fiel ihm auf, dass die Dächer vieler Häuser eine Reparatur benötigten. Er kaufte einen LKW, der den Teer erhitzen konnte, mit dem man Dächer ausbesserte, und begann seine Dienste anzubieten. Bald war er sehr beschäftigt. Nach einigen Jahren ergänzte er seine Ausrüstung und bot den Bauern an, ihre Kieswege zu pflastern.

Die Jahre vergingen, und er wurde ziemlich wohlhabend. Als ich ihm begegnete, war er etwa fünfzig Jahre alt und besaß eine Firma, die zu den größten ihrer Art in den USA gehörte. Ich bat ihn, mir etwas über sein Leben zu erzählen, und er sagte: *„Ich hatte nie Angst, etwas zu riskieren. Das war immer so. Kaum hatte ich eine Idee, setzte ich sie in die Tat um, denn ich war stets davon überzeugt, dass es immer Briefkästen geben wird, die man anstreichen muss.“*

Diese Lebensgeschichte war sehr lehrreich. Die Möglichkeit, alles zu verlieren, ängstigte diesen Mann nicht im Geringsten, denn er wusste, dass er jederzeit neu anfangen konnte. Obwohl er Multimillionär war, blieb er bescheiden und aufgeschlossen. Eine wunderschöne Aura umgab ihn. Es war offensichtlich, dass Geld nicht sein Leben bestimmte; er benutzte es lediglich, um immer kreativer zu werden, und er entwickelte seine Kreativität sein ganzes Leben lang weiter.

Das Wassermannzeitalter treibt uns alle in diese Richtung. Wer diese kreative Energie brach liegen lässt, indem er die Werkzeuge ignoriert, die uns gegeben wurden, wird immer ängstlicher und kränker. Die Intuition ist keine Hilfe, wenn wir uns weigern, kreativ zu sein.

Manchmal kann es notwendig sein, sich Geld zu borgen. Aber viele Menschen glauben, es sei falsch, Schulden zu haben. Bevor du Schulden machst, um etwas zu kaufen, was du nicht ganz bar bezahlen kannst, musst du herausfinden, ob dieses Produkt es dir ermöglicht, etwas Neues zu schaffen. Wenn es dir hilft, deine innere Kraft besser zu nutzen, darfst du es nicht als Schuld betrachten, sondern als vom Universum geschicktes Mittel, das dir die Möglichkeit gibt, deine Kreativität besser auszudrücken.

Andererseits ist es ratsam, keine unnötigen Schulden zu machen. Manche Leute verstricken sich so tief in Schulden, dass sie davon erdrückt werden. Wenn der einzige Zweck eines Kaufes darin besteht, die Sinne zu befriedigen, oder wenn Furcht das Motiv ist, werden die Schulden zur Last. Ist jedoch Kreativität die treibende Kraft, wirst du keine Mühe haben, die Schulden zurückzuzahlen. Mir gefällt diese Definition: *„Schulden symbolisieren die Größe des Vertrauens, welches das Universum derzeit zu uns hat."* Das ist wahr. Wenn wir einen Kreditantrag ausfüllen und er angenommen wird, sagt der Sachbearbeiter zu uns: *„Wir geben Ihnen dieses Geld, weil wir Ihnen vertrauen."*

Manche Menschen glauben allerdings, sie könnten mit viel Geld Liebe kaufen. Sie halten Geld für ein Statussymbol und denken, Reiche seien beliebter. Geld bedeutet für sie, liebenswert zu sein. Meist verdienen sie tatsächlich eine Menge Geld. Sie verspüren ein tiefes Bedürfnis, anderen zu zeigen, dass sie Geld wie Heu haben. Geld wird ein symbolischer Ersatz, in den sie all ihre Liebe investieren. Da sie Geld lieben, glauben sie, von jenen geliebt zu werden, denen sie Geld geben. Wenn sie einen großen Betrag verdienen oder gewinnen, können sie sich nicht vorstellen, alles selbst zu behalten, weil sie fürchten, man werde sie dann nicht lieben. So verbinden viele Menschen Geld mit Liebe.

Diese Einstellung beginnt meist früh im Leben, weil manche Eltern ihrem Kind nur Geld als Belohnung geben und ihm dadurch mitteilen: *„Wenn du brav bist, lieben wir dich sehr und geben dir Geld. Wenn wir dich weniger lieben, geben wir dir nichts."* Das trägt nicht dazu bei, ein starkes Selbstvertrauen auf der Basis bedingungsloser Liebe aufzubauen. Solche Eltern benutzen ihr Geld nicht, um ihre Kreativität zu fördern und sich wieder mit ihrem inneren Gott zu verbinden, sondern sie wollen damit Liebe kaufen. Was für eine Illusion!

Wenn du Geld und materielle Güter nur begehrst, um sie zu haben, wirst du nie zufrieden sein. Nur wenn du materielle Dinge nutzt, um dem Gott in dir näher zu kommen, kannst du glücklich sein.

Wenn du nicht erreichst, was du willst, halten mentale Blockaden dich davon ab. Lies in diesem Fall noch einmal Kapitel 1 über Glauben und Furcht. Wenn du erwartest, Blockaden von außen beseitigen zu können, musst du lange warten; denn das gelingt nur in deiner inneren Wirklichkeit.

Viele Krankheiten hängen mit Geldsorgen zusammen. Sie treten vor allem im unteren Teil des Körpers auf: Schmerzen in den Beinen und Füßen, Kreuzschmerzen, Verdauungsstörungen (Sorgen), Ischias, Darmprobleme (Furcht vor Verlust). Menschen, die an ihrem Geld und ihrem Besitz hängen, klammern sich auch an ihr Essen, und da es ihnen schwer fällt, etwas loszulassen, leiden sie oft an Verstopfung.

Zum Schluss empfehle ich dir, in den nächsten Wochen alle deine Gedanken, Worte und Handlungen zu notieren, die sich um Geld oder Besitz drehen. Frage auch die Menschen in deiner Umgebung, ob sie sich an Bemerkungen erinnern, die du zu diesem Thema gemacht hast. Auf diese Weise wird dir bewusst, welches Glaubenssystem dich beeinflusst.

Decke dann die Furcht auf, die hinter jedem Glauben verborgen ist; denn sie hemmt den Strom der Fülle in deinem Leben, weil sie dein Verlangen blockiert. Furcht hält dich sogar davon ab, deine fundamentalen Bedürfnisse zu befriedigen und ein offener Kanal zu sein, der empfängt, was du im Leben brauchst.

Darum ist es so wichtig zu erkennen, dass deine Fähigkeit, Fülle hervorzubringen, den Glauben an deine innere Energie und an den Gott in dir widerspiegelt.

Kapitel 6

Kinder haben

Warum wollen wir Kinder haben? Die meisten Menschen gründen eine Familie, ohne darüber nachzudenken. Leider sind die Motive selten überzeugend. Hier sind ein paar Gründe, die Erwachsene dazu bewegen, Kinder zu bekommen:

Sie glauben, nach der Heirat sei es selbstverständlich, Kinder zu bekommen.

Sie wollen ihren Eltern Freude bereiten, die sich Enkel wünschen, vor allem einen Jungen, damit der Familienname erhalten bleibt.

Sie wollen sich mit ihren Kindern eigene Wünsche erfüllen. Sie sagen: „Ich hatte nie Spielsachen" oder *„Mich hat niemand beachtet"* oder *„Ich durfte nicht studieren"* und *„Mein Kind soll es besser haben."*

Sie wollen verhindern, dass ihr Partner sie verlässt. Vor allem Frauen fürchten, verlassen zu werden.

Sie wollen ihren Partner zwingen, sie zu heiraten.

Manche Frauen glauben, sie müssten ein Kind haben, um eine richtige Frau zu sein. Sie fühlen sich unvollkommen, solange sie kinderlos sind.

Sie wollen einen anderen beherrschen. Diese Eltern haben mit Sicherheit keinen Kontakt zu ihrer inneren Kraft und fühlen sich stark, wenn sie einem Kind Befehle erteilen können. Sobald das Kind eine eigene Persönlichkeit entwickelt, wollen sie noch ein Baby haben, um ihr Gefühl der Macht nicht zu verlieren.

Keiner dieser Gründe ist hinreichend. Alle sind typisch für das Zeitalter der Fische, in dem die Menschen Kinder bekamen, ohne zu wissen, warum.

Wenn eine Seele auf der materiellen Ebene geboren wird, beginnt ein Prozess, der komplexer ist, als wir ahnen. Dass die Seele zu ihren künftigen Eltern hingezogen wird, beruht auf einer Gesetzmäßigkeit. Wenn junge Männer und Frauen miteinander Sex haben, ohne an die Folgen zu denken, erlauben sie *jeder* Seele, sich zu inkarnieren. Viele Seelen warten auf ihre Chance, *jetzt* zu inkarnieren.

Die meisten Menschen wollen vor allem deshalb Kinder, weil sie mit Hilfe der Kinder mehr über sich selbst lernen können.

Dank der Kinder können Eltern viel mehr über sich selbst lernen, denn bis zu einem Alter von sieben Jahren imitieren Kinder alles, was die Eltern tun.

Eltern, die sich durch ihre Kinder besser kennen lernen wollen, ziehen eine Seele an, die sich das Gleiche wünscht. Dieser gemeinsame Wunsch bietet eine außergewöhnliche Chance – jetzt ist echtes spirituelles Wachstum möglich. Eine sexuelle Begegnung dieser Art erzeugt ein helles und schönes Licht, das von Anfang an ein solides Fundament darstellt, auf dem die Beziehung zwischen Eltern und Kindern gedeihen kann.

Eltern sind für die spirituelle Entwicklung der inkarnierten Seele nicht verantwortlich. Sie haben nur die Aufgabe, nach besten Kräften die physischen, emotionalen und mentalen Bedürfnisse des Kindes zu befriedigen. In unserer Gesellschaft gibt es Gesetze, die es Eltern verbieten, sich dieser Pflicht zu entziehen, solange das Kind nicht reif genug ist, für sich selbst zu sorgen.

Das bedeutet jedoch nicht, dass die Eltern jedem Wunsch des Kindes nachgeben müssen – es geht um seine grundlegenden Bedürfnisse. Alles, was darüber hinausgeht, muss als bedingungsloses Geschenk gelten, und die Eltern sollten sich nicht dazu verpflichtet fühlen. Ein Kind ist wie ein Gast im Haus eines Freundes. Kinder dürfen nicht glauben, dass sie ein Recht auf alles haben. Sie genießen ihren Aufenthalt viel mehr, wenn sie jenen dankbar sind, die ihnen die Möglichkeit gegeben haben, sich auf Erden zu inkarnieren.

Vergessen wir auch nicht, dass eine Seele sich mit Erfahrungen inkarniert, die sie in zahlreichen früheren Existenzen gesammelt hat. Eltern sind nicht für Entscheidungen verantwortlich, die eine Seele in früheren Leben getroffen hat; sie sind jedoch verantwortlich für alles, was sie in diesem Leben für das Kind tun.

Bevor eine Seele sich inkarniert, lebt sie auf der astralen Ebene. Es ist schmerzhaft, auf der materiellen Ebene wieder geboren zu werden – schmerzhafter als die Rückkehr in die Astralwelt, ihre natürliche Heimat.

Wenn künftige Eltern wissen, wie eine Reinkarnation vor sich geht, können sie der Seele helfen, mit ihrer neuen Umgebung vertraut zu werden. Während der Schwangerschaft sollte Liebe und Harmonie die Beziehung erfüllen, und die Mutter muss sich richtig ernähren und auf ihre Gedanken und Gefühle achten. So bestärkt sie die Seele in ihrem Wunsch, auf der Erde wieder geboren zu werden, und hilft ihr, das Leben mit einer positiven Einstellung zu beginnen.

Leider bekommt eine Seele, die mit ihrer künftigen Mutter Verbindung aufnimmt, meist negative Gedanken zu hören: *„O Gott – schon wieder schwanger!"* oder *„Hoffentlich wird es ein Junge."* Das trägt nicht zu einer herzlichen Atmosphäre für die ankommende Seele bei. Stelle dir vor, wie betrübt eine Seele ist, die weiß, dass sie als Mädchen zur Welt kommen wird, obwohl die Eltern sich einen Jungen wünschen – sie muss die Eltern von Anfang an enttäuschen.

Von der Empfängnis bis zu den ersten Monaten auf Erden hegt eine Seele, die nicht willkommen ist, Gedanken wie: *„Was soll ich hier?"* oder *„Lohnt es sich, hier zu bleiben?"* Wenn ein Kind nicht weiß, welche Richtung es einschlagen soll, wächst es sozusagen zwischen der astralen und der materiellen Ebene auf. Ein Teil von ihm will auf der Erde sein, weil es weiß, dass es bestimmte Erfahrungen machen muss, und ein anderer Teil will fortgehen. Deshalb fällt es dem Kind schwer, erfüllt und glücklich zu leben.

Wenn Eltern akzeptieren, dass jeder Mensch für sein Glück selbst verantwortlich ist, können sie die Individualität ihres Kindes leichter respektieren. Wer sein Glück selbst schmiedet, muss Entscheidungen treffen, also seinen freien Willen klug ausüben. Das ist eine Kunst, die sich entwickeln muss, keine angeborene Fähigkeit.

Damit du dich mit deinem Kind gut verstehst, solltest du es als Individuum achten und es ermutigen, seine Kreativität zu nutzen, sich wenn nötig anzustrengen und zu lernen, wie man

Entscheidungen trifft. Wenn ein Neugeborenes versucht, sich im Bett umzudrehen oder sich aufzurichten, solltest du ihm nicht zur Hilfe eilen. Gib ihm Freiraum, damit es lernt, dass es mit etwas Mühe seine Ziele selbst erreichen kann. So hilfst du ihm, seine Kreativität zu entwickeln und seinen freien Willen zu betätigen.

Genau das wollen die Kinder des Wassermannzeitalters.[2] Schon ein kleines Kind, das kaum sprechen kann, drückt den Wunsch aus, etwas selbst zu tun – es zeigt uns, dass es eigene Fähigkeiten hat. Erwachsene müssen aufhören, Kinder zu kommandieren und alles für sie zu tun. Wenn man sie zu eigenen Leistungen ermutigt, entwickeln sie sich schneller und kommen selbst zurecht. Eltern, die ihren Kindern alles abnehmen, die versuchen, alle Wünsche der Kinder im Voraus zu erfüllen, und ihnen ständig sagen, was sie wann und wie tun sollen, klagen in späteren Jahren darüber, dass ihre Kinder nicht für sich selbst sorgen können und im Leben nicht vorankommen. Es ist klar, dass Menschen, die wir auf den Schultern tragen, nicht gehen lernen.

Wenn du Kinder so erziehst, wie du es gelernt hast, sind Probleme unvermeidlich. Diese Methoden sind nämlich veraltet und unbrauchbar, weil die Kinder im Wassermannzeitalter geboren werden. Das erklärt, warum so viele Kinder aufsässig sind und Zuflucht bei Alkohol und Drogen suchen, um der Welt der Erwachsenen zu entfliehen, die ihnen unlogisch vorkommt. Manche nehmen sich sogar das Leben. Wie bereits erwähnt, brauchst du nur dein Kind genau zu beobachten, wenn du etwas über dich selbst lernen möchtest, vor allem bis das Kind sieben Jahre alt ist, weil es in diesen ersten Jahren die Eltern nachahmt.

Heutzutage brauchen Kinder glaubwürdige Eltern, weil sie aufgeschlossen, bewusst und wahrhaftig sind. Wenn du etwas sagst, was nicht mit deinem Verhalten übereinstimmt – oder umgekehrt –, ist dein Kind verwirrt und kann dich nicht respektieren. Daniel Kemp[3] bezeichnet die neue Generation als Teflonkinder, weil anscheinend nichts an ihnen „kleben bleibt“. Der Begriff Indigokinder ist jedoch bekannter. Sie machen oft einen undankbaren oder egoistischen Eindruck, weil sie auf die

[2] Man nennt sie auch „Indigokinder“ oder „Teflonkinder“.
[3] Autor von Büchern über Indigokinder im Verlag Éditions E=MC2.

alten Erziehungsmethoden nicht ansprechen. Kemp entdeckte, dass ein Teflonkind vor allem Respekt braucht; erst danach folgen (in der Reihenfolge ihrer Bedeutung) Kommunikation, Zuneigung und Sicherheit. In traditionellen Familien ist diese Reihenfolge umgekehrt.

Diese neuen Generationen fühlen sich respektiert, wenn man sie als Individuen und vollwertige menschliche Wesen behandelt. Deshalb sagen sie so oft: *„Ich bin doch kein Baby mehr!"* Sie wollen auch nicht alle gleich behandelt werden. Wenn wir uns Zeit nehmen, um sie zu beobachten, sind sie für ihr Alter ziemlich weit entwickelt, selbst wenn sie körperlich noch klein sind. Sie schätzen eindeutig Eltern und andere Erwachsene, die wahrhaftig sind. Das ist für die meisten Eltern schwierig, weil sie glauben, ihre Kinder vor den Problemen des täglichen Lebens schützen zu müssen. Aber die Kinder sind heute so hellsichtig und empfindsam, dass sie eine Lüge sofort durchschauen.

Ein Kind merkt es schnell, wenn die Mutter oder der Vater sich nicht wohl fühlt. Wenn es dann fragt: *„Mama, was ist los?"* und sie antwortet: *„Nichts, es geht mir gut"*, denkt das Kind: *„Sie glaubt, ich sei zu jung, um sie zu verstehen; aber ich weiß, dass sie ein Problem hat – warum sagt sie es denn nicht?"* Das Indigokind schätzt und achtet seine Mutter mehr, wenn sie ihm die Wahrheit sagt. Sie könnte etwa sagen: *„Ja, mir geht es nicht so gut. Ich habe Geldprobleme"* oder: *„Zwischen Papa und mir gibt es einige Probleme. Aber das hat nichts mit dir zu tun. Wir lieben dich immer. Manchmal machen wir uns eben Sorgen – das gehört zum Leben."*

Das bedeutet nicht, dass du deine Probleme auf deine Kinder abladen oder sie zu deinen Vertrauten machen sollst. Deine Kinder können deine Probleme nicht lösen. Du sollst lediglich ehrlich sein, wenn ein Kind dir Fragen stellt. So bereitest du es auf die Realitäten des Lebens vor. Wenn du gestresst bist oder die Wahrheit leugnest, spüren deine Kinder diese aufgestaute Spannung und werden ebenfalls gestresst und verspannt. Wenn du dir gestattest, Gefühle zu erleben, und offen darüber redest, bleiben auch deine Kinder offen und entspannt.

Kinder haben zudem den Vorteil, dass sie uns beim Übergang vom Zeitalter der Fische zum Wassermannzeitalter helfen, mit anderen Worten: von einer Epoche, in der die Menschen versuchten, normal zu sein und sich an überlieferte Regeln zu halten, zu einer Ära, in der wir lernen müssen, natürlich und im Augenblick zu leben.

Ein Teflonkind findet es unsinnig zu essen, wenn es keinen Hunger hat. Für diese Kinder ist es natürlich zu essen, wenn der Körper Nahrung braucht. Wenn wir zu unserem Kind sagen: *„Leg deine Spielsachen weg, es ist Essenszeit"* und es ist nicht hungrig, sollten wir uns über seine Weigerung nicht wundern. Das gleiche gilt fürs Schlafengehen.

Falls du zwei, drei oder vier Kinder hast, wendest du nun vielleicht ein: *„Mein Gott, wenn jedes Kind isst und zu Bett geht, wann es ihm passt, was für eine Familie ist das?"* Du musst mit den eben beschriebenen Ideen experimentieren, um herauszufinden, dass du dir grundlos Sorgen machst. Es ist einfacher, als du denkst. Sage zu deinen Kindern: *„Ich habe keine Zeit, für jeden von euch eine gesonderte Mahlzeit zuzubereiten. Wenn ihr zur Essenszeit keinen Hunger habt, stelle ich das Essen in den Kühlschrank, und ihr könnt es später kalt essen oder aufwärmen."* Der Nährwert bleibt der Gleiche, einerlei, ob das Essen frisch ist oder aufgewärmt wurde. Die Behauptung, man müsse eine Mahlzeit sofort essen, ist lediglich ein weiteres Beispiel für einen Irrglauben.

Ein Kind weigert sich oft zu essen, wenn die Eltern es wollen, um ihnen klarzumachen, dass es nicht herumkommandiert werden will. Wenn Kinder nicht zwischen den Mahlzeiten naschen, sind sie meist zur Essenszeit hungrig, weil ihr Körper sehr schnell wächst. Darum essen sie meist zur Essenszeit, auch wenn sie selbst entscheiden dürfen.

Eltern müssen auch ehrlich sein, was das Schlafengehen anbelangt. Viele sagen einfach: *„Es ist Zeit, ins Bett zu gehen"*, aber in Wirklichkeit meinen sie: *„Ich möchte jetzt meine Ruhe haben"*. Dennoch reden sie dem Kind ein, es gehe ihnen um sein Wohlbefinden. Aber das Kind durchschaut sie. Es ist also besser, wenn du sagst: *„Es ist acht Uhr. Ich bin müde und brauche meine Ruhe. Geh jetzt in dein Zimmer. Wenn du noch nicht schläfrig bist, darfst du lesen oder spielen. Aber mach keinen Lärm, damit du andere nicht störst, die sich ausruhen oder schlafen wollen."* Ich kenne viele Eltern, die diese Methode mit großem Erfolg anwenden, denn ihre Kinder fühlen sich nicht herumkommandiert, sondern respektiert. Wenn wir die Wahrheit sagen, profitiert die ganze Familie davon.

Kinder helfen uns auch, selbstsicherer zu werden. Sie sind heute so aufgeweckt, dass sie unsere Schwächen schnell entdecken und dann versuchen, uns zu manipulieren, weil sie herausfinden wollen, wie weit sie gehen dürfen. Wir halten sie dann für unartig, aber für sie bedeutet es, kreativ zu sein. Sie denken sich ständig neue Möglichkeiten aus, ihre Grenzen zu erweitern, weil sie wissen, dass Grenzen nur zeitweilig gelten.

Für uns Eltern ist das ein Vorteil, weil wir unsere Schwächen nicht selbst entlarven müssen. Wir entdecken sie durch das unerwünschte Verhalten unserer Kinder. Und sobald eine unserer Schwächen enthüllt ist, müssen wir sie akzeptieren – dann sind wir nicht mehr manipulierbar. Unsere Kinder lernen dann, dass Schwächen normal sind und dass es keine Übermenschen ohne Schwächen gibt. Die Transformation ist aber nur möglich, wenn wir uns so akzeptieren, wie wir sind. Dann können Eltern und Kinder gemeinsam ein Problem lösen, das andernfalls oft Streit in der Familie auslöst.

Natürlich verstehen Kinder nicht immer, dass sie manchmal falsche Wege zum Ziel einschlagen. Wir sollten ihre Kreativität und ihre Initiative anerkennen, ihnen aber auch das Gesetz von Ursache und Wirkung erklären, indem wir sie die Folgen ihrer Manipulation spüren lassen.

Kommunikation ist heutzutage das zweitwichtigste Bedürfnis der Kinder. Das Wassermannzeitalter ist die Ära der Kommunikation, und deshalb eröffnen Kinder uns eine wunderbare Chance, die Kommunikationsfähigkeit zu schulen. Wenn du keine Kinder hast, kannst du dennoch jede Möglichkeit nutzen, die sich dir bietet.

Es ist am besten, wenn wir mit Kindern einfach kommunizieren. Sie hören Erwachsenen genau zu. Als ich einmal eine Freundin anrief und ihr Kind den Hörer abnahm, fragte ich aus Gewohnheit: *„Ist deine Mama zu Hause?“* Der kleine Junge bejahte, dann herrschte Stille. Erst dann fügte ich hinzu: *„Sag ihr, dass ich mit ihr sprechen will.“* Und er erwiderte: *„Ach so, du willst mit ihr sprechen!“* Jetzt wurde mir klar, dass meine Worte nicht dem entsprochen hatten, was ich ausdrücken wollte, und ich staunte über die Klugheit des Kindes. Als ich fragte: *„Ist deine Mama zu Hause?“*, hatte ich einfach vorausgesetzt, dass er erriet, worum es mir ging.

Wenn du ein Kind fragst: *„Weißt du, wie spät es ist?“*, antwortet es: *„Ja“*, sofern es eine Uhr besitzt. Aber es sagt dir nicht die Zeit, weil du nicht danach gefragt hast. Wenn du wissen willst, wie spät es ist, musst du fragen: *„Wie spät ist es?“* Ein drittes Beispiel: Dein Kind kommt von der Schule nach Hause und macht einen verstörten Eindruck. Wenn du nun fragst: *„War es heute schön in der Schule?“*, antwortet es: *„Nein“*. Du wartest, aber es redet nicht weiter. Schließlich sagst du: *„Ich merke doch, dass etwas nicht stimmt. Warum erzählst du mir nicht davon?“* Und das Kind erwidert: *„Du hast nicht danach gefragt.“* Es ist nicht arrogant oder unhöflich, es ist nur sich selbst treu. Diese Kinder bringen uns bei, Wünsche einfach und präzise zu formulieren.

Wenn du nicht weißt, wie du dich gegenüber deinem Kind verhalten sollst, kannst du zu ihm sagen: *„Ich muss zugeben, dass ich nicht genau weiß, was ich mit dir machen soll. Ich hatte keinen Unterricht über die Erziehung von Kindern. Wenn du Mutter wärst und dein Kind getan hätte, was du eben getan hast, was würdest du jetzt tun?“* Hör dir seine Antwort aufmerksam an, vor allem wenn du nicht damit einverstanden bist. Dein Kind kann dir oft helfen, neue Wege der Kommunikation zu entdecken. Ich empfehle dir dringend, mit seiner Auffassung zu experimentieren, selbst wenn du unschlüssig bist oder dich davor fürchtest. Sage deinem Kind, es sei ein bisschen schwierig für dich, aber du wärst bereit, gemeinsam mit ihm zu lernen und die Idee auszuprobieren.

Sei dir deiner Grenzen als Mutter oder Vater bewusst.

Wenn du deine Grenzen akzeptierst, kannst du auch deinen Kindern Grenzen zugestehen. Als meine Kinder Teenager waren, hörten sie gerne Musik, die mir gar nicht gefiel. Wenn ich nach Hause kam und diese Musik hörte, ärgerte ich mich darüber. Also erklärte ich meinen Kindern, dass mir ihre Musik nicht gefalle, dass ihr Musikgeschmack aber ihre Sache sei. Sie erwiderten, ihnen gefalle meine Musik ebenfalls nicht! Nach diesem Gespräch war mir klar, dass wir ein Abkommen schließen mussten. Wenn ich nach Hause kam, wurde meine Musik gespielt, und wenn ich ging, durften sie ihre Musik spielen, so laut sie wollten. Da ich sehr beschäftigt und seltener zu Hause war als die Kinder, fiel es ihnen nicht schwer, diese Absprache einzuhalten. Wenn ich nach Hause kam, stand eines von ihnen auf und wählte „meinen“ Sender. Da ich ihren Geschmack respektierte, hatten sie Respekt vor meinem. Ich habe nie versucht, ihren Geschmack zu ändern. Ich zeigte ihnen nur meine Grenzen und schloss dann eine Vereinbarung mit ihnen.

Gehörst du zu den Eltern, die von ihren Kindern viel verlangen? Willst du deine Kinder „erziehen“? Wenn ja, zwingst du die Kinder, deine Ansichten zu übernehmen. Heutzutage wollen die Kinder betreut werden und etwas lernen. Sie sehnen sich nach Wissen und schätzen Erwachsene, die sich Zeit nehmen, ihnen etwas Neues beizubringen. Sie wollen nicht eine „Nummer“ unter vielen sein. Zudem lernen sie sehr schnell, so dass unser Bildungssystem sich anpassen muss. Lehrer stellen fest, dass ihre Schüler im traditionellen Unterricht bald das Interesse verlieren und dann aus Langeweile einander necken oder sich in ihre eigene Fantasiewelt zurückziehen.

Es mag anstrengend sein, sich den Bedürfnissen dieser neuen Kinder anzupassen; aber es ist notwendig. Denken wir an den Preis, den wir sonst zahlen müssen: Die Zahl der Schüler ohne Abschluss wird enorm zunehmen, und immer mehr schulpflichtige Kinder werden Straftaten begehen. Teenager gehen gerne Risiken ein und sind abenteuerlustig, weil sie auf diese Weise lernen. Da sie jedoch keine Erfahrung haben, sind ihre Entscheidungen nicht immer klug, und darum geraten sie manchmal in eine Spirale von Ereignissen, der sie nur schwer entkommen können.

Wenn ein Kind rebellisch wird oder keine Lust mehr hat, in die Schule zu gehen, sagt es oft: *„Ich mag die Schule nicht. Dort lerne ich nichts. Die Schule ist langweilig, und die Lehrer sind auch langweilig.“* Es wäre sinnlos, dem Kind eine Predigt zu halten. Worte wie *„Wofür hältst du dich eigentlich?!“* bewirken nicht, dass das Kind seine Meinung ändert. Es ist am besten, seine Meinung zu respektieren.

Wenn du ähnliche Probleme hast, rate ich dir zu folgender Argumentation: *„Ich weiß, dass das Leben nicht immer so ist, wie wir es gerne hätten. Es stimmt, dass der Unterricht interessanter sein könnte; aber du kannst trotzdem das Beste aus der Schule machen, so wie sie jetzt ist. Wenn du älter bist, kannst du dich für einen Beruf entscheiden, der dir mehr Spaß macht.“*

Es ist besser, die Meinung des Kindes zu akzeptieren, anstatt ihm einen Vortrag zu halten oder zu erklären, dass es sich irrt. Auf diese Weise dämpfst du seinen Drang, aufsässig zu sein oder sich den Schulabbrechern anzuschließen, von denen es ohnehin schon zu viele gibt.

Es gibt noch einen guten Grund, Kinder zu haben: Sie helfen dir herauszufinden, welche Probleme zwischen dir und deinen Eltern noch nicht gelöst sind. Das Gesetz von Ursache und Wirkung gilt für alle. Wenn du deine Eltern verurteilst – etwa weil sie angeblich ungerecht zu dir waren – musst du damit rechnen, dass zumindest eines deiner Kinder ähnlich über dich urteilt. Das ist auf Anhieb schwer zu verdauen, aber es ist eine der besten Methoden, mit den Eltern ins Reine zu kommen.

Je mehr du mit deinen Kindern kommunizierst – indem du fragst, wie man sich als Kind fühlt, was sie jetzt und später erreichen wollen, was sie davon halten, erwachsen zu werden, wie sie sich fühlen, wenn sie mit der Mutter oder dem Vater allein sind – desto besser lernst du dich selbst kennen. Wenn du unterdrückte Gefühle aufdeckst, die auf vergangnen Erlebnissen mit deinen Eltern beruhen, kommst du mit deinen Kindern besser zurecht, sofern du beschließt, dir zu vergeben.

Die befreiende Kraft der Vergebung hat enorme Auswirkungen.

Aber du darfst ihre Früchte nur ernten, wenn die Vergebung sich in deinem Inneren abspielt.

Meiner Meinung nach ist dies der beste Grund, Kinder zu haben. Ich habe schon oft beobachtet, dass die Beziehung zwischen Eltern und Kindern ungelöste Probleme widerspiegelt. Wenn ein erwachsenes Kind etwas mit seinen Eltern bereinigt, können diese sich leichter mit *ihren* Eltern aussöhnen. Und da die Macht der Vergebung gewaltig ist, zieht eine Versöhnung weitere nach sich, und wo einst Groll vorherrschte, kehrt danach Frieden ein.

Eltern, die zu sehr damit beschäftigt sind, das Glück ihrer Kinder zu planen, haben vergessen, warum sie Kinder haben: um durch die Kinder bewusster zu werden. Gehörst auch du zu dieser Elternkategorie? Dann solltest du begreifen, dass deine eigenen Probleme ungelöst bleiben, wenn du dich um die Probleme anderer Leute kümmerst. Und wenn du deine eigenen Bedürfnisse vernachlässigst, werden deine Kinder rebellisch.

Ohne streng zu sein oder zu predigen, kannst du für Disziplin in der Familie sorgen. Es ist wichtig, einem Kind beizubringen, dass das Gesetz von Ursache und Wirkung für *jeden* gilt und dass alles, was es sagt oder tut, Folgen haben wird. Deine Aufgabe besteht darin, das Kind anzuleiten, damit es sich vorstellen kann, welche Folgen sein Handeln haben könnte. Besprich mit ihm, ob es bereit ist, den Preis zu zahlen. Anstatt ein Kind zu schlagen oder hart zu bestrafen, solltest du ihm helfen, sich der Folgen seines Handelns bewusst zu werden.

Wenn ein Kind seine Sachen im Haus herumliegen lässt, ohne auf die anderen Familienmitglieder Rücksicht zu nehmen, nutzt ein langer Vortrag gar nichts. Wahrscheinlich weißt du das bereits. Darum rate ich Eltern, dem Kind zu zeigen, was Schlamperei bedeutet. Ein Vater nahm nach mehreren erfolglosen Ermahnungen seine schmutzige Unterwäsche und andere persönliche Dinge und warf sie ins Kinderzimmer. Das gefiel dem Kind gar nicht. *„Wieso lässt du dein Zeug in meinem Zimmer liegen?"*, fragte es empört. Scheinbar erstaunt erwiderte der Vater: *„Stört dich das etwa? Das hätte ich nicht erwartet!"* Damit war das Problem gelöst – ohne Predigt. Diese Methode ist ziemlich wirksam, weil das Kind lernt, welche Folgen sein Benehmen hat. Allerdings muss man ihm erlauben, seine Sachen in seinem Zimmer herumliegen zu lassen.

Viele traditionell eingestellte Eltern haben damit Schwierigkeiten. Sie glauben, das sei einfach unmöglich. Die Ursache sind meist Erinnerungen. Sie wollen sich „normal" verhalten, gemessen an den üblichen Normen. Aber die heutigen Kinder wollen keine „normalen" Eltern. Sie wünschen sich intelligente, natürliche Eltern, die im Augenblick leben können. Es ist gewiss besser, mit neuen Methoden zu experimentieren, als an veralteten Methoden zu haften. Willst du etwas Neues schaffen oder alte Methoden kopieren?

In einem bestimmten Alter bekommen Kinder Taschengeld. Aber ein Teenager sollte kein Geld bekommen, ohne zu wissen, warum. Auch sein Taschengeld sollte die Folge seines Verhaltens während der Woche sein, denn auch seine Eltern erhalten Lohn für ihre Arbeit. Die wichtigste Arbeit eines Kindes sind die Schularbeiten. Darum schlage ich vor, dass du zu ihm sagst: *„Ich werde dich jede Woche nach deinen Leistungen in der Schule und nach deinem Lerneifer bezahlen."* Bezahle dein Kind nicht für Arbeiten im Haushalt. Wenn vier Leute das Haus schmutzig machen, dann machen es vier Leute sauber, und jeder muss seinen Beitrag dazu leisten – das muss ein Kind begreifen. Ich empfehle dir, einmal wöchentlich zu besprechen, wer in der kommenden Woche welche Arbeit übernimmt. Hilf deinem Kind zu verstehen, dass du nicht fürs Spülen oder Waschen bezahlt wirst.

Dein Kind bekommt also sein Taschengeld nur für seine Arbeit in der Schule, es sei denn, du verlangst von ihm eine Arbeit, für die du normalerweise andere Leute bezahlen würdest, etwa fürs Rasenmähen, Babysitten und so weiter. Dein Kind hat es verdient, dafür bezahlt zu werden wie jeder andere auch. Auf diese Weise lernt es, wie befriedigend es ist, für gute Arbeit entlohnt zu werden. Und wenn es merkt, dass Erwachsene ihm vertrauen, lernt es, sich selbst zu vertrauen.

Überwache genau, wie dein Kind sich entwickelt. In den ersten sieben Jahren seines Lebens passt seine Seele sich allmählich an das Leben auf Erden an, und zwar mit Hilfe der Erfahrungen, die es in seinem neuen Körper sammelt. Bis zum siebten Lebensjahr ist ein Kind ziemlich egoistisch. Es denkt nur an sich und will im Mittelpunkt stehen. Es entdeckt das Leben durch die Formen und Empfindungen seines Körpers, durch sein Essen, die Luft, die es einatmet und so weiter.

Vom siebten bis zum vierzehnten Lebensjahr wird das Kind sich seiner Umwelt bewusst. Es beginnt, etwas für andere zu tun, sofern es dafür belohnt wird. Zwischen vierzehn und einundzwanzig will der junge Mensch geliebt werden, denn die Liebe ist jetzt für ihn sehr wichtig. Mit einundzwanzig Jahren ist ein Mensch erwachsen und wenn er auch reif ist, will er geben und lieben, weil es ihm Freude macht. Das ist der normale Entwicklungsweg, dem jeder Mensch folgt, wenn seine Kindheit natürlich und harmonisch verlaufen ist und seine Eltern seine einzigartige Persönlichkeit respektiert haben.

Wenn die Entwicklung eines Kindes durch Mangel an Respekt oder Fürsorge gestört wird, bleibt es möglicherweise in der kindlichen Phase stecken, es sei denn, dieser Mensch arbeitet später an sich. Manche Menschen sind noch egoistisch, wenn sie dreißig oder vierzig sind. Sie haben als Kinder beschlossen, sich von den Eltern herumkommandieren zu lassen, um Liebe und Akzeptanz als Gegenleistung zu erhalten. Da sie ständig nach Liebe suchten und große seelische Schmerzen erdulden mussten (verursacht von ihren vielen Erwartungen), wurden sie weitgehend von anderen abhängig.

Obwohl es bisweilen Meinungsverschiedenheiten geben kann, wird aus einem Kind, das frei sein darf, später ein Erwachsener, der sich selbst liebt und für sein Glück im Wesentlichen selbst zuständig ist. Das Glück, das andere beisteuern, ist für ihn nur eine Ergänzung. Die Erwartungen anderer werden belanglos, weil andere für ihn nicht die Hauptquelle seines Wohlbefindens sind.

Zum Schluss empfehle ich dir, diese Woche mit drei Kindern zu kommunizieren. Wenn du keine eigenen Kinder hast, kannst du dich mit den Kindern anderer Leute unterhalten. Verbringe mindestens eine Stunde mit einem siebenjährigen oder jüngeren Kind. Kommunizieren heißt reden, zuhören, fragen, wie das Kind sich fühlt und was es vom Leben hält.

Kommuniziere dann mit einem Heranwachsenden oder jungen Erwachsenen zwischen vierzehn und einundzwanzig Jahren. Diese Erfahrungen werden dich mit Sicherheit überraschen und erfreuen! Sei aufgeschlossen, habe Mut!

Teil 2

TUN

Kapitel 7

Vergleiche

Vielen Menschen fällt es schwer, sich nicht mit anderen zu vergleichen oder diese Person nicht mit jener zu vergleichen. Warum ist das so? Weil wir nicht genug Selbstachtung haben, um unsere Einzigartigkeit zu erkennen. Wenn wir uns nicht so akzeptieren, wie wir sind, ist es schwierig, im Einklang mit uns selbst zu *handeln* und zu bestimmen, was wir wollen. Dann ist es verständlich, dass wir uns mit anderen vergleichen.

Das ist ein Fehler, weil du dich nach solchen Vergleichen entweder minderwertig oder überlegen fühlst. Es ist viel besser, sein altes Selbst mit seinem neuen zu vergleichen, um sich realistischer beurteilen zu können.

Du vergleichst deinen Körper mit dem Körper eines anderen, weil du besser aussehen willst als der andere. Wer seinen Körper nicht akzeptiert und dann jemanden sieht, der (seiner Meinung nach) noch weniger attraktiv ist, denkt meist: *„Schaut euch den an – viel zu dick!“* Wir denken so, weil wir uns besser fühlen wollen. Wir akzeptieren uns nicht so, wie wir sind. Natürlich vergleichen wir unseren Körper auch mit Menschen, die nach unseren Kriterien attraktiver sind und setzen uns dann selbst herab. So lernt niemand, sich zu akzeptieren.

Aber wir vergleichen auch unser Handeln mit dem Handeln anderer. Wenn wir viel arbeiten, denken wir: *„Ich arbeite viel härter als er“* oder *„Ich bin besser als sie, und es ist unfair, dass sie mehr verdient als ich“*. Auch das Gegenteil ist möglich: Wir glauben, im Vergleich zu anderen nicht genug zu leisten. Wenn das Schuldgefühle auslöst, sind wir ungerecht zu uns selbst, denn wir vergleichen uns vielleicht mit jemandem, der für diese spezielle Tätigkeit besser geeignet ist als wir. Auch das trägt nicht dazu bei, dass wir glücklich sind und uns selbst akzeptieren.

Meist vergleichen wir uns auf mehreren Ebenen mit anderen. Wir vergleichen unsere Fähigkeiten als Eltern oder unseren Umgang mit Geld (wir glauben, wir seien zu verschwenderisch und machen uns Vorwürfe, oder wir kritisieren andere, die wir für Verschwender halten). Wir vergleichen uns mit dem Partner und denken: *„Meine Frau ist ein viel besserer Mensch als ich. Ich sollte mehr tun. Es ist eine Schande, dass sie mehr arbeiten muss als ich."* Manche Menschen können sich nicht damit abfinden, dass sie kein Gymnasium besucht haben und denken: *„Er hat eine bessere Ausbildung als ich. Darum ist er erfolgreicher."* Manchmal geht es darum, wie schnell wir eine Arbeit erledigen oder wie schnell wir etwas begreifen. Wer schlau ist, meint vielleicht: *„Ich kapiere alles viel schneller als sie."* Deshalb kann er nicht verstehen, warum jemand, der langsamer denkt, sich für besser hält. Aber auch der Langsame vergleicht sich mit dem Schnellen, hat ein schlechtes Gewissen und unterschätzt sich selbst.

Aus all diesen Gründen führen Vergleiche nicht zum Seelenfrieden. Wer sich für besser hält als andere, wird überkritisch und intolerant, und wer sich minderwertig fühlt, hat Schuldgefühle und gerät in einen tückischen Kreislauf: Je mehr er versucht, sich zu ändern, desto weniger leistet er und desto heftiger lehnt er sich selbst ab.

***Wer sich ständig mit anderen vergleicht,
hat keinen Kontakt mit seinem inneren Gott.***

Auf welcher Basis vergleichen wir uns mit anderen? Unser Maßstab ist die Vergangenheit: das, was wir gelernt haben, und die Erinnerungen unseres Mentalkörpers. Wenn das Mentale unser Herr wird, vergessen wir unseren inneren Gott. Wir müssen daran denken, dass der Mentalkörper unserem inneren Gott dienen, ihn aber nicht ersetzen soll. Wenn wir Kontakt zum inneren Gott haben, kennen wir unseren Wert, und wenn wir dann jemanden treffen, der mehr oder weniger leistet als wir, stützen wir unsere Beobachtung zwar immer noch auf das, was wir gelernt haben, aber wir verknüpfen sie nicht mit Vergleichen, moralischen Urteilen oder abwertenden Bemerkungen, die bewirken würden, dass wir uns besser oder schlechter als andere fühlen. Diese Emotionen sind uns dann fremd. Es lohnt sich also zu beobachten, ohne zu vergleichen.

Warum neigen wir so sehr zu Vergleichen? Weil unsere Eltern sich ebenfalls mit anderen verglichen haben. Außerdem haben sie uns mit unserem Bruder, unserer Schwester oder unserem

Vetter verglichen und so weiter. Was wir gelernt haben, bestimmt unser Leben, und darum behalten wir diese schlechte Gewohnheit als Erwachsene bei. Es ist wichtig zu begreifen, dass wir uns nicht akzeptieren, wenn wir uns mit anderen vergleichen und, dass diese Einstellung mit der Zeit noch stärker wird.

Um herauszufinden, in welchem Umfang du dich mit anderen vergleichst, solltest du beobachten, wie du eine Person mit einer anderen vergleichst. Vergleichst du dein Kind oft mit dem deiner Schwester oder einen Kollegen mit einem anderen? Wenn ja, gehst du mit dir selbst genauso um.

Manche Menschen vergleichen sich außerdem auf negative Weise mit sich selbst! Sie denken zum Beispiel: *„Ich verstehe mich nicht. Früher war ich viel ordentlicher"* oder *„Früher hatte ich viel mehr Energie. Warum ist heute alles so schwer?"* Diese Menschen sind in der Vergangenheit und in ihren Erinnerungen stecken geblieben und daher unfähig, im Augenblick zu leben.

Achte auch auf die Worte, die du benutzt. Worte wie „mehr", „weniger", „zu viel" und „nicht genug" drücken oft Vergleiche aus. Wenn wir andere als glücklich oder unglücklich bezeichnen, weisen die Worte „wie", „als" oder „ähnlich" auf Vergleiche hin. Eine Mutter, die zu ihrem Kind sagt, es sei wie sein Vater, zieht natürlich einen Vergleich.

Je mehr du dein Verhalten, dein Aussehen, deine Fähigkeiten, *dich selbst* mit anderen vergleichst, desto häufiger vergleichen die anderen sich mit dir und desto mehr hast du das Gefühl, andauernd verglichen zu werden, und dabei übertreibst du unwillkürlich. Warum? Menschen reagieren eben so. Sie sind so daran gewöhnt, alles zu vergleichen, dass sie glauben, alle anderen hätten die gleiche Angewohnheit wie sie. Wie fühlst du dich, wenn jemand dich zu deinen Ungunsten vergleicht? Wenn du als Kind oder Heranwachsender etwas getan hast, was den Eltern missfiel, bekamst du vielleicht zu hören: *„Du bist genau wie dein Vater (wie deine Mutter)!"*, und zwar mit kritischem Unterton. Hat dir das gefallen? Falls du diesem Vergleich etwas Positives abgewinnen konntest, warst du möglicherweise nicht unglücklich. Aber bei genauerer Prüfung war dir doch nicht ganz wohl dabei.

Wenn jemand zu dir sagt: *„Du kannst das viel besser als dein Bruder"*, bist du vielleicht ein wenig stolz; doch in deinem

Herzen kannst du dich nicht freuen, weil du weißt, dass diese Worte weder Liebe noch Mitgefühl für deinen Bruder ausdrücken.

Vergleiche schmälern deine Selbstachtung. Dies ist die einzige Wirkung, die sie haben können.

Je mehr du dich an anderen misst, desto mehr Macht räumst du deinem Stolz ein, denn dein Ich will bestätigt werden (das Ich besteht aus deinen verschiedenen Persönlichkeiten und Aspekten sowie aus den Einstellungen, die du dir seit deiner Geburt zugelegt hast).

Wir sind stolz, wenn wir uns mit anderen vergleichen und finden, wir seien besser als sie. Das bedeutet jedoch, dass wir andere herabsetzen. Und wenn wir uns selbst herabsetzen, ist das falsche Bescheidenheit – wir lassen uns lieber bestätigen, dass wir besser sind, als wir glauben. Ein stolzer Mensch strebt nach einem höheren Status. Wer Selbstachtung besitzt, braucht keine netten Worte von anderen, weil er sich bereits selbst respektiert.

Der Wunsch, vollkommen zu sein, spielt eine große Rolle bei Vergleichen. Da wir uns nicht für vollkommen halten, hoffen wir, durch günstige Vergleiche eines Tages vollkommen zu werden. Das ist jedoch ein Irrtum – in Wirklichkeit müssen wir immer wieder von vorne anfangen.

Tief im Inneren wissen wir, dass unser Wesen vollkommen ist. Ein Mensch, der weiß, dass er Gott ist, weiß auch, dass Vollkommenheit nur auf der göttlichen, spirituellen Ebene zu finden ist. Da die meisten Menschen jedoch Gott vergessen haben, suchen sie Vollkommenheit auf der materiellen Welt – durch Leistung, gutes Aussehen, Wissen, Besitz und so weiter. Doch früher oder später merken wir, dass Vollkommenheit wegen materieller Grenzen unmöglich ist. Dem Wörterbuch zufolge ist ein Objekt vollkommen, wenn es nicht besser sein kann – aber das hängt ja von den Grenzen derjenigen ab, die das Objekt herstellen.

Wer auf der materiellen Welt nach Vollkommenheit strebt, ist selten zufrieden, weil es auf dieser Ebene keine Vollkommenheit geben kann.

Einst dachten wir, der neueste Rekord eines Olympiasiegers im Weitsprung sei der Gipfel der Vollkommenheit. Aber ein paar Jahre später brach ein anderer Sportler diesen Rekord. Die Menschen werden sich immer selbst übertreffen, weil sie sich wieder mit Gott vereinen wollen. Jeden Tag werden wir näher zu der grenzenlosen Wirklichkeit Gottes hingezogen, und je bewusster uns wird, dass wir von Gott kommen und dass unser wahres Wesen unbegrenzt ist, desto leichter können wir unsere Grenzen auf der materiellen Ebene überschreiten.

Die Menschheit hat erst begonnen, einen Bruchteil ihres Potenzials zu erfassen. Es gibt Bücher über Meister, die auf dem Wasser und durch einen Waldbrand gehen und Energie in Materie umwandeln können (etwa in Speisen, Getränke oder sogar Geld). Sie sind Gott viel näher als wir und haben die Grenzen der materiellen Welt hinter sich gelassen. Darum können sie die unbegrenzte Schöpferkraft ihres inneren Gottes nutzen.

Wir müssen uns Zeit nehmen, um diese Entwicklungsstufe ebenfalls zu erreichen. Als Jesus uns das enorme Potenzial des Menschen offenbarte, sagte er: *„Wahrlich, ich sage euch, wer an mich glaubt, wird die gleichen Werke tun wie ich, und er wird noch größere Werke tun“* (Joh. 14:12). Darum können wir nie behaupten, eine Leistung sei vollkommen (das ist der Grund, warum wir uns ständig mit anderen vergleichen). Wir denken: *„Wieso kann er mehr erreichen als ich?“*, aber tief im Inneren wissen wir, dass wir unsere Grenzen immer wieder überschreiten können, wenn wir unsere gewaltige innere Kraft bewusster nutzen.

Um dieses Ziel zu erreichen, musst du zuerst akzeptieren, dass du auf der materiellen, emotionalen und mentalen Ebene Grenzen hast. Dann musst du Schritt für Schritt vorgehen, weil du andernfalls noch mehr Probleme heraufbeschwörst. Wer heute gerade noch 50 Kilo heben kann, sollte morgen nicht versuchen, 200 Kilo zu stemmen, sonst riskiert er Verletzungen, weil sein Körper für diese schwere Last nicht bereit ist. Auf der emotionalen und mentalen Ebene ist es ähnlich: In Situationen, die über unsere Grenzen hinausgehen, können wir emotional oder mental zusammenbrechen.

Perfektionismus ist in unserer Gesellschaft weit verbreitet, obwohl er unsere Ängste verschlimmert. Der Wunsch, perfekte

Arbeit zu leisten, ist ein Teil unserer Wirklichkeit, die auf Furcht basiert. Wir fürchten, Erwartungen nicht zu erfüllen, nicht geliebt oder akzeptiert zu werden, kritisiert zu werden, inkompetent zu sein oder uns zum Narren zu machen. Seit unserer Kindheit glauben wir, dass die Leute uns lieben, wenn wir vollkommen sind. Furcht ist also der Hauptgrund, warum wir hartnäckig versuchen, perfekt zu sein. Das hemmt unsere Entwicklung.

Du strebst nach Vollkommenheit auf der materiellen Welt, wenn du ...

- ... nicht flexibel bist
- ... sehr viel von dir verlangst
- ... oft die Worte *„Ich muss"* verwendest
- ... nur schwer delegieren kannst, weil du fürchtest, man werde dir vorwerfen, nicht perfekt zu sein, falls der andere Fehler macht
- ... dich oder andere oft kritisierst
- ... Kritik nur schwer ertragen kannst
- ... dich vor Versagen fürchtest
- ... Misserfolge nicht akzeptierst
- ... ein Projekt abbrichst, wenn du glaubst, es werde keinen Erfolg haben (du suchst nach einem guten Grund aufzuhören und redest dir ein, etwas anderes sei wichtiger, anstatt ein Scheitern zu riskieren)
- ... nicht gerne neue Risiken eingehst (je mehr du Misserfolge fürchtest, desto mehr begnügst du dich mit dem, was du genau weißt, um dich sicher zu fühlen)
- ... dich in Situationen am wohlsten fühlst, die du im Griff hast, weil sie dir bekannt sind, und neue Wege oder Methoden nicht mit ganzem Herzen ausprobierst
- ... immer mehr von dir verlangst, um dich großartig zu fühlen
- ... dich nach Dankbarkeit und Komplimenten anderer Leute sehnst, weil du nicht imstande bist, dich selbst zu loben
- ... Schwierigkeiten hast, Komplimente anzunehmen, weil du tief im Inneren nicht glaubst, sie zu verdienen, es sei denn, deine Leistungen übertreffen deine Erwartungen (du vermutest, dass die anderen nur höflich sind)
- ... Gefühle unterdrückst, weil es dir schwer fällt, Unbehagen und Probleme zuzugeben (für dich ist es sehr wichtig, das Bild der Vollkommenheit aufrechtzuerhalten)

- ... fürchtest, abgelehnt zu werden, wenn du etwas tust oder nicht tust
- ... genau beobachtest, was andere tun, und dich ständig mit ihnen vergleichst.

Wenn du dich in diesen Beschreibungen wieder erkennst, bist du gewiss ständig unzufrieden. Wie kannst du herausfinden, in welchem Umfang du auf dieser materiellen Welt nach Vollkommenheit strebst? Am besten fragst du Menschen, die dich sehr gut kennen, ob sie einige dieser Züge in dir entdecken.

Was mich am meisten schmerzt, ist jedoch die Tatsache, dass wir unseren Stolz verstärken, wann immer wir nach Perfektion streben; denn wir wollen immer Recht haben, weil wir glauben, dann umso mehr geliebt zu werden. Dazu müssen wir unsere Gefühle verleugnen, und die Folge sind Blockaden im physischen Körper und schließlich Krankheiten. Eines Tages können wir uns nicht mehr beherrschen und leiden an Weinkrämpfen oder Beschwerden in den Gelenken (Knöchel, Knie, Hüften, Handgelenke, Ellbogen, Schultern und Hals). Wir fühlen uns ausgebrannt, werden depressiv und herzkrank, weil wir zu viel von uns verlangen.

Neid und Eifersucht kommen bei Menschen, die sich ständig mit anderen vergleichen, ziemlich häufig vor. Wir müssen begreifen, dass kein Mensch alles haben oder tun kann, was andere haben oder tun. Jeder von uns hat seine besonderen Fähigkeiten und Grenzen. Anstatt andere zu beneiden, sollten wir uns mit ihnen freuen. Wenn wir jemanden beneiden, weil er etwas besitzt, was wir unbedingt haben wollen, um glücklich zu sein, können wir ihn fragen, was wir tun müssen, um das Gewünschte selbst zu erlangen.

Manchmal stellen wir überrascht fest, dass Menschen, die wir beneiden, gar nicht so glücklich sind, wie wir geglaubt haben. Frage dich also, ob das, was du haben willst, dich wirklich glücklicher oder liebevoller macht. Erscheinungen erzählen selten eine wahre Geschichte. Wir beneiden andere, die uns beneiden! Vergleiche gründen auf Erscheinungen; aber wenn wir darüber hinausschauen, erleben wir oft eine Überraschung.

Wenn du dich für einen Perfektionisten hältst, musst du das vorläufig akzeptieren. Gib aber auch zu, dass niemand auf der materiellen Ebene vollkommen sein kann und dass wir alle mit unserem Wissen und unseren Fähigkeiten jederzeit das Beste versuchen. Wir leben auf der Erde, um unterschiedliche Erfahrungen zu sammeln und uns besser kennen zu lernen, nicht aber, um moralische Urteile über uns oder andere zu fällen. Du hast deinen eigenen Lebensplan, und jede Erfahrung ist ein wichtiger Teil davon. Und weil das auch für andere gilt, ist es völlig nutzlos, sich mit ihnen zu vergleichen.

Um diese Angewohnheit zu überwinden, solltest du abends vor dem Schlafengehen ein paar Minuten über deinen Tag nachdenken und dich fragen: *„Habe ich heute mein Bestes getan?"* Wenn du nicht zufrieden bist, überlege, wie du es besser hättest machen können – aber vorher stelle dir noch eine Frage: *„War es das Beste, was ich zu diesem Zeitpunkt tun konnte?"* Rückblickend ist es leicht zu behaupten, du hättest etwas anders machen können. Aber du kannst nur aus Fehlern lernen!

Nur wenn wir experimentieren, können wir sagen: *„Ja, so ist es besser. Ich habe eben gelernt, wie ich es besser machen kann!"* Fehler sind menschlich, und es ist besser, aus ihnen zu lernen, als sich selbst abzulehnen.

Auf der materiellen Ebene lernen wir nur durch Experimente und nur aus Erfahrungen, die man Fehler nennt.

So kommst du im Leben voran und bleibst nicht in einer Situation stecken, weil du dich selbst kritisierst. Da dein Leben auf Erden nur den Sinn hat, Selbsterkenntnis zu erlangen und dich bedingungslos zu akzeptieren, musst du alles, was du nicht akzeptierst, noch einmal erleben, damit du bedingungslos lieben lernst. Die Weigerung, etwas zu akzeptieren, ist die Ursache jeder Blockade. Anstatt zu vergleichen, musst du also zugeben, dass etwas so ist, wie es ist. Dann kannst du dich auch damit abfinden, so zu sein, wie du in diesem Moment bist.

Zum Schluss empfehle ich dir, drei Vergleiche aufzuschreiben, bei denen es um das „Haben" geht. Das Thema können deine Kinder, dein Partner, dein Haus, dein Auto, dein Geld und so weiter sein – oder der Wunsch mehr oder weniger von irgendetwas zu haben. Notiere dann drei Vergleiche, die das „Tun" betreffen, zum Beispiel schreiben, arbeiten, kochen, entwerfen, putzen, essen, fahren und so weiter. Dann folgt das „Sein“: ordentlich, geduldig, ehrlich, schön, neidisch, langsam, ruhig, romantisch sein ... und so weiter.

Lies abschließend noch einmal durch, was du geschrieben hast, und erkenne, wer du bist – mit deinen Talenten, Fähigkeiten, Grenzen und Schwächen. Akzeptiere, dass jeder Mensch, auch du, im Rahmen seiner Möglichkeiten immer das Beste tut.

Kapitel 8

Die Opferrolle

Wer glaubt, ein Opfer des Schicksals zu sein, lebt in einer Illusion. Wir benehmen uns wie Opfer, weil wir die Gesetze der Liebe und unsere unbegrenzte schöpferische Kraft – den Gott in uns – nicht kennen. Jeder Mensch ist ganz.

Untersuchen wir einmal anhand eines Beispiels, wie ein Mensch zum Opfer wird. Ein junger Mann erlebt etwas, was er als überaus ungerecht empfindet. Er denkt: *„Ich Ärmster! Warum passiert das gerade mir? Das ist nicht fair!"* Mit der Zeit glaubt er, er sei unter einem schlechten Stern geboren und völlig machtlos, der Gnade seiner Mitmenschen ausgeliefert, von anderen beherrscht. Infolgedessen gerät dieser Mann sein Leben lang immer wieder in Situationen, in denen er tatsächlich ein „Opfer" seiner Umwelt (anderer Menschen oder bestimmter Umstände) ist.

Das Ich, eine Manifestation des Intellekts, will nur wiederholen, was es kennt, und es will immer Recht haben. Deshalb ist es geschmeichelt, wenn sich das wiederholt, woran es glaubt. Unser Ich flüstert uns ein: *„Ich wusste, dass das geschehen würde."* Das Ich eines „Opfers" wird stärker, wenn es Recht behält.

Ein Opfer ist ein Mensch, dem Ungerechtigkeit widerfahren ist. Auf der spirituellen Ebene herrscht jedoch nur Gerechtigkeit. Ungerechtigkeit gibt es nur auf der physischen, emotionalen und mentalen Ebene. Das Gefühl, ungerecht behandelt zu werden, beruht auf einem moralischen Urteil des Mentalkörpers und hat nichts mit der Wirklichkeit des inneren Seins zu tun. Alle Urteile hängen davon ab, wie wir eine Situation wahrnehmen.

In der Realität kannst du keinerlei Ungerechtigkeit erleiden, weil der Gott in dir genau weiß, welche Erfahrungen du brauchst, um die Lektionen zu lernen, die dir die Rückkehr zu deinem göttlichen Selbst ermöglichen.

Jede Lebenserfahrung ist Teil eines Planes, der aus einer logischen Folge von Ereignissen besteht, die deine bisherigen Entscheidungen berücksichtigen. Nichts geschieht, ohne dass du etwas verursacht hast. Dies ist das Gesetz von Ursache und Wirkung. Einerlei, ob du daran glaubst oder nicht, dieses Gesetz existiert und beeinflusst jedes lebende Wesen im Universum. Was du säst, musst du ernten.

Da wir noch nicht sehr bewusst leben, müssen wir häufig eine *Wirkung* erfahren, um die *Ursache* zu erkennen. Das heißt nicht, dass wir Schuldgefühle haben sollten. Es bedeutet vielmehr, dass alles, was geschieht, ein Teil des göttlichen Planes ist und dass wir für unsere Reaktion auf jedes Ereignis in unserem Leben verantwortlich sind.

Wenn etwas geschieht, was dir ungerecht vorkommt, kannst du zu dir sagen: *„Was mir geschieht, das geschieht auch anderen. Das ist ein Ereignis in meinem Leben, nicht das Ende der Welt."* Viele Menschen fürchten, dieses Ereignis werde sich wiederholen und ihr Leben werde nichts als eine Serie von Unglücksfällen sein. Die Weiseren glauben das Gegenteil. Denke daran, dass dein Intellekt ein Ereignis als ungerecht empfindet und zwar auf der Grundlage dessen, was er bisher gelernt hat. Dieser Teil von dir vergisst, alle Elemente deiner gegenwärtigen Realität zu bewerten.

Ich habe mit vielen so genannten Opfern gearbeitet und dabei beobachtet, dass meist ein Elternteil oder beide Eltern sich ähnlich verhalten haben. Da wir von Vorbildern lernen, müssen wir vorsichtig sein, wenn unsere Eltern Opfer waren, sonst übernehmen wir die gleiche Denkweise. Obwohl ein Opfer meint, es werde ausgenutzt und offenbar darunter leidet, behält es diese Einstellung bei, weil es merkt, dass sein Unglück ihm eine gewisse Aufmerksamkeit und ein wenig Mitleid einbringt.

Solche Menschen sind oft auch krank. Wenn sie als Kinder krank waren, hielten sie es vielleicht für ungerecht; aber sie erhielten dadurch die Zuwendung, die sie brauchten. Es fällt ihnen schwer, diese Einstellung abzulegen, weil sie eine tief verwurzelte Furcht hegen: *„Wenn ich nicht mehr unglücklich bin, kümmert sich niemand mehr um mich."*

In meinen Workshops begegne ich immer wieder Menschen, die eine Opferenergie ausstrahlen. Wenn sie mir ihre Lebensgeschichte erzählen, höre ich eine endlose Reihe von Tragödien – Unfälle, sexueller Missbrauch, Einbrüche, schwere Krankheiten, Aggressionen aller Art, Betrug und so weiter. Bei manchen ist es so schlimm, dass ich an ihren Berichten zweifle und denke: *„Wie kann das alles einem einzigen Menschen widerfahren?“*

Wenn wir uns genau analysieren, entdecken wir ebenfalls eine Opferhaltung als Teil unserer eigenen Persönlichkeit. Niemand kann von sich behaupten, er habe nie das Gefühl gehabt, ungerecht behandelt zu werden, vor allem als Kind. Aber das *Ausmaß* dieses Aspektes in uns allen ist unterschiedlich: Die Opferrolle kann klein, durchschnittlich oder groß sein. Wenn diese Einstellung sich in der Persönlichkeit festgesetzt hat, ist uns das selten bewusst. Das hat auch mich während meiner Entwicklung überrascht.

Lies die folgende Beschreibung, um herauszufinden, ob du gerne in die Opferrolle schlüpfst:

Ein Opfer klagt ständig über Ungerechtigkeit, ohne sich dessen bewusst zu sein; denn zwei verschiedene Aspekte seiner Persönlichkeit liegen miteinander in Konflikt. Der eine behauptet: *„Was mit mir geschieht, ist unfair. Warum gerade ich?“* Der andere erklärt: *„Ich will und kann alle Menschen retten.“* Das Opfer nutzt seine innere Kraft nicht, um sich selbst zu retten; es will anscheinend nur andere retten. Stolz trägt es den Mantel des Erlösers und ist gleichzeitig blind für seine eigene Opferhaltung. Ein Opfer lässt sich nicht retten – es braucht seine Einstellung.

Das Opfer ist von einer Aura umgeben, die *„Ich Armer!“* verkündet. Der Bereich, in dem wir uns „arm“ fühlen, ist die Bühne für unsere Opferrolle. Fehlt dir Geld, Zuwendung, Gesundheit, Dankbarkeit oder Zeit? Heutzutage klagen fast alle über Zeitmangel – ich auch! Als ich das merkte, wurde mir klar, dass ich in diesem Lebensbereich immer ein Opfer gewesen war. Seit meiner Kindheit hatte ich geklagt, nicht genug Zeit zu haben, um alles zu tun, was ich wollte.

Je mehr wir uns über einen Mangel beklagen, desto größer wird er. Sobald du erkannt hast, dass du genau das manifestierst, was du glaubst, zweifelst du nicht mehr an dieser Aussage. Bei mir verging kein einziger Tag, ohne dass ich jammerte: *„Du liebe Güte – schon wieder ist der Tag fast vorbei! Und ich hatte nicht einmal Zeit für ...!“* Ich hatte immer das Gefühl, der Zeit nachzurennen.

Auch die Bemerkungen anderer über dich verraten dir, in welchem Bereich du ein Opfer bist. Zum Beispiel: *„Der armen*

Susi fehlt ...“ Über mich sagten die Leute: „Die arme Lise *muss so viel arbeiten! Wie soll sie das alles schaffen?“*. Wenn jemand wenig Geld hat, denken seine Freunde: *„Der arme Richard – ich weiß nicht, wie er über die Runden kommen soll!“*

Das Wort „arm“ taucht fast immer auf. Das geschieht meist unbewusst, obwohl es dem „armen Opfer“ nichts nutzt.

Stell dir eine Frau vor, die immer krank ist. Nennen wir sie Louise. Sie hat etwa dreißig Freundinnen und Freunde. Wenn jeder von ihnen immer wieder denkt: *„Die arme Louise – sie ist immer krank. Es ist schrecklich! Ich glaube, sie wird nie wieder gesund“*, kann man sich ausmalen, wie viel negative Energie Louise aufnehmen muss. Nicht nur sie denkt immerzu an Mangel, sondern dreißig andere projizieren die gleiche Gedankenform auf sie. Das kann ihre Lage nur verschlimmern. Hüte dich also davor, jemanden zu bemitleiden!

Jeder Mensch ist für die Energie verantwortlich, die er in Bewegung setzt.

Wenn du mit Opfern sprichst, wird dir auffallen, dass sie davon überzeugt sind, ihre Lebensumstände seien schlechter als die aller anderen Menschen. Und wenn sie obendrein in dem Lebensbereich, in dem sie Opfer sind, jemanden retten, wird alles noch schlimmer, ohne dass sie es merken.

Ich hatte mir angewöhnt, anderen „gute“ Ratschläge über den richtigen Umgang mit der Zeit zu geben, ohne mir meiner eigenen Schwäche auf diesem Gebiet bewusst zu sein. Indem ich anderen Ratschläge erteilte, wollte ich im Grunde nur beweisen, dass ich selbst keine brauchte. Erst als mir klar wurde, dass ich ein Opfer der Zeit war, änderte ich meine Einstellung. Jetzt begriff ich, dass ich genug Zeit hatte und dass ich an einem Tag eine Menge leisten konnte, anstatt dauernd an meinen Zeitmangel zu denken. Von da an änderte sich alles in meinem Leben. Ich erkannte, dass ich den Rat, den ich anderen anbot, selbst befolgen konnte! Heute bin ich am Ende eines Tages oder einer Woche vor allem stolz auf mich. Ich beglückwünsche mich für alles, was ich geleistet habe. Seitdem ich meine Einstellung geändert habe, erreiche ich im gleichen Zeitraum mehr als früher und muss mich dabei weniger anstrengen. Außerdem bin ich zufriedener geworden.

Es fällt uns schwer, jemandem zuzuhören, der sich über einen Aspekt des Lebens beklagt, dessen Opfer wir sind. Diese Klage erinnert uns an unsere Opferrolle – die wir lieber vergessen würden – und veranlasst uns, fast alles zu tun, um diesen Menschen zu retten. Ein Beispiel: Wenn wir immer krank sind und jemand von seiner Krankheit zu erzählen beginnt, unterbrechen wir ihn rasch und empfehlen ihm Spezialisten, die er aufsuchen soll, sowie alle schulmedizinischen oder natürlichen Heilmittel, die wir kennen. Wir tun unser Bestes, um diesem Menschen in seiner Not zu helfen. Die Botschaft, die wir ihm schicken, lautet: *„Du kannst dich nicht selbst retten, also tue ich es für dich."*

Beobachte genau, wie du dich in Gesellschaft anderer Leute benimmst. Das wirft ein Licht darauf, was in dir vorgeht. Wenn du glaubst, dass andere sich nicht selbst retten können und dass du ihnen helfen musst, glaubst du offensichtlich nicht daran, dich selbst retten zu können. Du willst, dass andere dich retten; aber weil deine Probleme dir die Aufmerksamkeit verschaffen, die du brauchst, lehnst du alle Lösungsvorschläge ab. Du findest immer einen guten Grund, warum eine bestimmte Lösung für dich nicht in Frage kommt.

Wir können in einem bestimmten Lebensbereich Opfer sein, in anderen aber nicht. Wenn wir über den Bereich reden, in dem wir Opfer sind, benutzen wir selten positive Worte. Ein Beispiel: Jemand hat zu wenig Geld und beklagt sich über die Konjunkturschwäche und die Arbeitslosigkeit. Die Reichen werden immer reicher, meint er. Und je mehr er sich als Opfer fühlt, desto häufiger wird er ungerecht behandelt. Außerdem vergleicht er sich ständig mit anderen und zieht immer den Kürzeren.

Wenn die Opferrolle chronisch wird, ist es eines Tages nicht mehr so aufregend, andere zu retten, weil dieser Aspekt unseres Selbst derart stark geworden ist, dass er fast unsere gesamte Energie verbraucht. So paradox es klingen mag – jetzt ist die Chance am größten, dieses Verhalten abzulegen, weil wir den Schmerz nicht länger ertragen können. Sogar Menschen, die uns nahe stehen, haben inzwischen den Versuch aufgegeben, uns zu retten. Wenn wir endlich die Leere sehen, die uns umgibt, können wir uns langsam mit dem Gedanken anfreunden, dass nur wir selbst uns retten können.

Bevor du diesen Punkt erreichst, rate ich dir dringend herauszufinden, in welchen Lebensbereichen du dich wie ein Opfer verhältst. Wenn du dich als Opfer fühlst oder glaubst, dass dir etwas fehlt, musst du dir dessen unbedingt bewusst werden. Diese Situation wird sich erst bessern, wenn du dein Glaubenssystem änderst und dich mit neuen Augen siehst.

Ich glaube nicht, dass wir leiden müssen, ehe wir bewusst werden und unser Leben zu verbessern beginnen. Im Gegenteil: Ich befürworte Veränderungen, bevor der Schmerz zu heftig wird. Das Leiden ist nur die letzte Zuflucht, wenn wir im Leben vorwärts kommen wollen. Gott will, dass wir glücklich sind.

Leiden bedeutet, dass wir den Gott in uns vergessen haben.

Wenn wir mit unserem göttlichen Kern verbunden sind, leben wir in Harmonie, Frieden, Gesundheit und Fülle; wir leiden nicht. Wer leidet, hat vergessen, wer er ist. Viele Menschen glauben immer noch, Leiden sei notwendig, um „in den Himmel zu kommen". Dieser Glaube gehört der Vergangenheit an. Ich habe großes Vertrauen in die Menschheit, weil wir immer intelligenter und bewusster werden und nicht mehr glauben wollen, dass wir leiden müssen, um uns weiterzuentwickeln.

Bevor wir jedoch diesen Zustand des Nicht-Leidens erreichen, können wir unser Leiden nutzen, um unsere Bewusstheit zu vertiefen und spirituell zu wachsen. So können wir von unserem Leiden profitieren und schließlich ohne es auskommen.

Um herauszufinden, in welchem Bereich du ein Opfer bist, schlage ich dir vor, Mitmenschen zu fragen, worüber du in welchem Umfang klagst. Höre ihnen unvoreingenommen zu! Anfangs bist du vielleicht überrascht, weil es dir schwer fällt, dich so zu sehen wie die anderen. Tief im Inneren weißt du, dass du das genaue Gegenteil willst. Dein „Wesen" will kein Opfer sein, es will sich wohl fühlen und harmonisch leben. Aber du hast deinem Ich erlaubt, die Macht zu übernehmen und deine wahre Identität vergessen.

Ich verwende seit Jahren eine Methode, die hervorragende Ergebnisse bringt, obwohl sie den Menschen, die unbewusst Opfer sind, nicht immer gefällt. Ich habe ziemlich starke emotionale Reaktionen beobachtet, aber wer diese Methode ernsthaft ausprobiert, kann sein ganzes Leben ändern.

Die Methode sieht so aus: Wenn du aufgehört hast zu jammern, versichern dir Menschen, die dir nahe stehen, sofort: *„Du Ärmster, dein Leben ist so schwer, du hast gar keine Freude!"* Erlaube den Leuten, dich zu bemitleiden, auch wenn es dir schwer fällt, damit du sofort aufmerksam wirst, wann immer du zu jammern beginnst oder dich wie ein Opfer benimmst. Versuche hinterher nicht, deinen Kummer zu unterdrücken, sondern registriere, wie oft du in die Opferrolle schlüpfst, und wehre dich nicht dagegen – denn du weißt ja, dass diese Schritte für die Heilung notwendig sind. Du musst dir zunächst das Jammern erlauben, dann kannst du darüber lachen!

Anfangs wird dir das ziemlich schwer fallen. Ich kenne Leute, die richtig wütend wurden. Eine Frau sagte sogar zu mir: *„Ich beklage mich nicht. Ich stelle nur Tatsachen fest. Ich sage dir, was passiert ist und das ist die Wahrheit."* Sie hatte mir eben von ihren zwölf Operationen in den letzten fünfzehn Jahren erzählt. Obwohl sie bereit gewesen war, diese Methode anzuwenden, gefiel es ihr nicht, wenn man sie bemitleidete. Zum Glück konnte sie ihre Vorbehalte überwinden.

Wenn du ein Opfer kennst, frage diesen Menschen, ob er Hilfe sucht. Wenn ja, erkläre ihm diese Methode, und fange dann erst an, ihn zu bedauern. Wenn er bereit ist, sein Problem zu lösen, merkt er nach einiger Zeit, wann er in seine Opferrolle fällt. Irgendwann sagt er zu sich selbst: *„Ich Ärmster ..."* und beginnt, darüber zu lachen. Dann ist der schwierigste Teil der Therapie vorbei. Er legt die Opferhaltung schnell ab, und sein Leben wird deutlich besser. Bei manchen dauert dieser Prozess ein paar Tage, bei anderen einige Wochen oder Monate.

Wenn du dieses Verfahren akzeptierst, wirst du fröhlicher und friedvoller. Anstatt dich selbst zu kritisieren oder andere zu verurteilen, die immer noch das Opfer spielen, und anstatt dich vor dem Urteil anderer zu fürchten, kannst du nun lachen und alles leicht nehmen, denn nun weißt du ja, dass dein Verhalten auf einer Entscheidung beruht, die du als Kind getroffen hast. Vielleicht hat jemand behauptet, diese Entscheidung sei gut für dich; doch heute weißt du, dass es besser ist, sie zu ändern.

Als ich „ein Opfer der Zeit" war, konnte ich mich nicht damit abfinden, was mit mir im Alter von sechs Jahren geschehen war. Meine Mutter beschloss, mich im Februar, gleich nach meinem Geburtstag, in ein Internat zu schicken, anstatt auf den normalen Schulbeginn im September zu warten. Meine drei älteren Schwestern besuchten bereits dasselbe Internat, und meine Mutter wollte, dass ich mich an eine Klosterschule gewöhnte. Auf diese Weise, dachte sie, wäre ich besser auf mein erstes ganzes Schuljahr vorbereitet. Aber die Nonne, welche die Erstklässler betreute, bestand darauf, mir in den wenigen Monaten des Restschuljahres den Stoff des gesamten Jahres beizubringen.

In jeder freien Minute, von morgens bis abends, brachte sie mir Lesen, Schreiben, Rechnen und alle Gebete bei. Wenn ich ihrer Meinung nach zu langsam lernte, klopfte sie mir mit einem Lineal auf die Finger. Immer wieder befahl sie mir, mich zu beeilen, denn ich hätte *nicht viel Zeit,* um alles zu lernen, und dürfe daher nicht herumtrödeln. Also musste ich schnell lernen, um mein erstes Schuljahr erfolgreich abzuschließen. So hatte meine Mutter sich das natürlich nicht gedacht, und ich weiß heute noch nicht, warum es so kam. Ich weiß nur, dass es für mich sehr hart war, so gehetzt zu werden – ich fand, das sei zu früh für mich. Dennoch bestand ich alle Prüfungen und kam im September in die zweite Klasse.

Ich glaube, dieses Erlebnis veranlasste mich, ein Opfer der Zeit zu werden. Andererseits schenkte diese Nonne mir gerade deshalb besondere Aufmerksamkeit, weil ich nicht viel Zeit hatte, und das galt viele Jahre lang auch für die anderen Nonnen, die glaubten, ich sei meinem Alter voraus. Mit sechs Jahren hielt ich das alles für ungerecht, weil die anderen Kinder weniger unter Zeitdruck standen. Aber die Nonne war gewiss aufrichtig davon überzeugt, mir einen Gefallen zu tun.

Es gibt keine echte Ungerechtigkeit im Leben. Was dem einen ungerecht vorkommt, findet ein anderer gerecht. Ungerechtigkeit ist lediglich eine Vorstellung.

Nehmen wir als Beispiel einen Urlauber, der für viele sonnige Tage betet. Wird sein Wunsch erfüllt, denkt er: *„Gott ist gut zu mir. Er hat mir einen herrlichen Sommer geschenkt."* Aber die Bauern der Gegend halten Gott sicherlich nicht für gütig, wenn ihre Ernte vertrocknet! Jede Situation hat eben eine Kehrseite. Anstatt zu urteilen, sollten wir unsere Erfahrungen möglichst harmonisch verarbeiten.

Zum Schluss schlage ich dir vor, die in diesem Kapitel beschriebenen Methoden auszuprobieren, damit deine Opferrolle dir bewusst wird. Akzeptiere, dass andere dich einige Zeit bemitleiden, und achte darauf, was du fühlst, während du ihnen zuhörst.

Kapitel 9

Sich selbst und anderen gefallen

Sich selbst und anderen zu gefallen war im Leben der Menschen immer wichtig. Wie bereits erwähnt, denken wir als kleine Kinder fast nur an unsere eigenen Bedürfnisse. Erst als Erwachsene beginnen wir auch an andere zu denken. Unsere Erziehung und die Religion bringen uns bei, anderen gefällig zu sein, aber auf Sinnenfreude, etwa durch Sex, zu verzichten. Die meisten heutigen Kulturen glauben, die Menschen seien auf der Erde, um zu leiden, und wollen uns daher jede Art von Lust verbieten.

Seit Urzeiten erwartet man von heiligen oder spirituellen Männern und Frauen Selbstaufopferung. Das fordern alle Religionen. Mir gefällt es nicht, dass die christlichen Kirchen fast nur am Kreuzestod Jesu interessiert sind, obwohl diese Momente nur einen kleinen Teil seines Lebens ausmachen. Anstatt einen lächelnden, glücklichen Jesus darzustellen, der mit offenen Armen seine totale Liebe für uns ausdrückt, zeigen sie uns Leiden und Selbstopfer.

Wenn du versuchst, anderen durch Opfer und Anstrengungen auf deine Kosten gefällig zu sein – weil du glaubst, du wärst dann ein besserer Mensch – ist das kein echtes Geben, denn du weißt nicht, wie du *dir selbst* eine Freude machen kannst. Die meisten Menschen wollen anderen gefällig sein, erwarten aber eine Belohnung dafür. Da wir uns selbst nicht die gleiche Freude machen können, erwarten wir, dass andere es tun.

Es ist Zeit, Glaubensvorstellungen abzulegen, die man uns als Kinder eingetrichtert hat. Freude, die wir uns selbst bereiten, ist ein Teil unseres Lebens, und das sollten wir akzeptieren, ohne dabei ein schlechtes Gewissen zu haben. Schon als Kinder wurde uns beigebracht, unseren Eltern, Lehrern, Freunden und später unserem Ehepartner und unseren Kindern Freude zu machen. Aber haben wir auch gelernt, uns selbst zu erfreuen? Da wir nicht geben können, was wir nicht haben, *können wir anderen keine Freude machen, wenn wir uns selbst keine Freude machen, weil wir gar nicht wissen, wie das geht.* Das mag paradox klingen, aber es ist wahr. Wenn wir lernen, uns selbst zu erfreuen, wissen wir auch, wie wir anderen Freude bereiten können.

Sehr wenige Menschen hatten Eltern, die zu ihnen sagten: *„Was würde dir heute Freude machen? Horche in dich hinein, dann weißt du, was du brauchst, um deinen Wunsch zu erfüllen."* Ich bin mir ziemlich sicher, dass niemand von uns solche Worte gehört hat, weil unsere Eltern eine andere Einstellung hatten. Zum Glück ist es nie zu spät für einen neuen Anfang!

Unsere Eltern brachten uns bei, gehorsam, vernünftig, ordentlich und nicht zu laut zu sein und gute Noten in der Schule zu haben, um ihnen eine Freude zu machen. Wenn wir taten, was uns Spaß machte (zum Beispiel spielen), waren die Erwachsenen irritiert, da sie dieses Verhalten nicht gewohnt waren. Darum fürchteten wir uns davor, andere zu verärgern. Wir ignorierten unsere eigenen Bedürfnisse und lernten nie, uns selbst Freude zu bereiten.

Wenn wir jedoch unseren Wünschen zuwiderhandeln, blockieren wir sie mit Überzeugungen, die mit der Zeit stärker werden als die Wünsche. Wir glauben, man werde uns für egoistisch halten, wenn wir uns selbst erfreuen. Diese Einstellung verhindert, dass wir uns der Freude öffnen.

Hast du ein schlechtes Gewissen, wenn du etwas Neues für dich kaufst? Mir ist es schon oft so ergangen, vor allem wenn ich für mich Kleider kaufte, die ich eigentlich nicht brauchte. Und wenn eines meiner Kinder mich später um Geld bat und ich ablehnte, verging mir jede Freude, denn ich hatte Schuldgefühle, weil ich etwas für mich gekauft, den Wunsch meines Kindes aber nicht erfüllt hatte.

Viele Menschen glauben auch, dass sie nur dann Freude verdienen, wenn sie sehr hart arbeiten. Das „Streben nach Lust" gilt als moralisch verwerflich. Diese Haltung wird mit der Ankunft des Wassermannzeitalters verschwinden. Wer entscheidet denn, ob wir etwas verdienen oder nicht verdienen?

Nehmen wir eine Hausfrau und Mutter als Beispiel, die mitten am Tag beschließt, sich hinzusetzen, ein Buch zu lesen und sich zu entspannen – obwohl sie mit der Hausarbeit noch nicht fertig ist. Verdient sie es, sich auszuruhen? Angenommen, sie glaubt, es nicht verdient zu haben, wie fühlt sie sich dann, wenn unerwartet Besuch kommt? Warst du schon einmal in einer ähnlichen Situation? Wenn ja, bist du hastig aufgesprungen und hast so getan, als wärst du sehr beschäftigt, weil du befürchtet hast, beim Ausruhen ertappt zu werden? Wenn ja, hast du nicht akzeptiert, dass du dir selbst eine Freude machen darfst – du warst der Meinung, es nicht zu verdienen.

Manchmal haben wir auch ein schlechtes Gewissen, wenn wir essen, uns ausruhen oder etwas tun, was uns Spaß macht. Wenn wir fürchten, dass andere Leute schlecht von uns denken, gönnen wir uns überhaupt kein Vergnügen. Sogar wenn das Haus sauber und aufgeräumt ist und niemand uns Vorwürfe machen könnte, kritisieren wir uns selbst und gestatten uns keine Pause.

Fühlst du dich dazu verpflichtet, andere zu belohnen, damit man dich nicht für undankbar hält, wenn jemand dir geholfen oder etwas geschenkt hat? Fällt es dir schwer, ein Geschenk freudig anzunehmen? Kannst du *„Vielen Dank!“* sagen und dich über ein Geschenk freuen? Oder denkst du: *„Wenn ich dieses Geschenk annehme, muss ich es erwidern“?* Dann blockierst du deine Freude. Wenn es für dich schwierig ist, ohne Erwartungen zu geben und zu nehmen, verschließt du dich jeder Art von Fülle (siehe „Geld und materielle Güter“, Kapitel 5).

***Es ist äußerst wichtig zu begreifen,
dass freudiges Geben und Nehmen ohne Erwartungen
ein Ausdruck von Bescheidenheit ist.***

Viele Menschen glauben, wer sich selbst immer wieder eine Freude mache, sei gleichgültig gegenüber anderen. Auch das ist ein Beispiel für eine verbreitete Einstellung, die einen bestimmten Charakterzug weniger Menschen auf die ganze Bevölkerung projiziert. Hüte dich vor solchen Verallgemeinerungen. Wer sich selbst erfreut, kann seine Mitmenschen dennoch lieben und unterstützen.

Das folgende Beispiel ist uns allen ziemlich vertraut. Einige Leute klingeln kurz vor der Essenszeit an deiner Tür. Dein Mann lädt sie zum Essen ein, weil er sich dazu verpflichtet fühlt. Aber dies ist dein einziger freier Tag, und dir selbst eine Freude zu machen würde bedeuten, *kein* Abendessen zu kochen. Nun könntest du sagen: *„Ich wollte heute nicht kochen. Warum gehen wir nicht ins Restaurant?“*. Aber du fürchtest, man werde dich für gleichgültig oder gar egoistisch halten. Hinter den eben beschriebenen Einstellungen verbirgt sich die Angst, kritisiert, verurteilt und nicht geschätzt oder geliebt zu werden. Diese Angst ist unberechtigt. Deine Gäste kommen unangemeldet und sind nicht beleidigt, wenn du die Wahrheit sagst; sie haben Verständnis dafür, dass du auch an deine Bedürfnisse denkst.

Es ist sehr wichtig, dass wir uns und anderen ohne Hintergedanken Freude bereiten. Wenn es uns *Freude macht, Freude zu schenken,* ist es unwichtig, ob die anderen dankbar sind, denn wir warten nicht darauf, dass sie glücklich sind, damit wir selbst glücklich sein können – die Freude darüber, etwas ohne Erwartung zu schenken, ist uns Freude genug. Unser Tun gründet dann auf purer Freude, nicht auf einem Gefühl der Verpflichtung oder Schuld. Das ist wahres Selbstopfer.

Viele Menschen glauben, sich selbst eine Freude zu machen oder Spaß zu haben sei eine Art Sünde. Das haben sie von ihren Eltern oder Lehrern gelernt. Als sie Kinder waren, wurde ihnen eingebläut: *„Hör auf zu spielen, es ist Zeit zu arbeiten. Du kannst im Leben nicht immer Spaß haben!“* Die Verbindung zwischen Spaß und Freizeit ist so stark, dass viele Leute sagen: *„Ich kann es kaum erwarten, mit der Arbeit fertig zu werden – dann werde ich mich amüsieren“.* Andere sagen: *„Ich habe keine Zeit, mich zu amüsieren.“* Diese Menschen trennen die Freude vom täglichen Leben. Aber wir können sowohl beim Spiel als auch bei der Arbeit und sogar beim Nichtstun Freude haben, und wir können ohne Freude spielen. Freude muss nicht bedeuten, dass wir andauernd laut lachen. Freude ist ein tiefes Gefühl des Wohlbefindens, das jeden Augenblick unseres Lebens kostbar macht. Manchmal zwingen wir uns, auszugehen oder Freunde einzuladen: *„Es ist Zeit fürs Vergnügen. Ich habe diese Woche genug gearbeitet.“* Viel Spaß haben wir dabei nicht unbedingt, denn vielleicht hätten wir lieber etwas anderes getan – ein Buch gelesen, einen guten Film angeschaut oder uns einfach nur ausgeruht. Am besten ist es, wenn wir lernen, Freude am Alltag zu haben. Auch wenn wir arbeiten, putzen oder uns um die Kinder kümmern, können wir uns freuen. Es ist durchaus möglich, Freude an der Arbeit zu haben. Die Zeit gehört dir, 24 Stunden am Tag. Mache daraus, was du willst.

Ich habe vor allem Spaß daran, Neues zu lernen. Das gibt mir Energie, und ich fühle mich ausgesprochen wohl dabei. Und da ich bei meiner Arbeit am meisten Neues lerne, ist der Beruf für mich eine wichtige Quelle der Freude. Gewiss, manchmal macht er weniger Spaß, weil ich mich sehr anstrengen muss; aber das gehört dazu. Wir dürfen Freude und Arbeit nicht voneinander trennen.

Damit wir lernen, uns selbst Freude zu machen, müssen wir wissen, wer wir sind und was wir uns wünschen.

Der Emotionalkörper hat die Aufgabe, unsere Wünsche auf der materiellen Ebene wahrzunehmen. Tief im Inneren wissen wir, welche Erfahrungen wir brauchen, um uns in diesem Leben weiter zu entwickeln und überholte Einstellungen aufzugeben.

Den meisten Menschen ist jedoch nicht hinreichend bewusst, was auf der materiellen, emotionalen und mentalen Ebene vorgeht. Deshalb wissen sie nicht genau, was sie benötigen, um sich ständig weiter zu entwickeln. Aber der innere Gott weiß es. Diese Erfordernisse werden allmählich an den Emotionalkörper weitergeleitet, damit wir unsere Wünsche in unserer materiellen Wirklichkeit erfüllen können. So werden wir bewusster. Wenn wir keine Wünsche mehr haben, sind wir fast schon gestorben; denn wir haben uns vom Emotionalkörper getrennt.

Um auf Erden glücklich und in Fülle zu leben, muss Harmonie zwischen dem physischen, emotionalen und mentalen Körper bestehen. Dann erinnern wir uns daran, wer wir sind und benutzen alle drei Körper, um auf der materiellen Ebene Gott zu manifestieren. Die meisten Menschen hegen jedoch Ansichten, die ihre Wünsche blockieren, kaum dass sie entstehen. In diesem Augenblick kann uns bewusst werden, dass unsere Einstellungen uns beherrschen. Wenn wir harmonisch leben, benutzen wir den Mentalkörper, um herauszufinden, wie wir unsere Wünsche auf der materiellen Welt verwirklichen können.

Sich seiner Bedürfnisse bewusst zu werden ist so schwierig, dass wir oft das Falsche suchen. Beispiele dafür sind:

- Wer Zuwendung braucht, sucht Sex.
- Wer Selbstachtung braucht, stopft sich mit Essen voll.
- Wer Ruhe braucht, organisiert einen Ausflug oder eine Reise.
- Wer Freude braucht, trinkt Alkohol.
- Wer Wasser braucht, trinkt Saft, Kaffee oder Limonade.

Wie du siehst, nehmen sich die meisten Menschen nicht die Zeit, um herauszufinden, ob sie ihre Bedürfnisse mit den richtigen Mitteln befriedigen. Sie lassen es zu, dass der erste Einfall ihr kritisches Urteilsvermögen verdrängt. Die Sinne und die mentalen Einstellungen bestimmen, wie sie ihre Bedürfnisse erfüllen.

Wenn wir mit unserem Partner reden müssten, stattdessen aber mit einer Freundin reden, erlauben wir unserer Furcht – der Folge einer Einstellung – sich einzumischen. Furcht ist eine leise Stimme im Kopf, die zu uns sagt: *„Sprich nicht gleich mit deinem Partner. Er wird dich nicht verstehen. Sprich zuerst mit einer Freundin, vielleicht gibt sie dir einen guten Rat.“* Hier ist Furcht der Beweggrund.

Erkennst du dich in diesem Beispiel wieder? Jedes Mal, wenn du einen Wunsch abblockst – wenn das, was du sagst, tust oder denkst, nicht mit deinem Wunsch übereinstimmt – verhindert Furcht, dass du dich selbst verwirklichst, und du lässt es zu. Furcht erstickt Freude.

Wenn du dir keine Freude bereitest, solltest du dir deiner Ängste bewusst werden.

Menschen, die sich selbst keine Freude bereiten können, sind meist unbeholfen im Umgang mit anderen. Ein Beispiel: Eine Frau will ihrer Mutter zum Geburtstag etwas Hübsches schenken und sie in ein feines Restaurant einladen. Es kommt ihr nicht in den Sinn, ihre Mutter zu fragen, ob dies ihren Wünschen entspricht – die Tochter weiß, dass *sie* sich freuen würde, und das genügt ihr. Obendrein erwartet sie von der Mutter, glücklich und dankbar zu sein und sie ist sehr enttäuscht, wenn diese Erwartung sich nicht erfüllt. Wenn wir anderen wirklich eine Freude machen wollen, sollten wir zuerst herausfinden, was sie sich wünschen. Hätte die Frau in unserem Beispiel das getan, hätte sie vielleicht erfahren, dass ihre Mutter lieber zu Hause bleiben und mit ihrer Tochter zusammen sein will. Jeder Mensch definiert Freude anders.

Wie behandelst du deine Kinder, deinen Partner und andere Menschen, die du liebst? Ist dir je aufgefallen, dass du anderen eine Freude machst, die *deinen* Vorstellungen entspricht? Wenn ja, bist du außerstande, dir selbst eine Freude zu machen.

Wenn wir einen Wunsch haben, müssen wir prüfen, ob die Erfüllung des Wunsches unsere spirituelle Entwicklung fördert.

Trägt die Erfüllung des Wunsches dazu bei, mit unserer schöpferischen Kraft und der Schönheit unserer Seele Verbindung aufzunehmen? Werden wir uns mehr lieben? Nicht unbedingt. Die Erfüllung eines Wunsches, den Furcht hervorgebracht hat, wird uns niemals befriedigen. Nehmen wir als Beispiel einen Mann, der heiraten möchte, weil er Angst vor Einsamkeit im Alter hat. Er wird eine Frau finden (weil jedes Verlangen große Macht hat), aber sein Wunsch gründet auf Furcht – wie also soll seine Beziehung glücklich werden?

Glück ist nur möglich, wenn unsere Wünsche auf Bedürfnissen basieren, deren Quelle unser innerer Gott ist. Wenn wir einen Wunsch haben, aber die Gegenwart Gottes in uns nicht spüren (der Wunsch ist dann ein mentales Produkt und das bedeutet, dass er auf Furcht basiert), führt die Erfüllung des Wunsches nur zu *illusionärer* Freude, denn befriedigt wird allein das Ich. Diese Art Freude ist so flüchtig, dass ihre Wirkung nie dauerhaft ist. Sie gleicht einer Droge, von der wir immer mehr brauchen.

Wenn ein Mann denkt: *„Ich möchte eine Partnerin haben, damit ich besser lieben lerne und wachsen kann. Ich weiß, dass ich von jedem Menschen, der meinen Weg kreuzt, etwas lernen muss, und ich vertraue darauf, dass das Universum sich um die Einzelheiten kümmert“,* hat er größere Aussichten auf schöne, erfüllende Begegnungen.

Wenn wir uns Freude versagen, indem wir unsere wahren Wünsche nicht erfüllen, müssen wir sogar damit rechnen, dass der physische Körper krank wird.

Oft höre ich jemanden sagen, seine Arbeit gefalle ihm nicht und er brauche eine neue Stelle, um wieder Freude am Leben zu haben. Aber wer soll dafür sorgen, dass wir bei der Arbeit glücklich sind? Das ist unsere Aufgabe! Hast du je daran gedacht, deinen Beruf und deine Interaktionen mit Kollegen so zu nutzen, dass du dich spirituell weiterentwickelst? Vielleicht bietet deine derzeitige Arbeit dir die Gelegenheit, liebevoller und kreativer zu werden. Versuche es! Möglicherweise hast du dann mehr Freude an deiner Arbeit und siehst sie aus einem anderen Blickwinkel – es kann sogar sein, dass du unbedingt an deinem Arbeitsplatz bleiben willst!

Damit will ich nicht sagen, dass wir nie den Arbeitsplatz wechseln sollen. Aber wer kündigt, weil er mit seinem Chef oder seinen Kollegen nicht auskommt, wird an seinem neuen Arbeitsplatz wahrscheinlich ebenso unglücklich sein.

Lerne lieben, was du tust. Wenn du merkst, dass du alles gelernt hast, was du an einem bestimmten Ort lernen kannst, ist ein Wechsel einfach und angenehm, weil du durch neue Erfahrungen lernen willst.

Denke daran:
Es ist sehr wichtig zu wissen, was du willst.

Wenn du dich fragst: *„Was will ich wirklich? Was würde mich glücklich machen?“* und deine Antwort beschreibt, was du *nicht* willst, hast du nicht deinen wahren Wunsch ausgedrückt. Du musst präzise formulieren, was du willst. Wenn du beispielsweise sagst: *„Ich möchte nicht krank sein“* oder *„Ich will diesen Menschen nicht als Partner haben“*, drückst du nicht aus, was du willst, sondern was du nicht willst.

Vielleicht gehörst du zu den Menschen, die behaupten: *„Woher soll ich wissen, was mich glücklich machen würde? Es kommt nie so, wie ich es will. Ich werde immer enttäuscht!“* Das geschieht nur, wenn du alles im Griff haben willst. Wenn du etwas wünschst, musst du frei von Erwartungen sein. Sage dem Universum, was du wirklich willst, und akzeptiere gleichzeitig aus ganzem Herzen, dass es von selbst geschehen wird, sofern es deine Entwicklung fördert. Erwarte kein bestimmtes Ergebnis. Wenn dein Wunsch in diesem Stadium deines Lebens unangemessen ist, darfst du sicher sein, dass etwas Besseres auf dich zukommt. Du bittest also deinen inneren Gott, deinen Wunsch zu erfüllen *oder etwas Besseres* für dich zu tun. Wenn du ganz sicher bist, dass alles, was geschieht, für dich das Beste ist, fällt es dir leichter, die gute Seite aller Ereignisse zu sehen, selbst wenn sie nicht ganz deinen Wünschen entsprechen. Wenn du das akzeptierst, ist dein Leben angenehmer.

Ähnliches gilt für den physischen Körper. Wenn du nur auf deine physischen Sinne hörst, weißt du nicht, was du wirklich brauchst, und die Freude ist kurzlebig. Um herauszufinden, ob du diesen Fehler machst, solltest du aufschreiben, was du isst. Das Essen ist für viele Menschen eine Quelle der Lust. Aber befriedigen wir damit unsere wahren Bedürfnisse? Wir essen zu oft, was unser Körper gar nicht braucht, und die Folge sind Schuldgefühle und manchmal Schmerzen im Magen oder im ganzen Körper. Das bedeutet, dass wir unsere wahren physischen Bedürfnisse missachten.

Wir müssen verstehen, dass die meisten Menschen zu ihrem Vergnügen essen. Wenn du merkst, dass dein Essen dir nur kurzfristig Freude bereitet, befriedigst du damit kein echtes Bedürfnis. Nimm dir Zeit herauszufinden, welche anderen Wünsche du durch Essen erfüllen willst. Dann fällt es dir leichter, die Freude zu entdecken, die du auf der emotionalen und mentalen Ebene blockierst und auf der physischen Ebene zu kompensieren versuchst. Was wir auf der emotionalen und mentalen Ebene nicht erreichen, verschieben wir nämlich gerne auf die physische Ebene. Dank dieser Methode werden wir uns der Freude bewusst, die wir auf der emotionalen und mentalen Ebene empfinden können.

Hier ist ein Beispiel: Kannst du etwas für dich kaufen, nur um dir eine Freude zu machen? Achte darauf, ob du aus Furcht kaufst. Wenn ja, wird dir der Einkauf keine Freude machen und obendrein gerätst du in Versuchung, für jemand anderen ebenfalls etwas zu kaufen, weil du ein schlechtes Gewissen hast. Aber wenn du glaubst, dem anderen damit einen Gefallen zu tun, erlebst du eine Enttäuschung!

Wenn dein Einkauf dich jedoch glücklich und dankbar macht, erlebst du diese Freude jedes Mal, wenn du ihn benutzt. Das Gleiche gilt, wenn du etwas für andere Menschen kaufst, nur um sie glücklich zu machen: Es stört dich nicht, ihnen die Rechnung zu geben, damit sie das Geschenk umtauschen können, falls es nicht ganz ihren Wünschen entspricht, denn dadurch zeigst du, dass du nur aus Freude und ohne Hintergedanken gehandelt hast, also ohne Dank zu erwarten.

Viele Menschen versuchen, anderen eine Freude zu machen, indem sie ihnen helfen. Vergiss aber nicht, wann die Zeit zum Helfen am günstigsten ist: wenn du gefragt wirst! Hilfe und Einmischung sind zwei Paar Stiefel. Wie ist dir zumute, wenn jemand dir seinen Rat aufdrängt oder dein Führer sein will, ohne dass du darum gebeten hast? Du reagierst abwehrend, weil eine innere Stimme dir zuflüstert: „*Wenn ich Rat brauche, bitte ich darum.*“ In der Regel lösen wir unsere Probleme lieber selbst. Nur wenn wir glauben, einer Situation nicht gewachsen zu sein, suchen und akzeptieren wir fremde Hilfe.

Selbst wenn du anderen gerne hilfst, weißt du vielleicht nicht, wie du ihnen eine Freude machen kannst. Oft erreichst du übrigens das Gegenteil. Wenn du dir zu große Mühe gibst, anderen zu helfen, finden sie dich wahrscheinlich lästig. Andere Leute freuen sich nicht unbedingt, wenn du hereinschneist!

Wenn jemand um Hilfe bittet,
hilf ihm nach bestem Wissen und Können;
aber denke dabei an deine eigenen Grenzen.

Wenn du um Hilfe gebeten wirst, bedeutet das nicht, dass du helfen *musst*. Wenn du aus Pflichtgefühl hilfst, haben sowohl die anderen als auch du keine Freude daran. Jeder Mensch freut sich gerne und will auch anderen spontan Freude bereiten. Es macht Spaß, Freude mit anderen zu teilen, und es wirkt ansteckend!

Hast du dich schon einmal für eine Sache engagiert und dann gemerkt, dass du keine Lust hast, dich so sehr anzustrengen? In solchen Fällen solltest du dich von einer Verpflichtung lösen, wenn es möglich ist, denn wenn du weitermachst, hast du keine Freude daran. Erlaube dir, deine Zusage zurückzunehmen, und lerne aus dieser Erfahrung: Wenn du alle deine Versprechen blindlings einhältst, hast du bald gar keine Freude mehr am Leben.

Wenn wir offen für die Freude sind, wissen wir neue Erlebnisse und Begegnungen zu schätzen, die unseren Weg mit Sicherheit kreuzen werden. Wer immer noch nach den alten Regeln lebt, sich also vom Mentalkörper steuern lässt, muss seine Vergangenheit immer wieder durchleben und alles Neue bleibt unbemerkt.

Öffne die Augen, und genieße alles, was du tust. Beginne mit den vielen kleinen Freuden des Lebens, von denen du bisher keine Notiz genommen hast: schöne Sonnenaufgänge, frische Luft, ein Lächeln, eine gelöste Aufgabe und so weiter. Wenn du bewusst auf all diese kleinen Freuden achtest, bist du weniger darauf angewiesen, dass andere dich glücklich machen.

Es lohnt sich auch, weniger zu erwarten. Dann kannst du deine Freude besser mit anderen teilen, ohne überlegen zu müssen, was du für deine Mitmenschen tun könntest. Es wird sich ganz von selbst ergeben. Deine Gegenwart, deine Begeisterung und deine Freude am Leben sind vielleicht alles, was andere brauchen, um glücklich zu sein! Es ist wohl bekannt, dass Menschen, die das Leben genießen, im Beruf und in ihren Beziehungen erfolgreicher sind und die Fülle in ihrem Leben dankbar annehmen.

Zum Schluss schlage ich vor, dass du dir in der kommenden Woche morgens folgende Frage stellst: *„Was kann ich heute tun, um mir eine Freude zu machen?“* Es kann alles sein, was mit „haben“, „tun“ oder „sein“ zusammenhängt. Beschließe, dass du dir heute diese Freude gönnen wirst!

Schreibe abends vor dem Schlafengehen alle anderen kleinen Freuden auf, die du während des Tages erlebt hast. Berücksichtige aber nur die Freuden, für die du selbst gesorgt hast. Vielleicht hast du dich darüber gefreut, jemandem eine Freude gemacht zu haben. Hier geht es um Freude, die von dir und deiner Lebenseinstellung kommt.

Kapitel 10

Aktiv werden

Wenn du harmonisch leben willst, musst du aktiv werden. Vielen Menschen fällt es schwer, etwas zu unternehmen, um ihre Ziele zu erreichen. Sie glauben, der Verstand sei am wichtigsten, und weisen der Intuition bestenfalls eine Nebenrolle zu. In Wahrheit muss der Verstand der Intuition dienen, nicht umgekehrt. Der „Kopf" ist also dem „Herzen" untertan.

Auf der materiellen Ebene ist die Tat ein Mittel, um herauszufinden, was unser Leben bestimmt.

Wer aktiv wird, um seine wahren Bedürfnisse zu befriedigen, nimmt sein Leben selbst in die Hand. Wer sich fürchtet zu handeln oder wer zwar handelt, sich jedoch nicht um seine wahren Bedürfnisse kümmert, hat sein Leben nicht im Griff, sondern wird vom Ich regiert.

Wenn wir aus Gewohnheit passiv oder müßig sind, sterben wir jedes Mal ein bisschen, denn ein untätiger Körper siecht einfach dahin. Ein gutes Beispiel sind bettlägerige Menschen. Ihr Körper verliert allmählich seine Kraft, und die Kranken können ohne Hilfe nicht mehr gehen. Ähnlich ist es, wenn wir nicht handeln, also unsere Kreativität und Intuition nicht mehr nutzen. Dann verlieren wir unsere spirituelle Kraft und neigen dazu, auf unsere Umwelt zu reagieren. Wegen unserer inneren Passivität wird das Leben für uns immer schwieriger.

Es ist zwar sehr wichtig, aktiv zu sein; aber vor jedem Handeln müssen wir eine Entscheidung treffen. Gehörst du zu den Menschen, die sich schwer entscheiden können und selten aktiv werden? Wenn ja, bittest du Freunde und Angehörige oft um Rat und untersuchst ein Problem gründlich; aber du ergreifst nicht die Chancen, die sich bieten. Du tust so, als wärst du zum Handeln bereit, doch du handelst nicht. Jede Tat setzt eine Entscheidung voraus.

Vielleicht weißt du, was du willst, und beschließt sogar, etwas zu unternehmen; dann aber lässt du dich von anderen beeinflussen und änderst deine Meinung. Ein Beispiel: Du kommst nach einem langen Arbeitstag nach Hause und willst dich ausruhen. Also beschließt du: *„Heute Abend nehme ich mir Zeit für die Entspannung.“* Kannst du nein sagen, wenn jemand anruft und fragt, ob er vorbeikommen darf oder ob du ihm einen Gefallen tun kannst? Lässt du dich davon beeinflussen? Und wenn du ein Geschäft betrittst, um etwas Bestimmtes zu kaufen, lässt du dir dann vom Verkäufer etwas anderes aufschwatzen? Wenn ja, wie fühlst du dich hinterher? Dieses Verhalten kann nur Ärger über dich selbst auslösen, weil du anderen erlaubst, deine Meinung zu ändern.

Oder gehörst du zu den Leuten, die wissen, was sie wollen, aber denken: *„Das mache ich in den nächsten Tagen“?* In diesem Fall wartest du darauf, dass alle Umstände optimal sind, ehe du aktiv wirst. So kommst du nicht weiter! Glaubst du, irgendjemand kann zu dir sagen, wann sämtliche Umstände günstig sind? Wie oft hören wir solche Menschen beteuern: *„Eines Tages werde ich abnehmen (das Rauchen aufgeben, ein Haus kaufen, eine neue Stelle suchen)“.* Oft benutzen sie dabei das Futur und den Konditional: *„Irgendwann werde ich ...“, „Ich würde gerne ...“* oder *„Ich sollte eigentlich ...“*

Vielleicht gehörst du zu den Menschen, die von sich behaupten: *„Dieses Problem habe ich nicht. Ich bin immer aktiv!“* Wenn ja, rate ich dir zu prüfen, ob das, was du tust, deinen wahren Bedürfnissen entspricht. Handelst du, weil du glaubst, es sei deine Pflicht? Fürchtest du, nicht geliebt zu werden, wenn du es nicht tust? Glaubst du, es sei richtig zu handeln und falsch, nicht zu handeln? Änderst du deine Meinung auch dann nicht, wenn du merkst, dass du etwas tust, was du gar nicht tun wolltest? Wenn du eine dieser Fragen bejaht hast, *zwingst* du dich zum Handeln und bist unflexibel. Enttäuschung ist die unvermeidliche Folge.

Vielleicht weißt du, was du willst, und bist in der Lage, zu entscheiden und aktiv zu werden; aber weil du viel von dir verlangst und fürchtest, Fehler zu machen, legst du im Voraus fest, wie du dein Ziel erreichen willst – und wenn nicht alles so läuft, wie du gehofft hast, gibst du auf. Manche Leute geben auf, weil sie kritisiert werden oder weil sie sich vor dem Erfolg fürchten. Das hört sich sonderbar an, aber viele Leute glauben, sie hätten Erfolg nicht verdient, und denken sich alle mögliche Gründe aus, um vor dem Ziel aufzugeben.

Vergiss nie, was dein ursprünglicher, intuitiver Wunsch war und was du tief innen fühlst. Der erste Gedanke, der dir spontan in den Sinn kommt, entspringt meist der Intuition. Vorher hattest du diesen Gedanken nicht, denn er kommt direkt aus deiner Mitte, vom Gott in dir oder vom höheren Selbst. Alle diese Begriffe drücken dasselbe aus.

Selbst wenn du weißt, was du willst, musst du auf deinen Intellekt achten, denn die meisten Menschen glauben aus Gewohnheit, der Intellekt kenne ihre wahren Bedürfnisse besser als die Intuition. Zudem fürchtet sich der Intellekt davor, ignoriert zu werden.

Das Ich (aus mentaler Energie geschaffen) fürchtet, die Vorherrschaft zu verlieren, die ihm nie zustand.

Da der Intellekt nur eine Gedächtnisbank ist und sich nur an das erinnert, was er gespeichert hat, kann er uns nicht dazu bewegen, etwas Neues zu wagen. Unsere Intuition kann dagegen neue Türen öffnen, und sie geht niemals fehl – im Gegensatz zum Intellekt, für den nur die Vergangenheit zählt. Vielleicht waren bestimmte Erfahrungen damals wichtig für unsere Entwicklung; aber das heißt nicht, dass sie bis ans Ende unseres Lebens nützlich sein werden. Oder eine Erfahrung war so unangenehm, dass wir unbedingt verhindern wollen, sie noch einmal zu machen. Auch dadurch verleugnen wir unsere Intuition und übertragen die Macht auf die Erinnerungen des Intellekts.

Auf den ersten Blick scheint es schwierig zu sein, zwischen Intuition und Ich zu unterscheiden. Angenommen, deine Intuition rät dir, mit jemandem zu reden. Aber das Ich ist dagegen: *„Nicht jetzt. Warte auf den richtigen Augenblick."* Wenn du den ersten Gedanken ignorierst, triffst du keine Entscheidung – du hörst auf den Einwand des Ichs anstatt auf die Intuition. Bei den meisten Menschen ist das zur Gewohnheit geworden.

Manche Menschen können nicht mehr zwischen der Stimme ihrer Intuition und ihrem Ich unterscheiden, weil das Ich sich ständig einmischt. Achte also mehr auf spontane Ideen, denn deine Intuition wird dich nie irreführen. Andererseits musst du nicht jede Idee sofort in die Tat umsetzen. Sobald du eine Idee hast, unternimmst du die notwendigen Schritte. Das kann eine Minute, einen Tag, ein Jahr oder länger dauern. Einerlei, wie lange es dauert, du gehst auf jeden Fall in die richtige Richtung. Sobald du dir eines Wunsches bewusst wirst, hast du die Wahl: Du kannst etwas unternehmen, um ihn zu erfüllen, oder du kannst ihn als Wunschtraum betrachten. Wenn du denkst: *„Wäre es nicht schön, das eines Tages zu haben oder zu tun?“*, wird es sehr lange dauern, bis dein Wunsch Realität wird. Du träumst ja nur und wirst nicht auf der materiellen Ebene aktiv.

Am besten setzt du dir einige materielle Ziele. Ziele sind für den Emotionalkörper nützlich, denn es ist eine seiner Hauptaufgaben, uns auf Wünsche aufmerksam zu machen (ohne die wir kein Ziel erreichen könnten).

Ein Wunsch wird zum Ziel, wenn wir zu handeln beginnen. Ein Beispiel: Du willst eine Fremdsprache lernen. Dieser Wunsch wird zum Ziel, sobald du einen Kurs belegst, einen Freund bittest, dir Unterricht zu geben, oder dir Fernsehprogramme in der gewünschten Sprache anschaust.

Du kannst jedoch nicht immer sicher sein, ob dein Wunsch und dein Ziel einem echten Bedürfnis entspringen oder ein Produkt des Intellekts sind. Darum musst du prüfen, ob der Wunsch auf Furcht gründet. Wenn ja, wurzelt er in keinem wahren Bedürfnis und stammt nicht aus deiner Mitte – er wurde von einer Erinnerung hervorgerufen, die dein Intellekt gespeichert hat.

Da wir nicht bewusst genug sind, um die Intuition vom Intellekt zu unterscheiden, müssen wir anfangs darauf eingestellt sein, unsere Meinung zu ändern. Sage zu dir: *„Nach meinem besten Wissen ist dieses Ziel gut für mich. Sollte es mir auf meiner spirituellen Reise aber nicht hilfreich sein, bitte ich den Gott in mir, mich an ein anderes Ziel zu bringen.“* Lass dich von deinem höheren Selbst führen, lass es entscheiden. Dann fällt es dir leichter, deine Meinung zu ändern und einen neuen Weg zu gehen. Du brauchst nur zu sagen: *„Ich will das nicht mehr. Jetzt will ich etwas anderes.“* Doch solange du nicht den klaren und starken Wunsch spürst, die Richtung zu ändern, musst du weiter dein Ziel ansteuern.

Damit du deine Ziele bestimmen kannst, stellst du dir diese Frage: *„Wenn alle Umstände günstig wären, wenn ich wüsste, dass ich niemandem schaden würde, und wenn ich alles* *zur Hand hätte, was ich brauche – was würde ich mir dann tief im Inneren wünschen?* Schreibe auf, was dir zuerst in den Sinn kommt. Wenn du deinen Wunsch jetzt noch nicht erfüllen kannst, solltest du ihn als langfristiges Ziel betrachten und in kleinen Schritten darauf zugehen. Das wird deinen Lebenswillen erheblich stärken.

Wenn du einen Wunsch hast, stelle dir vor, er wäre bereits erfüllt.

Visualisiere, was du dir wünschst, und spüre, dass es bereits vorhanden ist. Diese Übung bezieht sowohl den emotionalen als auch den mentalen Körper ein und hilft dir herauszufinden, ob dein Wunsch dir Energie schenkt oder Angst einjagt. Die Erfüllung eines Wunsches muss tiefe Befriedigung auslösen.

Angenommen, du willst dir ein Haus auf dem Land kaufen, machst dir aber Sorgen darüber, ob du die Schuldzinsen tilgen kannst. In diesem Fall solltest du überlegen, wie dieser Wunsch entstanden ist. Vielleicht verlangst du zu viel von dir, oder du brauchst gar kein Haus, oder du versuchst, anderen etwas zu beweisen.

Du darfst dir nie etwas wünschen, was anderen gehört, wohl aber etwas Ähnliches. Es ist ein Verstoß gegen die Gesetze der Natur, sich die Frau des Nachbarn, den Job eines Freundes und so weiter zu wünschen. Solche Wünsche rufen Streit, Enttäuschung und Stress hervor.

Noch einmal: Wenn du darauf wartest, dass alle Bedingungen optimal sind, oder wenn du endlos die Vor- und Nachteile abwägst, wirst du wahrscheinlich nie aktiv.

Handeln heißt vor allem, irgendwo anfangen.

Am schlimmsten wäre es, wenn du vorzeitig aufgeben würdest; doch selbst dann hättest du etwas gelernt, was sich eines Tages als sehr nützlich herausstellen könnte. Akzeptiere die Tatsache, dass du nie Fehler machst. Das Leben ist ein ständiger Strom aus Erfahrungen.

Darum empfehle ich dir dringend, etwas zu unternehmen und dabei zu denken: *„Heute gehe ich einen Schritt auf mein Ziel zu. Dieser Schritt führt zum nächsten und so weiter. Erst* *unterwegs kann ich herausfinden, ob mein Ziel gut für mich ist oder nicht oder ob es meine Fähigkeiten übersteigt.“*

Ein Beispiel: Schon als Teenager träumte ich davon zu reiten. Ich weiß nicht, wie ich darauf kam, aber wenn ich Pferde sah, wollte ich reiten. Mehrere Jahre später beschloss ich endlich, mich in einer Reitschule anzumelden. Mitten im Kurs merkte ich, dass ich dort nicht lernte, was ich wollte. Gewiss, manches war wichtig – etwa die Haltung der Hände, des Halses, der Arme, des Kopfes und der Beine – aber ich war zögerlich, und weil das Pferd das spürte, tat es, was es wollte. Damit ein Pferd gehorcht, muss es spüren, dass der Reiter die Lage im Griff hat und das war bei mir nicht der Fall. Es war zu schwierig für mich; ich fühlte mich auf dem Pferd nicht wohl und hatte keinen Spaß dabei. Aber ich musste handeln, um das herauszufinden. Der Gedanke, den Kurs abzubrechen, gefiel mir besser, als die Möglichkeit weiterzumachen.

Endloses Analysieren und der Versuch, jeden Schritt im Voraus zu planen hemmen die Spontaneität. Wenn wir spontan sind und die Intuition uns führt, öffnen wir uns für neue Ideen, auf die wir nie gekommen wären, hätten wir uns vom Verstand leiten lassen; denn planen können wir nur auf der Basis unseres Wissens. Wenn wir planen, benutzen wir unser Gedächtnis; wenn wir auf unsere Intuition hören, lassen wir uns von unserem inneren Gott führen, der vieles weiß, was der Verstand nicht weiß.

Als ich zur Schule ging, gab es keine Lehrer für Persönlich keitsentwicklung, also konnte ich mich nicht auf diesen Beruf vorbereiten. Da sich jederzeit neue Möglichkeiten eröffnen können, ist es fast unmöglich, Entscheidungen zu treffen, die für das ganze Leben gültig sind. Manche Menschen behaupten sogar, dass wir in den nächsten zehn Jahren mehr erleben werden als in den vergangenen hundert Jahren!

Wir müssen offen für Veränderungen bleiben, sonst sind wir an nutzlose Grenzen gebunden.

Aktiv werden bedeutet, an den Gott in uns glauben. Er bringt uns an unser Ziel. Um die Flamme des Glaubens lebendig zu halten, solltest du dein Ziel enthusiastisch, also begeistert anstreben. Das griechische Wort *entheos* bedeutet, „in Gott“. Ein enthusiastischer Mensch spiegelt demnach den inneren Gott und die Lebensfreude wider.

Viele Menschen bezeichnen mich als enthusiastisch. Aber manchmal übernahm dennoch mein „Kopf" das Kommando. Ich sagte zu mir: *„Bist du nicht übertrieben begeistert?"* und hatte sogar ein schlechtes Gewissen, wenn ich mit Leuten zusammen war, die wenig Begeisterung zeigten. Meine dynamische Begeisterung bewirkte, dass ich zu meinen selbst gesetzten Zielen eine andere Einstellung hatte. Als Verkäuferin setzte ich mir immer klare Ziele, zum Beispiel eine Reise als Prämie zu gewinnen. Begeisterung gibt uns Energie; sie wirkt ansteckend und hilft uns, aktiv zu werden.

Meine Einstellung bewährte sich, als jemand dem Mädchen, das ich als Babysitter beschäftigte, eine andere Stelle anbot, die doppelt so gut bezahlt wurde. Sie sagte zu mir: *„Ich bleibe lieber bei Ihnen, weil Sie so begeistert sind. Ich habe nie einen Menschen wie Sie gekannt. Sie haben immer ein Ziel und arbeiten darauf hin. Mein Gewinn ist größer, wenn ich bei Ihnen bleibe."* Diese junge Frau trug wesentlich zu meinem Erfolg bei und war für mich bald mehr als ein Babysitter.

Mir war klar, dass ich immer all meine Energie in meine Ziele investiert hatte; aber ich wusste noch nicht, dass meine Begeisterung mich mit dem Gott in mir verband. Diese Verbindung führt mich immer in die richtige Richtung und ist eine Quelle unerschöpflicher Energie.

Strenge dich an, um deine Ziele zu erreichen; aber respektiere dabei deine Grenzen.

Je mehr Mühe wir uns geben, um unsere Grenzen zu überschreiten, desto müder werden wir, und schließlich sind wir so erschöpft, dass wir unterwegs stehen bleiben müssen. Wir dürfen uns nicht zwingen, unsere Grenzen zu überschreiten – das ist ebenso ein Verstoß gegen die Gesetze des Lebens wie der Versuch, unsere Umwelt zu unterwerfen.

Wenn wir unsere Grenzen respektieren und uns damit abfinden, dass manche Dinge für uns schwieriger sind, wachsen wir eines Tages vielleicht über diese Grenzen hinaus. Sage zu dir: *„Ich werde meine Grenzen jetzt nur ein bisschen überschreiten. Wenn ich merke, dass ich nicht weiterkomme, finde ich mich* *damit ab.*" Dies ist eine spirituelle Einstellung, keine intellektuelle, und deshalb fällt es dem Verstand schwer, sie zu begreifen. Wir müssen damit experimentieren, um zu verstehen, dass neue Ziele eine spirituelle Öffnung bedeuten. Wenn wir wissen, dass eine Aussage wahr ist, und den Verstand beruhigen wollen, sollten wir zu ihm sagen: *„Ich weiß, dass es wahr ist, weil ich es erfahren habe. Darum bitte ich dich, es zu glauben.*" Dann begleitet uns der Verstand, obwohl er nicht versteht. Wenn wir unsere Grenzen respektieren, können wir zudem die Grenzen anderer Menschen leichter respektieren.

Wenn du dir ein Ziel setzt und handelst, sind einige Freunde und Angehörige möglicherweise nicht einverstanden. Manche können dir überhaupt nicht folgen, andere nur langsam. Es ist wichtig, dass du die Grenzen anderer ohne Kritik respektierst. Es ist *dein* Ziel und *dein* Handeln, und es gibt keinen Grund dafür, dass deine Freunde und Verwandten gleichzeitig aktiv werden müssen. Jeder Mensch sucht sich den richtigen Zeitpunkt aus, um zu lernen und zu wachsen.

Sobald du beschlossen hast, dich von deiner Intuition leiten zu lassen, musst du bei jedem Schritt aufmerksam sein, vor allem wenn du den nächsten Schritt nicht kennst. Eine ganz unerwartete Idee oder ein Bekannter zeigt dir vielleicht diesen nächsten Schritt. Es kann sein, dass deine Intuition dir auf diese Weise helfen muss, weil du deine innere Stimme nicht gehört hast.

Einerlei, welche Folgen dein Handeln hat, du lernst auf jeden Fall etwas Neues. Du musst nur bereit sein, die Folgen deiner Entscheidungen zu tragen. Gehe anfangs langsam voran; dann kannst du unterwegs den Lauf der Ereignisse bestimmen.

Ausdauer ist eine weitere Voraussetzung dafür, dass du deine Ziele erreichst. Du sollst nicht stur sein, aber dein eigenes Tempo und deinen eigenen Rhythmus einhalten. Lass dich nicht von Leuten entmutigen, die andere Grenzen haben als du. Wenn jemand dir rät aufzugeben, bedeutet das, dass er in einer vergleichbaren Situation nicht den Mut hätte, weiterzugehen. Andererseits hat er Angst um dich, und das zeigt, dass er dir helfen will. Halte ihn also nicht für einen Miesmacher und glaube nicht, dass er dir schaden will.

Es ist wichtig, dass du die guten Absichten deiner Mitmenschen anerkennst, selbst wenn ihre Meinungen nicht genau dem entsprechen, was du hören willst. Danke ihnen für ihr Interesse, aber folge deiner inneren Stimme, wenn sie „weitermachen“ sagt. Und wenn du eines Tages beschließt, vor dem Ziel aufzuhören, muss dies deine eigene Entscheidung sein. Frage dich also, ob Furcht dein Beweggrund ist. Wenn ja, weißt du, dass du dich von einer Erinnerung oder von einem furchtsamen Menschen beeinflussen lässt. Wenn du aus Furcht aufgibst, erfüllst du damit kein wahres Bedürfnis.

Wenn du jedoch aufhören willst, weil die Situation für dich zu einer schweren Belastung geworden ist und du keine Freude mehr daran hast, ist dein Entschluss richtig – du hast deine Grenze erreicht.

Es ist wichtig, dass wir bei jedem Schritt unsere Dankbarkeit für das Leben ausdrücken.

Danke für das, was du tust. Danke allen, die dir helfen, und danke dir selbst dafür, dass du auf deinen inneren Gott hörst, der immer da ist, um dich zu führen. Nimm Hilfe an, und bestehe nicht darauf, alles selbst zu machen. Wenn du sagst: *„Das Universum ist so gut und sorgt so gut für mich“*, kann der ewige Strom der Fülle auch durch dein Leben fließen und du erreichst deine Ziele schneller.

Eine wahre Begebenheit verdeutlicht, was ich in diesem Kapitel erklärt habe. Im Jahr 1993 verlegte die Organisation *Listen to Your Body* ihre Verwaltung. Wir wollten ein Haus kaufen, in dem zehn Leute Platz hatten. Zuerst schätzten wir die Kosten für einen Anbau, erwogen aber auch, ein neues Gebäude zu errichten. Eines Tages besuchte mich mein Sohn, der in einer anderen Gegend lebte, und sagte: *„Ich habe ein Grundstück entdeckt, das für euch geeignet wäre. Es ist ein Hotelkomplex, und der Eigentümer verlangt dafür nur einen Bruchteil des Verkehrswertes. Die Kosten wären etwa so hoch wie die Kosten eines Neubaus auf diesem Grundstück, aber die Gebäude sind voll möbliert.“* Diese Chance bot sich völlig unerwartet. Wie sich herausstellte, konnte das Hotel sechsmal so viele Leute unterbringen wie der Anbau, den wir geplant hatten. Außerdem befanden sich weitere Gebäude und Einrichtungen auf dem Gelände. Also beschloss ich zu handeln und bekräftigte innerlich, dass das neue Projekt, sofern es gut für uns war, ein voller Erfolg sein würde. Ich besichtigte das Hotel, fand es aber viel zu groß. Brauchten wir derart viel Platz? Schließlich boten wir dem Eigentümer so viel Geld an, wie wir für den Anbau gebraucht hätten, und zu meiner Überraschung war er einverstanden.

Dann beantragte ich ein Grundschulddarlehen, das ebenfalls akzeptiert wurde. Niemand hätte das alles vorhersehen können. Ich kannte den nächsten Schritt nie im Voraus und das Ergebnis erst recht nicht. Ich fügte mich dem Willen Gottes und sagte mir: *„Möge Gottes Plan sich erfüllen. Wenn es für uns gut ist, dieses Hotel zu kaufen, wird sich alles Weitere von selbst ergeben."* Was dann folgte, führte uns in diese Richtung.

Einige Monate später zog die ganze Organisation um. Wegen der natürlichen Schönheit der Umgebung erwies sich unser neues Zuhause als Segen. Den verfügbaren Platz nutzten wir schneller als erwartet, und jetzt wurde uns klar, dass der ursprünglich geplante Anbau schon nach einem Jahr zu klein gewesen wäre. Das Universum wusste, was wir nicht wussten!

Dieses Beispiel zeigt, was es bedeutet, zu handeln und dennoch für einen Richtungswechsel offen zu bleiben. Hätte das Universum das neue Projekt für eine Belastung der Organisation gehalten, hätte es den Kauf gewiss verhindert. Ich war bereit, einen neuen Weg zu gehen.

Jetzt sah ich auch den Unterschied zwischen dieser Erfahrung und einer früheren. Damals wollte ich meinen Kopf durchsetzen, musst meine Pläne aber nach vielen Problemen aufgeben und einen erheblichen finanziellen Verlust in Kauf nehmen. Mehr darüber liest du in meiner Autobiografie.

Wenn du handelst, darfst du nichts dramatisieren. Lächle das Leben an und lache über dich selbst. Behalte deinen Humor.

***Das Leben ist zu kostbar,
um es ernst zu nehmen.***

Wenn du dir deines inneren Gottes bewusst bist, weißt du, dass es für alles eine Lösung gibt. Jedes Problem und jedes Hindernis lässt sich überwinden. Wer die Lösung nicht findet, ist ein Gefangener des Problems. Er kaut es wieder, anstatt zu sagen: *„Ich kenne das Problem. Wie lautet die Lösung?"* Wenn du dir diese Frage stellst, lässt du dich zur Lösung führen.

Denke an deinen inneren Gott und an deine große schöpferische Kraft.

Erfülle alles, was du tust, mit Freude, Dankbarkeit und Lachen. Das lindert den Druck erheblich. Wenn du nicht handelst, kann niemand auf der Welt es für dich tun. Jeder handelt für sich selbst. Jedes kleine Ziel, das du erreichst, jeder Wunsch, den du dir erfüllst, führt zum nächsten Ziel. Du wirst dir deiner großen kreativen Energie immer mehr bewusst und verbindest dich mit dem Gott in dir. Dies sind die fundamentalen Regeln, die für jedes Handeln gelten.

Zum Schluss empfehle ich dir, drei Wünsche aufzuschreiben – einen kurzfristigen (für die nächsten paar Monate), einen mittelfristigen (für die nächsten zwei Jahre) und einen langfristigen (für die späteren Jahre deines Lebens). Beschließe dann, aktiv zu werden, um die Energie in Bewegung zu versetzen, die deine Wünsche letztlich erfüllen wird.

Versuche nicht, das Ergebnis vorherzubestimmen, sondern folge dem Weg, den dein innerer Gott dir zeigt; denn du weißt, dass er richtig ist.

Kapitel 11

Die Spiegelmethode

Eine Methode, die ich seit Jahren lehre, besteht darin, andere als unser Spiegelbild zu betrachten. Immer wieder habe ich ihre Wirksamkeit und ihre enorme Transformationskraft erlebt. Vor zweitausend Jahren spielte Jesus auf den Spiegeleffekt an, als er sagte: *„Warum siehst du den Splitter im Auge deines Bruders, nicht aber den Balken in deinem Auge?“* (Matthäus 7:3). Er wies darauf hin, dass Fehler, die uns an anderen Menschen auffallen, bei uns noch stärker ausgeprägt sind. Das ist eine tiefe Wahrheit.

Die folgenden Aussagen kennst du ebenfalls: Wir beurteilen andere auf der Grundlage dessen, was wir sind und wir werden, was wir an anderen verurteilen. Das bedeutet, dass wir selbstbewusster werden können, indem wir darauf achten, wie wir unsere Mitmenschen beurteilen. Das ist eine der sichersten und schnellsten Möglichkeiten, sich seiner selbst bewusst zu werden. Doch bevor du daran denken kannst, einen Aspekt deiner selbst zu ändern, musst du wissen, wer du bist.

Sobald du akzeptierst, dass alles, was außerhalb von dir existiert, dein Innenleben widerspiegelt, und dass alles, was du in anderen siehst, dich selbst widerspiegelt, ändert sich deine Einstellung zum Leben für immer.

Wenn du in einen echten Spiegel schaust, siehst du dich selbst. Es wäre sinnlos, den Spiegel zu zertrümmern oder wegzuwerfen, wenn ein Detail dir nicht gefällt, zum Beispiel dein Gewicht oder ein paar Falten. Das Problem ist nicht der Spiegel, sondern dein Selbstbild.

Die meisten Menschen wollen das, was sie im Spiegel sehen, ändern. Das ist jedoch ebenso nutzlos wie der Versuch, den Spiegel zu ändern. Um Seelenfrieden zu finden und zu wachsen, müssen wir akzeptieren, was wir sehen. Wenn wir uns in einem Spiegel betrachten, sehen wir auch jene Aspekte unseres Körpers, die uns nicht gefallen. Wenn wir einen Teil von uns durch einen anderen, schöneren ersetzen wollen, akzeptieren wir uns nicht so, wie wir sind.

Ein Beispiel: Wenn du glaubst, dein Bauch sei zu dick, und das nicht akzeptieren willst, ärgerst du dich jedes Mal, wenn du in den Spiegel schaust. Du musst dir darüber im Klaren sein, dass dir dieser Teil deiner selbst umso dicker erscheint, je mehr du ihn ablehnst. Und je mehr du einen anderen Menschen ablehnst, desto stärker klammert er sich an dich.

Wie verhält sich ein Kind, das von den Eltern abgelehnt wird? Es wird immer nervöser und aufsässiger; es verlangt immer mehr Zuwendung, weil es die Ablehnung nicht ertragen kann. Ablehnung verstößt gegen das Naturgesetz der Liebe; aber nur die Liebe kann eine echte, dauerhafte Transformation bewirken.

Je heftiger du einen Teil deiner selbst – einen körperlichen Aspekt oder eine Einstellung – ablehnst, desto mehr fesselt er deine Aufmerksamkeit und wird fast allmächtig. Dieser Teil von dir fordert Anerkennung und einen Platz in deinem Leben und sobald du ihn akzeptierst, verhält er sich still.

Die Spiegelmethode hilft dir herauszufinden, welche Teile deiner selbst du akzeptierst und welche du ablehnst. Wir leben auf der Erde, um Erfahrungen zu sammeln und dabei zu entdecken, wer wir sind, und wir haben unser Ziel erreicht, sobald wir jede unserer Ausdrucksmöglichkeiten akzeptiert haben. Um das zu erreichen, müssen wir uns selbst erforschen, unsere Einstellung in verschiedenen Lebenssituationen prüfen und uns erlauben so zu sein, wie wir sind.

Wenn uns das Verhalten eines anderen Menschen stört, dann stört es uns auch, wenn *wir* uns ähnlich verhalten. Wir akzeptieren uns selbst nur in dem Maße, wie wir andere akzeptieren.

Das Universum hält uns ständig unser Spiegelbild vor und zwar durch Menschen, die uns nahe stehen, oder durch wichtige Menschen, die unseren Weg kreuzen.

Die besten Spiegel sind unsere Kinder. Wenn du Kinder hast, empfehle ich dir dringend, dich selbst in ihnen zu sehen. Bis zum Alter von sieben Jahren imitieren Kinder ihre Eltern, Mädchen vor allem die Mutter und Jungen vor allem den Vater. Für einen kleinen Jungen ist der Vater ein Vorbild, das ihm zeigt, wie ein Mann auf dieser Welt lebt. Ein kleines Mädchen nimmt sich ein Beispiel an der Mutter. Zwischen Kindern und dem

Elternteil mit dem gleichen Geschlecht gibt es viele Konflikte, weil sie einander oft widerspiegeln.

Ein Kind zeigt seinen Eltern Tag für Tag, welche Aspekte ihrer selbst sie nicht akzeptieren. Wenn wir Probleme mit einer bestimmten Einstellung haben, dann haben wir wahrscheinlich als Kinder gelernt, dass sie falsch oder „schlecht" ist.

Es ist schwer, sich selbst zu akzeptieren, wenn wir an uns genau das Verhalten bemerken, das wir für falsch, schlecht oder beschämend halten. Schlimmer noch: Wenn wir ein Verhalten für inakzeptabel halten, reden wir uns ein, dass wir ganz anders sind! Dann fällt es uns schwer einzugestehen, dass wir uns wie die Menschen benehmen, die wir verurteilen.

Ein Beispiel: Als meine drei Kinder klein waren, ließen sie ihre Spielsachen überall im Haus herumliegen. Das verstand ich nicht, weil ich das genaue Gegenteil war. Ich ermahnte sie, bestrafte sie, drohte ihnen – vergeblich. Als mir klar wurde, dass sie Spiegel sind, verstand ich, dass sie einen Aspekt von mir widerspiegelten, den ich ablehnte. Da ich als Kind gelernt hatte, dass man seine Sachen nicht herumliegen lassen darf, war ich extrem ordentlich. Ich wollte mir selbst beweisen, dass ich nicht unordentlich war. Zu allem Überfluss benahm mein Mann sich wie unsere Kinder. Vier Menschen zeigten mir also, wie sehr ich versuchte, mich zusammenzureißen!

Das soll nicht heißen, dass mir Unordnung jetzt gefällt. Aber heute erlaube ich mir ab und zu, meine Sachen herumliegen zu lassen, und zwinge mich nicht mehr, sie sofort wegzuräumen. Obwohl ich immer noch Ordnung bevorzuge, habe ich meine unordentliche Seite akzeptiert und kann ein bisschen unordentlich sein, ohne ein schlechtes Gewissen zu haben. Sogar jetzt, beim Schreiben dieses Buches, gestatte ich mir ein wenig Unordnung. Ich lasse mein Manuskript herumliegen, weil ich es morgen zur Hand haben will. Früher hätte ich mir das nie erlaubt. Sobald ich abends zu schreiben aufhörte, räumte ich alles weg – für den Fall, dass unerwartet Besuch kam.

Bevor ich mir meiner Einstellung zur Unordentlichkeit bewusst wurde, hätte ich es nicht gewagt, Sachen herumliegen zu lassen, denn ich wollte meiner Familie beibringen, dass dieses Verhalten inakzeptabel war. Kaum ließ ich etwas herumliegen, ermahnte mich meine innere Stimme: *„Du solltest dich schämen! Du schimpfst, wenn andere unordentlich sind, und nun* *bist du es selbst!"* Ich merkte nicht einmal, dass ich meine innere Stimme für mich entscheiden ließ.

Obwohl ich Ordnung immer noch vorziehe, lebt es sich mit meiner neuen Einstellung leichter.

Ich empfehle dir, die Spiegelmethode so oft wie möglich anzuwenden. Dein Ich mag damit Schwierigkeiten haben, aber diese Technik ist sehr nützlich, um das Ich in seine Schranken zu weisen. Beobachte einen Menschen in deiner Umgebung, der andere kritisiert. Behauptet er, jemand sei rücksichtslos? Dann wirst du bemerken, dass er es selbst ist – er unterbricht andere, erteilt ungefragt Ratschläge oder drängt sich in einer Warteschlange vor, weil er es eilig hat. Mit anderen Worten, er ist auf seine Weise rücksichtslos. Vielleicht äußert sich das anders als bei jenen, die er kritisiert; aber andere halten ihn dennoch für rücksichtslos.

Wenn du diesen Menschen fragst: *„Glaubst du, dass du manchmal rücksichtslos bist?"*, antwortet er mit Sicherheit: *„Bestimmt nicht! Rücksichtslose Menschen gehen mir so auf die Nerven, dass ich mir Mühe gebe, anders zu sein."* Selbst wenn du einwendest: *„Neulich ist mir aufgefallen, dass du einen Gesprächspartner mehrere Male unterbrochen hast"*, wird er sich herausreden: *„Das war nicht rücksichtslos – ich habe ihn unterbrochen, um ihm zu helfen. Sonst hätte ich vielleicht vergessen, was ich sagen wollte, und ich war mir sicher, dass es für ihn wichtig war."*

Wir alle neigen zu dieser Haltung. Wir bemühen uns so sehr, anders zu sein als die Menschen, die wir kritisieren, dass wir andere Etiketten wählen, wenn wir den gleichen Fehler machen. Erträgst du es nicht, wenn man dich belügt? Wenn du dich selbst genauer beobachtest, merkst du, dass auch du oft nicht die Wahrheit sagst. Wenn jemand dich fragt: *„Warst du wirklich aufrichtig, als du neulich zu mir sagtest …?"*, antwortest du wahrscheinlich: *„Nicht ganz – ich wollte nicht unhöflich sein."* Wir finden immer eine Ausrede, um unser Verhalten zu rechtfertigen, und merken gar nicht, dass wir genau das tun, was wir bei anderen kritisieren.

Jedes Mal, wenn du dich dabei ertappst, wie du andere in Worten oder Gedanken verurteilst (das ist „schlecht" oder das ist „falsch"), solltest du innehalten und dich fragen: *„Bin ich manchmal auch so?"* Wenn du offen, aufrichtig und entschlossen bist, die Verantwortung für dein Leben zu übernehmen, wirst du einräumen, dass du dich in der Tat gelegentlich so verhältst. Zum Lohn dafür lernst du dich ziemlich schnell besser kennen!

Um dich selbst und deine Veranlagungen akzeptieren zu können, musst du zuerst deine Motive ergründen. Nehmen wir das Lügen als Beispiel. Wenn du lügst, übertreibst oder die Wahrheit verzerrst, hast du meist gute Absichten. Wir lügen oft, weil wir niemandem wehtun wollen oder weil wir fürchten, ertappt und bestraft zu werden. Furcht spielt beim Lügen immer eine Rolle. Wenn du deine Motive kennst, fällt dir das Eingeständnis leichter, dass auch andere aus Furcht lügen oder übertreiben. Sobald du das verstehst, empfindest du mehr Mitgefühl für dich und für andere.

Der nächste Schritt besteht darin, sich das Lügen zu erlauben, anstatt zu sagen: *„Von jetzt an werde ich nie wieder lügen.“* Wenn du akzeptierst, dass du manchmal lügst, kannst du die Furcht hinter diesem Verhalten aufdecken. Tu das aber nicht mit dem Ziel, dich zu ändern – das Ergebnis wäre nicht so, wie du es wünschst.

***Wenn wir bestimmte Verhaltensweisen kritisieren,
führt der Wille, sich zu ändern,
nie zum gewünschten Resultat.***

Stattdessen bleiben wir Gefangene des kritisierten Verhaltens. Ich kenne nur eine Methode, eine echte und dauerhafte Transformation zu bewirken, ohne sich ständig selbst beherrschen zu müssen: Wir müssen uns erlauben zu sein, wer wir sind, und verstehen, dass wir deshalb nicht „schlecht“ sind. Wahre Transformation beginnt nach bedingungsloser Akzeptanz.

Wenn du dich das nächste Mal beim Lügen ertappst, konzentrierst du dich auf die Furcht, die diesem Verhalten zugrunde liegt, und sagst zu dir selbst: *„Irgendetwas fürchte ich immer noch.“* Erlaube dir, Furcht zu empfinden. Dann bist du vielleicht imstande, zu deinem Gesprächspartner zurückzugehen und zu sagen: *„Was ich vorhin sagte, war nicht ganz wahr. Ich fürchtete mich, die Wahrheit zu sagen.“* Es ist in Ordnung, wenn du das nicht sofort tun kannst. Tu es, sobald du dazu bereit bist.

Die Ergebnisse der Spiegelmethode sind außergewöhnlich. Sie verbessert die Beziehung zwischen Eltern und Kindern,

Ehepartnern, Freunden und Kollegen. Ich habe sie Tausenden von Menschen beigebracht und wer sie anwendet, berichtet von großartigen Erfolgen. Diese Technik erklärt, warum so oft behauptet wird, dass „Gegensätze sich anziehen". Wenn du die Spiegelmethode anwendest, merkst du, dass die Partner in einer Beziehung nicht gegensätzlich, sondern einander recht ähnlich sind. Sie drücken sich nur anders aus. Sie sind nur scheinbar gegensätzlich, aber in Wirklichkeit üben sie sich in Selbstbeherrschung, so dass sie nicht sie selbst sind.

Das folgende Beispiel ist nur eines von vielen: Eine Frau gibt zu viel Geld aus, während ihr Mann vernünftiger ist. Er will erreichen, dass sie nicht so verschwenderisch lebt. Beide scheinen unterschiedlich zu sein, aber beide leiden an der gleichen Unsicherheit. Um ihre Unsicherheit zu verbergen, hat die Frau sich ein dafür geeignetes Verhalten zugelegt. Da sie die Realität nicht akzeptieren will, tut sie so, als wäre sie gar nicht unsicher und gibt große Geldbeträge für nutzlose Dinge aus. Ihr Mann reißt sich zusammen und gönnt sich nicht einmal die kleinen Freuden des Lebens.

Wie du siehst, sind beide unsicher, aber sie drücken es unterschiedlich aus. Die Frau soll ihrem Mann zeigen, dass er das Leben nicht genießt. Ihr übertriebenes Verhalten spiegelt wider, was er ab und zu tun sollte. Er versucht ihr zu zeigen, dass es besser ist, Geld zu sparen; aber das erlaubt sie sich nicht, denn dadurch würde sie ihre Unsicherheit zugeben. Beide müssen einander ähnlicher werden. Mit Hilfe der Spiegelmethode können sie diese Aspekte ins Gleichgewicht bringen. Dann sind beide in der Lage, sparsam und freigebig zu sein – und zwar dann, wenn es angebracht ist.

Eine Beziehung ist für beide Partner vorteilhaft, wenn sie mit Hilfe des anderen wachsen und reifer werden, anstatt einander zu kritisieren und ändern zu wollen. Wer sparsamer sein will, kritisiert meist den Partner und versucht ihn zu ändern. Aber der Partner erwidert: *„Lebe im Augenblick und höre auf, an die Zukunft zu denken. Das ist Zeitverschwendung. Morgen können wir beide sterben!"* Beide sind ziemlich kreativ, wenn es zu beweisen gilt, dass sie Recht haben.

Du kannst das Verhalten anderer Menschen dir gegenüber mit der Spiegeltechnik analysieren. Zwei Beispiele: Du willst etwas haben oder tun, doch nach einem Gespräch mit deinem

Partner änderst du deine Meinung, weil du jetzt an deinen Motiven zweifelst. Oder vermeidest du es, mit anderen über deine Wünsche und Ziele zu reden, weil du fürchtest, die anderen könnten deine Begeisterung dämpfen?

Wenn viele Leute versuchen, dich zu entmutigen, ist es Zeit zu begreifen, dass sie lediglich deine Gefühle widerspiegeln. Das ist zwar ein unbewusster Vorgang, aber sie wollen dir zeigen, dass ein Teil von dir sich fürchtet und versucht, dich zu bremsen. Wenn du einen Teil deiner selbst ignorierst, wächst er und wird stärker, ohne dass du es merkst. Aber es gibt noch einen Grund, warum du dir aller Aspekte bewusst werden musst, die in dir sind: Nur dann kannst du dich diesen Aspekten stellen wann immer sie sich melden und diejenigen entlarven, die dich in die Irre führen. Und nur dann kannst du bewusst entscheiden, was für dich am besten ist.

Was du von anderen Menschen hältst, zeigt, was in dir vorgeht. Es geht nicht um richtig oder falsch; du sollst nur beobachten, ohne Urteile zu fällen. Wenn die Menschen und Dinge in deiner Umwelt dir im Laufe der Jahre immer schöner vorkommen, betrachtest du auch dich mit neuen Augen.

***Alles, was wir im Leben erfahren,
soll uns helfen,
bewusster zu werden.***

Wir können eine Menge über uns selbst lernen, indem wir mit der Spiegelmethode jene Aspekte identifizieren, die wir an anderen bewundern. Wir glauben, dass wir diese Aspekte nicht besitzen, denn wir halten uns für unfähig zu sein, was wir bewundern. Ein Beispiel: Wenn wir jemanden bewundern, weil er freundlich oder ordentlich ist oder anderen von ganzem Herzen zuhören kann, besitzen wir diese Qualitäten ebenfalls, ohne es zuzugeben.

Jesus lehrte uns, dass alles, was wir in anderen sehen, bei uns noch ausgeprägter ist. Wir haben also bereits, was wir an anderen bewundern, sogar in größerem Maße! Wenn wir jemanden wegen seiner Güte bewundern, können wir noch gütiger sein. Vielleicht denkst du nun: *„Wie ist das möglich? Wenn ich wirklich so gütig bin, warum zeigt sich das nicht im täglichen Leben?“* Eine Realität, die auf Furcht gründet, hindert uns daran, diese bewunderten Eigenschaften in uns zu akzeptieren. Für unsere Schwächen gilt das Gleiche. Findest du es nicht seltsam, dass wir nicht glauben, die Qualitäten zu besitzen, die wir an anderen bewundern? Warum hast du beschlossen, nicht der Mensch zu sein, der du sein willst?

Wenn du die Güte eines anderen bewunderst, dann frage dich: *„Welche unangenehmen Folgen hätte es für mich, wenn ich mir erlauben würde, gütig zu sein?“* Wenn dir nichts einfällt, forsche mit den folgenden Fragen tiefer: *„Kannte ich früher jemanden, der gütig war? Musste er für seine Güte büßen? Welche Nachteile haben gütige Menschen?“* Diese Fragen wecken die Furcht, die dich zurückhält. Vielleicht glaubst du, dass gütige Menschen immer ausgenutzt werden. Wenn ja, hast du genau davor Angst.

Ich habe Bekannte, die ordentliche Menschen bewundern. Wenn sie ihre Furcht aufdecken, erkennen sie, dass sie fürchten, ihre Spontaneität zu verlieren und an einen vollen Terminkalender gebunden zu sein, falls sie ordentlicher werden. Wenn diese Furcht stark ist, zwingen sie sich vielleicht sogar, das Gegenteil dessen zu sein, was sie bewundern. Das erzeugt jedoch innere Spannungen. Darum ist es so wichtig herauszufinden, was wir fürchten!

Frage Menschen, die dir nahe stehen, welche Eigenschaften sie dir zuschreiben. Du wirst zu deiner Überraschung erfahren, dass andere genau das an dir bewundern, was du abstreitest. Im Grunde willst du diese Eigenschaft haben, aber gleichzeitig fürchtest du die Folgen, und darum gibst du ihr eine andere Bezeichnung. Ein Beispiel: Eine Frau hielt sich für ziemlich geduldig und war erstaunt, als Freundinnen ihr sagten, sie sei ein sehr *gütiger* Mensch – dafür hatte sie sich nie gehalten.

Wenn du weißt, dass du dich in deinen Mitmenschen widerspiegelst, kannst du deine Furcht und die ihr zugrunde liegenden Einstellungen aufdecken. Dann weißt du auch, was dich daran hindert, deine Wünsche zu verwirklichen.

Das Universum hilft uns ständig mit allen verfügbaren Mitteln, damit wir ein Leben voller Harmonie, Fülle, Liebe, Glück, Frieden und Gesundheit führen können. Wenn wir eine Botschaft nicht verstehen, schickt uns das Universum die gleiche Botschaft noch einmal durch einen anderen Boten. Ein Beispiel: Krankheiten machen uns bewusst, dass eine bestimmte Einstellung seit langer Zeit einen unserer Wünsche blockiert. Betrachte das als Geschenk!

Um die Spiegelmethode wirksam zu nutzen, musst du herausfinden, was du bewunderst oder ablehnst – aber das muss eine Einstellung oder ein Verhalten sein. Es geht also *nicht* um körperliche Merkmale.

Wenn ein Mensch mit offenem Mund isst, raucht oder sehr laut spricht, solltest du dich nicht auf den körperlichen Aspekt dieses Verhaltens beschränken. Um die Einstellung aufzudecken, die auch du hegst, fragst du dich: *„Was genau stört mich, wenn jemand laut mit mir spricht? Was werfe ich diesem Menschen vor?“* Wenn die Antwort lautet: *„Mich stört, dass er eingebildet ist“*, weist sie dich auf den Aspekt deiner selbst hin, auf den du achten solltest. Sobald du ihn entdeckt hast, kannst du herausfinden, wann *du* eingebildet bist.

Vielleicht findest du das kritisierte Verhalten völlig inakzeptabel. Dann fällt es dir natürlich schwer zu akzeptieren, dass du diesen Wesenszug ebenfalls besitzt. Deine erste Reaktion ist: *„Auf keinen Fall – so eingebildet bin ich nie!“* Bitte dann gute Bekannte, dir zu sagen, ob du ihrer Meinung nach eingebildet bist. Erkläre ihnen, dass du selbst-bewusster werden möchtest und daher einige Aspekte deiner selbst erforschen musst. Bitte darum, die reine Wahrheit zu erfahren, und höre genau zu. Vielleicht ist dir das unangenehm und wahrscheinlich erschüttert es dich, wenn du erfährst, dass andere dich bisweilen eingebildet finden – denn das passt nicht in dein Selbstbild.

Denke aber daran, dass du gemäß dem Gesetz der Liebe nicht das Recht hast, den Spiegel umzudrehen, um andere darin zu sehen.

Wir dürfen die Spiegelmethode anwenden, wann immer wir wollen, jedoch nur, um ein besserer Mensch zu werden, nicht aber, um andere zu analysieren.

Wenn jemand dich kritisiert, darfst du die Spiegelmethode niemals als Rechtfertigung benutzen, um zu sagen: *„Ich habe gelernt, dass Menschen, die andere kritisieren, eben diese Eigenschaft selbst haben.“* Vielleicht hättest du Recht, aber du würdest dadurch Freunde verlieren und Beziehungen zerstören.

Niemand darf die Verantwortung für die spirituelle Entwicklung eines anderen übernehmen. Diese Reise tritt jeder allein an, sobald er reif dafür ist.

Wenn du andere ermutigen willst, die Spiegelmethode anzuwenden, dann sei ihnen ein Vorbild. Sage immer wieder zu deinem Partner, deinen Kindern und deinen Freunden: *„Neulich habe ich dich innerlich kritisiert, weil du dich so und so verhalten hast. Das hat mir geholfen, einen Teil meiner selbst zu entdecken, der mir bisher entgangen war. Mir wurde klar, dass ich ein Verhalten kritisiert habe, dass ich bisher bei mir selbst abgelehnt habe. Das hat mir sehr geholfen und dafür danke ich dir.“* Der andere wird von dieser Bescheidenheit bewegt sein und deinem Beispiel folgen. Das wäre nicht der Fall, wenn du versuchen würdest, ihn dazu zu zwingen.

Je vertrauter du mit der Spiegelmethode wirst, desto leichter fällt sie dir. Bald wirst du die Technik automatisch anwenden, ohne davon besessen zu werden. Beschließe einfach, deine Umwelt so zu nutzen, dass deine Selbsterkenntnis wächst und du das Leben so nimmst, wie es ist. Selbst wenn du die Spiegelmethode jahrelang angewendet hast, wirst du zu deiner Überraschung noch Aspekte deiner selbst entdecken, von denen du nichts gewusst hast.

Ich verwende diese Technik seit über dreißig Jahren und entdecke immer noch neue Aspekte an mir. Unser innerer Gott nutzt alles, was verfügbar ist, damit wir den richtigen Weg gehen, wenn auch in unserem eigenen Tempo und mit angemessenen Schritten. Kein Gesetz verlangt, dass wir alles sofort erledigen müssen.

Diese Methode soll vor allem dazu beitragen, dass wir uns mehr akzeptieren und andere nicht mehr kritisieren.

Leider denken manche Leute, die selbst-bewusster geworden sind: *„Mein Gott, ich habe mehr Arbeit vor mir, als ich dachte. Manchmal lüge ich, oder ich bin eingebildet und ungeduldig. Ich bin alles, was ich an anderen kritisiert habe! Ich habe noch einen weiten Weg vor mir. Es gibt viel zu tun!“* Wenn du diese Reaktion bei dir beobachtest, wäre es besser für dich, diese Technik nicht anzuwenden, denn du verurteilst dich immer noch und kannst bestimmte Verhaltensweisen nicht akzeptieren. Wende die Spiegelmethode nur an, wenn du imstande bist zu sagen: *„Ich habe eben entdeckt, dass ein Teil von mir oft ungeduldig ist. Die Motive dafür sind gut: Ich wünsche mir, dass das Leben schneller vorangeht. Vielleicht gebrauche ich die Methode nicht optimal; aber sie macht mich zumindest auf einen Aspekt meiner selbst aufmerksam, der mir nützlich sein kann."* Wenn du dir gestattest, ungeduldig zu sein, wenn du siehst, was es dir nutzt, ungeduldig zu sein, und wenn du es akzeptierst, kannst du auch andere leichter so akzeptieren, wie sie sind. Von da an beginnt dieser Wesenszug sich zu verändern. Wirf dir nicht vor, ihn nicht früher entdeckt zu haben. Der Versuch, alles auf einmal zu ändern, ist unlogisch und zudem sinnlos.

Sobald du die Spiegelmethode beherrschst, kannst du sie in jedem Lebensbereich anwenden. Achte einmal darauf, wie du gehst, Auto fährst, dein Heim schmückst und dich kleidest, und frage dich dann: *„Was lerne ich daraus über mich?"* Du wirst zweifellos einige sehr interessante Aufschlüsse gewinnen (vorsichtig ausgedrückt!).

Ein Beispiel: Du fährst mit dem Auto zu schnell. Ein Polizist hält dich an und stellt dir ein Knöllchen aus. Was lernst du daraus? In welchem Lebensbereich hast du es zu eilig und übersiehst deshalb mögliche Gefahren? Dies ist eine Mahnung, in einem bestimmten Bereich deines Lebens vorsichtiger zu sein. Anstatt über den Polizisten zu schimpfen, solltest du ihm also dankbar sein, weil du weißt, dass das Leben durch ihn zu dir spricht. Wüsstest du nichts von der Spiegelmethode, würdest du ganz anders reagieren.

Das Gleiche gilt, wenn du dir wehtust. Überlege: *„Ich habe mich soeben körperlich verletzt. Das bedeutet, dass ich mir innerlich wehtue. Warum? Bestrafe ich mich für einen Fehler? Weshalb habe ich ein schlechtes Gewissen?"* Wenn du dir gleich nach dem Vorfall diese Fragen stellst, erhältst du unerwartete Antworten. Halte also die Augen offen.

Eine solche Reaktion ist gewiss sinnvoller als *„Ich Dummkopf lerne es wohl nie, vorsichtig zu sein!"* Es nutzt nichts, sich selbst herabzusetzen. Wenn du den Zusammenhang zwischen einem Unfall und einer Einstellung aufdeckst, bleibst du wesentlich gelassener.

Ich habe oft erlebt, dass die Heilung viel schneller erfolgt, wenn ich die Verbindung zwischen der körperlichen Wunde und meinen Gedanken und Gefühlen entdecke. Selbstverständlich setzt die Heilung auch voraus, dass wir das Ereignis und seine Botschaft akzeptieren. Diese Haltung hat viele Vorteile.

Wir leben unter anderem deshalb auf der Erde, weil wir lernen müssen, niemanden mehr zu verurteilen, auch nicht uns selbst.

Die meisten Menschen glauben, sie hätten die Vollkommenheit auf Erden erreicht, sobald sie nach menschlichen Begriffen perfekt denken, reden und handeln. Das genaue Gegenteil ist richtig! Wir sind vollkommen, wenn wir uns erlauben, so zu sein, wie wir sind, und alle Ereignisse ohne Kritik akzeptieren. Denke also daran: Wenn eine Erfahrung nicht die erwartete Wirkung hat, brauchst du nur zu akzeptieren, dass das Resultat nicht das Beste für dich war. Dann beschließt du, dieses Ergebnis künftig nicht mehr zu erleben. Finde heraus – ohne dich selbst zu beschuldigen – welche Teile des Prozesses du nicht wiederholen musst und welche du hinzufügen musst, um ein anderes Ergebnis hervorzubringen.

Jesus sagte, manche Menschen seien Diebe und Lügner. Er sah die Menschen so, wie sie waren, nicht weil er Jesus war, sondern weil er diese Charakterzüge akzeptierte. Er liebte sich und andere bedingungslos. Je mehr du seinem Beispiel folgst, desto mitfühlender bist du zu dir und zu anderen. Wenn du ein Verhalten beobachtest, das dir missfällt, lehnst du den gleichen Aspekt deiner selbst ab.

Ich werde oft gefragt: *„Wenn ich die Spiegelmethode anwende und die Menschen so akzeptiere, wie sie sind, komme ich dann mit jedem gut aus, weil ich niemanden mehr verurteile?“* Du bist nicht verpflichtet, mit Menschen zu verkehren, die sich deiner Meinung nach falsch verhalten. Dennoch kannst du diese Menschen so akzeptieren, wie sie sind und Mitgefühl für sie empfinden. Wenn du dich in Gegenwart von Menschen unwohl fühlst, die andere herabsetzen oder nicht glücklich sein können, darfst du beschließen dich von ihnen fernzuhalten, wohl wissend, mit welchen inneren Schmerzen dieses falsche Verhalten einhergeht. Dein Beschluss ist also nicht mit einem Urteil und nicht mit Vorwürfen verbunden.

Nehmen wir Raucher als Beispiel. Wenn du nicht willst, dass deine Kleider nach Zigarettenrauch stinken und wenn du keinen Rauch einatmen willst, darfst du beschließen, mit Rauchern nicht denselben Raum zu teilen. Du verurteilst sie nicht; du akzeptierst einfach, dass manche Menschen gerne rauchen, während du nicht rauchst.

Zum Schluss empfehle ich dir, sieben Tage lang einmal täglich ein Verhalten aufzuschreiben, das dir missfällt, und eines das du bewunderst. Wende dann die Spiegelmethode an, wie oben beschrieben. Vermerke auch die Gefühle, die du dabei empfindest. Wenn du dich unwohl fühlst, wiederholst du jeden Schritt, um sicher zu sein, dass du keinen Fehler begangen hast.

Wenn es dir gelingt, bei jedem Schritt totale Akzeptanz zu empfinden, fließt dir neue Energie zu, und du lebst in Harmonie mit dir selbst. Du fühlst dich, als hättest du soeben ein ganz besonderes Geschenk erhalten!

Kapitel 12

Trennungen

Vielen von uns fällt es schwer, Menschen oder Situationen loszulassen. Manche Eltern empfinden es beispielsweise als Verlust, wenn ihr Kind das Haus verlässt. Oft höre ich sie klagen: *„Wir haben unsere Tochter verloren, aber einen Schwiegersohn gewonnen."* Diese Eltern haben das Gefühl, einen Teil ihrer selbst zu verlieren, wenn die Tochter nach ihrer Heirat auszieht.

Hast du je darüber nachgedacht, dass wir *nichts* behalten dürfen? Alles wird uns geliehen, damit wir verschiedene Erfahrungen sammeln und uns dadurch besser kennen lernen. Manche Menschen haften so sehr an ihrem Besitz, dass sie ihn selbst dann nicht loslassen können, wenn sie ihn nicht mehr brauchen.

Im Zeitalter des Wassermanns sollten wir aber nur behalten, was nützlich ist. Schau dich in deinem Haus um. Was hast du in den letzten Jahren nicht benutzt? Was verstopft Schränke, Schubladen, den Dachboden und den Keller? Fällt dir die Trennung von diesen Dingen schwer? Schau in dich hinein – was hindert dich daran, diesen Besitz loszulassen? Wovor fürchtest du dich? Je schwerer dir die Trennung fällt, desto mehr fürchtest du dich vor dem Sterben, denn jede Trennung ist ein kleiner Tod. Denke daran, dass Geburt und Tod auf einer fundamentalen Ebene zusammenhängen. Beobachte den Rhythmus der Natur: Im Herbst fallen die Blätter zu Boden und ihre Energie kehrt zur Erde zurück und bereitet den Boden auf die Wiedergeburt im nächsten Frühling vor. Dann wachsen Blumen, Blätter und Gras, und ein neuer Lebenszyklus beginnt. Das können wir auf der ganzen Erde beobachten. Bei uns Menschen ist es ähnlich. Energie geht nie verloren und der Tod ist nur ein physisches Ereignis. Das Leben selbst stirbt nie und hört nie auf; es setzt sich in unterschiedlichen Formen fort.

Wir müssen akzeptieren, dass der Tod zum Zyklus des physischen Körpers gehört. Jeder Mensch weiß, dass der Tod ihn eines Tages besuchen wird. Das ist eine Tatsache des Lebens.

Aber viele haben unbewusst Angst vor dem Tod. Wer den Tod nicht als Teil des natürlichen Zyklus akzeptiert, versucht, sich vor der Verantwortung für sein Leben zu drücken und klammert sich an materielle Güter, anstatt sie für seine Weiterentwicklung zu nutzen.

Jede Trennung ist hart, und vielen Paaren fällt es schwer, sich harmonisch zu trennen. Viele Menschen glauben, die Trennung von einem Partner müsse dramatisch und schwierig sein. Vielleicht müssen wir lernen, uns in Frieden zu trennen. Heutzutage wird jede dritte Ehe geschieden. Warum trennen sich die Menschen so oft? Wenn beide Partner entschlossen sind, gemeinsam spirituell zu wachsen und wenn beide die Spiegelmethode anwenden, ist eine Trennung viel unwahrscheinlicher.

***Wenn eine Trennung unvermeidlich ist,
sollten wir diese Erfahrung nutzen,
um mehr über Liebe zu lernen und eine höhere Ebene
der spirituellen Bewusstheit und Reife zu erreichen.***

Wenn Ehepaare sich trennen, stellen sich viele Fragen, die das Geld, den Besitz und die Kinder betreffen. In solchen Augenblicken wird uns klar, wie sehr wir an Menschen und Dingen haften, die wir lieben. Wenn die Partner ihr Bestes versucht haben, dürfen sie beschließen, dass sie nicht mehr gemeinsam weitergehen können, weil sie zu verschieden sind. Sie räumen ein, dass sie diese Situation nicht mehr bewältigen können. Darum sollten sie sich fragen: *„Wie können wir unseren Besitz so teilen, dass es keinen Verlierer gibt und beide etwas gewinnen? Wie muss eine gerechte Vereinbarung über die Kinder aussehen?“* In diesem Stadium ist es wichtig, alle Beteiligten einzubeziehen, auch die Kinder. Wer sich trennt, ohne mit den Kindern darüber zu sprechen, löst neue Konflikte aus. Kinder spüren, dass eine Trennung bevorsteht, vielleicht lange bevor die Eltern daran denken. Kinder sind sehr empfindsam, was die Gefühle ihrer Eltern anbelangt.

Darum ist es sehr wichtig, den Kindern die Wahrheit zu sagen, damit sie wissen, was vor sich geht, selbst wenn noch keine Entscheidung gefallen ist. Die Eltern können ihren Kindern zum Beispiel sagen, dass es ihnen schwer fällt, zusammen zu bleiben und dass sie miteinander reden, um eine gerechte Lösung für alle zu finden. Wer seine Kinder fragt, ist oft überrascht zu hören: *„Ich will, dass alle glücklich sind."*

Viele Menschen zwingen sich den Kindern zuliebe, zusammen zu bleiben. Sie machen weiter, einerlei, wie schmerzhaft es ist, und sind davon überzeugt, das Beste für die Kinder zu tun. In solchen Fällen klagen die Kinder oft über die Kurzsichtigkeit der Eltern; sie beschweren sich darüber, dass die Eltern Entscheidungen treffen, ohne vorher mit ihnen zu reden. Kinder sind die Ersten, die zu den Eltern sagen: *„Wir haben euch nicht gebeten, das für uns zu tun. Es war euer Entschluss, zusammen zu bleiben."* Kinder sind nicht rücksichtsvoller, nur weil die Eltern diese Entscheidung getroffen haben.

Eine Trennung, die auf Liebe gründet, ebnet den Weg für eine befriedigende künftige Beziehung.

Vor oder kurz nach einer Trennung müssen beide Partner herausfinden, welche Aspekte des anderen sie nicht akzeptieren konnten. Dann müssen sie sich selbst vergeben, dass sie dazu nicht imstande waren. Und wenn sie allein sind, sollten sie mit der Spiegelmethode nach innen schauen – das ist sehr nützlich, wenn sie einem Menschen begegnen, der sich verhält wie der Expartner!

Hast du eine Trennung oder Scheidung hinter dir? Wenn du deinem ehemaligen Partner vorgeworfen hast, er sei nicht bereit, sich zu ändern, oder wenn du glaubst, sein Verhalten sei an der Trennung schuld, rate ich dir dringend, dich mit der Spiegelmethode genau zu prüfen und mehr über dein eigenes Verhalten zu lernen. Andernfalls wirst du wahrscheinlich einen neuen Partner mit den gleichen Wesenszügen finden. Warum? Weil du lernen musst, diese Züge ohne Bedingungen zu akzeptieren.

Es ist keine gute Lösung, einen Spiegel wegzuwerfen. Ändert sich dein Spiegelbild, wenn du in einen anderen Spiegel schaust? Ich gebe zu, dass manche Situationen uns überfordern. Wenn du eine Beziehung nicht mehr ertragen kannst, solltest du akzeptieren, dass es dir nicht gelungen ist, die Ursache deiner Unzufriedenheit zu beseitigen.

Vielleicht willst du einen Aspekt deiner selbst ändern, bist aber derzeit nicht dazu imstande. Grenzen sind auf der materiellen (physischen, emotionalen und mentalen) Ebene eine Tatsache des Lebens. Wenn du beispielsweise versuchst, ein Gewicht zu heben, das für dich zu schwer ist, kannst du zu dir sagen: *„Ich kann es derzeit nicht heben."* Aber wenn du beharrlich trainierst, schaffst du es.

Ähnlich verhält es sich mit Wesenszügen deines Partners, die du nicht akzeptieren kannst. Wenn du an jenen Aspekten deiner selbst arbeitest, die dich daran hindern, deinen Partner bedingungslos zu lieben, wirst du weiser und siehst seine Eigenarten mit anderen Augen.

Der Tod eines Kindes ist für alle Eltern eine sehr schwierige, traumatische Erfahrung. Wer Trennungen schwer verkraftet, kann mit dem Tod noch schwerer umgehen, wenn er glaubt, dass nach dem Tod des physischen Körpers alles aus ist. Manche Eltern trauern lange um ein verstorbenes Kind, weil sie Schuldgefühle haben: *„Was habe ich falsch gemacht? Warum hat Gott mir mein Kind genommen?"*

Eltern erleben den Tod eines Kindes, damit sie lernen, sich loszulösen. Sie müssen auch lernen, dass es nur auf der physischen Ebene Trennungen gibt. Selbst wenn das Kind physisch nicht mehr anwesend ist, können sie seine Gegenwart spüren, wenn sie an es denken. Wir müssen alle Entscheidungen des Lebens respektieren, auch die Entscheidung unserer Kinder über ihr Leben auf der physischen Ebene. Wenn eine Seele (zum Beispiel unser Kind) ihr Leben auf dieser Ebene vollendet hat und auf die unsichtbare Ebene zurückkehrt, müssen wir diesen Entschluss respektieren, denn er gehört zum Lebensplan dieser Seele. Unser Kind war ganz einfach Gast in unserem Haus.

Verstehst du jetzt, warum es so wichtig ist, jeden Augenblick des Lebens voll auszukosten, um die Früchte unserer Erwartungen zu ernten, solange wir sie noch erreichen können?

Selbstmord ist eine andere Form der plötzlichen, unerwarteten Trennung, die großen seelischen Aufruhr hervorruft. Sogar Kinder nehmen sich das Leben. Sie treffen die bewusste Entscheidung, auf die Ebene der Seele zurückzukehren, nachdem sie erkannt haben, was hier auf Erden vor sich geht. Unsere widersprüchliche Gesellschaft verstört sie so sehr, dass sie sich lieber zurückziehen, selbst wenn sie später zurückkommen müssen. Manche sagen sogar, sie hätten sich auf dem falschen Planeten oder zur falschen Zeit inkarniert und daher beschlossen, wieder zu kommen, wenn die Menschheit weiser geworden ist. Auch diese Entscheidung müssen wir respektieren.

Das bedeutet nicht, dass ich solche Entscheidungen für richtig halte. Es kann durchaus sein, dass ein Selbstmörder vor dem Lebensplan zurückschreckt, der vor seiner Reinkarnation ausgearbeitet wurde. Wenn eine Seele die Erde verlässt, bevor sie den göttlichen Plan erfüllt hat, muss sie zurückkehren und in einem anderen Körper wiedergeboren werden. Sie muss also den ganzen Lernprozess in einer neuen Umgebung noch einmal durchmachen, sich an neue Eltern gewöhnen und erreichen, was sie schon im vorherigen Leben hätte erreichen sollen.

Niemand darf jedoch darüber urteilen, ob ein Freitod gut oder schlecht war. Allein die Seele bestimmt, wie lange es dauert, ihr Ziel zu erreichen, und wie sie dabei vorgehen will. Es ist ähnlich wie bei einer jungen Frau, die an der Universität studiert und beschließt, mitten im Studium ein Jahr ins Ausland zu gehen – das ist ihr gutes Recht, selbst wenn sie dann länger bis zum Abschluss braucht.

Unser Planet ist ein Trainingslager, und wir dürfen selbst entscheiden, wie und wie schnell wir lernen wollen.

Andererseits kann ein Selbstmord Bestandteil des Lebensplans sein. In solchen Fällen müssen die Verwandten und Freude etwas über Loslösung lernen. Sie müssen begreifen, dass es nur auf der physischen Ebene Trennungen gibt. Wenn wir den Tod von einem spirituellen Standpunkt aus betrachten, wissen wir, dass wir alle ein Teil des Einen sind und dass keine Trennung ewig dauert. Die Seele des Verstorbenen befindet sich in einer anderen Wirklichkeit, in einer Welt, die subtiler ist als unsere physikalische Realität.

Es ist Zeit, dass die Menschen den Irrglauben aufgeben, die physikalischen Aspekte der Erde seien alles, was in unserer unmittelbaren Wirklichkeit existiere. Unser Planet ist nur ein kleiner Teil der materiellen Ebene, die auch die Heimat der Seele – die Astralebene – einschließt, wo die Seele ihren Weg nach dem Verlassen des physischen Körpers fortsetzt. Da die Seele aus dem Astralkörper besteht, der den Emotional- und den Mentalkörper einschließt, ist sie unsterblich. Sie besteht nicht aus physikalischer Materie, und darum kann sie nicht sterben.

Mehr noch, auf der spirituellen Ebene ist auch unser Wesen ewig. Wenn ich den Begriff „Wesen" verwende, spiele ich darauf an, dass wir Lichtwesen sind. Als Wesen haben wir immer aus Licht bestanden und das wird immer so sein. Je mehr wir uns unserer wahren, göttlichen Natur bewusst werden, desto weniger sind wir auf Erfahrungen der materiellen Welt angewiesen. Erst dann ist eine „Verschmelzung" möglich: die Rückkehr zu unserem wahren, spirituellen Leben. In diesem Stadium müssen wir nicht mehr auf der Erde leben und auch nicht mehr auf der Astralebene; dann haben wir die höchste spirituelle Ebene erreicht. Die vollständige Integration unseres Wesens in die Materie hat Millionen Jahre gedauert, und die „Rückreise" braucht natürlich ebenfalls ihre Zeit.

Wenn Trennungen uns schwer fallen, neigen wir dazu, unseren Besitz festzuhalten. Wir glauben nicht, dass das Leben jenseits der physikalischen Ebene weitergeht. Manche glauben, die einzig wichtige Ebene sei die astrale. Ihnen fällt es schwer, sich von der Astralebene zu lösen und zu lernen, was auf der physikalischen Ebene vorgeht. Selbst wenn sie dort reinkarnieren, neigen sie dazu, auf die astrale Ebene zu fliehen. Diese Menschen kommen uns abwesend oder verträumt vor.

Die materielle Welt ist für die spirituelle Welt, was unser Schatten für den physischen Körper ist. Es wäre lächerlich zu glauben, wir seien unser Schatten; dennoch ist genau dies unsere Einstellung zur materiellen Dimension des Lebens. Der physische Körper ist nur ein Schatten unserer spirituellen Natur, aber wir glauben, dass wir der Schatten *sind.*

Sobald wir wissen, dass wir Licht sind,
und unsere spirituelle Natur anerkennen,
kann unser materieller Körper
nur noch Licht ausstrahlen.

Wir müssen begreifen, dass wir den Tod falsch definieren. Keine Trennung ist von Dauer. Wenn die Seele den physischen Körper verlässt, kehren ihre anderen Körper nach Hause zurück: auf die astrale Ebene.

Je schwerer es dir fällt, dich von jemandem oder etwas zu trennen, desto schwieriger wird es für dich, die Erde zu verlassen, wenn deine Zeit gekommen ist. Deshalb ist es so wichtig, dass du lernst, dich harmonisch von deinem Besitz (Haus, Geld und Arbeit) und von geliebten Menschen (Partner, Kinder, Freunde) zu trennen. Das heißt nicht, dass du dich um eine Trennung oder Scheidung bemühen sollst; aber wenn es dazu kommt, solltest du die Gelegenheit nutzen und lernen, wie man sich liebevoll trennt und die Realität akzeptiert. Wenn der Prozess beendet ist, leidest du nicht mehr bei dem Gedanken, von einem geliebten Menschen getrennt zu werden, und sei es durch den Tod.

Wenn der Gedanke, einen Teil deines Besitzes zu verlieren, dich traurig macht, hängst du zu sehr an ihm. Je mehr du an irdischen Wünschen haftest, desto dichter ist dein physischer Körper und desto schwieriger wird es sein, die Silberschnur zu durchtrennen, die den physischen Körper mit dem astralen verbindet. Darum fällt es manchen Menschen so schwer, die irdische Ebene zu verlassen. Sie machen nach dem Tod unangenehme Erfahrungen, weil sie darauf beharren, wie Erdlinge zu leben, obwohl sie keinen dafür geeigneten Körper mehr haben. Die Enttäuschung ist dann groß!

Ich kann nicht fortfahren, ohne auf die Sterbehilfe einzugehen. Ein paar Stunden vor dem Tod hat sich der Astralkörper fast ganz vom physischen Körper gelöst und manchmal steht er sogar neben ihm. Da wir uns in diesem Stadium immer noch im selben Raum befinden wie der physische Körper, hören wir die Anwesenden weinen und klagen. Und wenn wir sehen, wie schwer unsere Lieben unseren Tod akzeptieren können, zwingen wir uns vielleicht, in den physischen Körper zurückzukehren, um sie zu trösten. Dadurch verlängern wir unser Leiden meist unnötig. Es fällt uns schwerer, den physischen Körper friedlich und fröhlich zu verlassen, wenn die Menschen um uns herum sich an ihn klammern.

Wenn du einen Sterbenden wirklich liebst, dann sorge für eine ruhige, friedvolle Atmosphäre und ermutige ihn, seinen Weg zu gehen und den Übergang ohne Bedauern zu vollziehen. Diese Loslösung ist jedoch nur möglich, wenn du akzeptierst, dass die Zeit der – vorübergehenden – Trennung gekommen ist.

Loslösung ist nicht dasselbe wie Gleichgültigkeit.

Natürlich bist du einige Zeit traurig, wenn ein geliebter Mensch von dir gegangen ist. Aber studiere deinen Kummer genau. Hilf dem Teil von dir, der sich vor dem Leiden fürchtet; versichere ihm, dass Trauer völlig normal ist. Gleichzeitig will ein anderer Teil von dir die Entscheidung des Verstorbenen akzeptieren und nicht nur trauern. Wenn du dich von dem Verstorbenen löst, schwinden deine Schmerzen allmählich. Außerdem empfehle ich dir dringend, körperlich aktiv zu sein, vor allem wenn die Trennung schwer ist.

Im Wassermannzeitalter müssen wir lernen, uns vom irdischen Besitz zu trennen, auch vom physischen Körper. Hören wir auf zu glauben, dass jenseits der materiellen Ebene nichts existiert.

***Denke daran,
dass Loslösung nicht unbedingt Verzicht bedeutet.***

Du kannst materiellen Besitz und die Menschen auf der Erde nutzen, um dein Bewusstsein zu erweitern, spirituell zu wachsen und weniger an dieser Ebene zu haften. Stelle eine Liste zusammen, die alle deine Besitztümer und alle Menschen, die du liebst, enthält. Stelle dir dann die folgende Frage: „*Wie würde ich mich fühlen, wenn ich mich von all diesen Menschen und Dingen trennen müsste?*“ Das heißt nicht, dass du auf alles und jeden verzichten sollst; aber auf diese Weise findest du heraus, wie stark du an Menschen und Dingen haftest und ob du fähig bist, dich von ihnen monate- oder jahrelang ohne zu großen Kummer zu trennen. Danach frage weiter: „*Wie können diese Menschen und Dinge mir helfen, den Gott in mir und in meiner Umwelt zu sehen?*“

Nach dem letzten Börsenkrach begingen Hunderte von Menschen Selbstmord. Sie hatten viel Geld verloren und sahen keinen Grund mehr zu leben. Geld und „Dinge“ waren ihr einziger Grund, auf der Erde zu sein. Diese Menschen hatten ihren Loslösungsprozess in Bezug auf Geld nicht beendet. Deshalb müssen sie zurückkommen.

Lass mich noch einmal unterstreichen: Loslösung vom Geld bedeutet nicht, auf Geld zu verzichten. Das Haften an Menschen oder Dingen macht uns zu Sklaven. Geld und jeder andere materielle Besitz soll unser Diener sein, nicht umgekehrt.

Was hältst du von Menschen, deren Hauptziel im Leben das Anhäufen von Reichtum ist? Sind sie wirklich frei, oder sind sie Sklaven ihres Besitzes? Stoff zum Nachdenken, nicht wahr?

Je mehr wir von der materiellen Welt beherrscht werden, desto weiter entfernen wir uns von dem Gott in uns. Es liegt in unserem Interesse, wieder Kontakt zu unserer göttlichen, spirituellen Natur aufzunehmen. Wenn wir nur unsere materialistische Natur pflegen, versinken wir noch tiefer in eine Welt des Leidens, der Schmerzen, der Qual, der Emotionen und der vielen Krankheiten. Und das alles nur, weil wir so sehr am Materiellen haften. Die größten Schmerzen leiden wir, wenn wir Gott in unserer materiellen Wirklichkeit vergessen haben.

Im Zeitalter des Wassermanns bewegen wir uns eindeutig auf „Einheit" zu, nicht mehr auf „Trennung". Wenn wir über die Erscheinungen hinausschauen, sehen wir Menschen, die sich mehr und mehr vereinigen. Wir kommunizieren überall auf dem Planeten innerhalb von Minuten miteinander. Wir sind darüber informiert, was sich auf der ganzen Welt abspielt. Wir wissen jetzt, dass wir alle miteinander verbunden sind. Nur Einsame haften an Menschen oder Dingen.

Wir müssen fühlen und davon überzeugt sein, dass wir alle Teil eines Ganzen sind.

Zum Schluss empfehle ich dir, einen Menschen und drei Dinge zu benennen, deren Verlust du in diesem Stadium deines Lebens fürchtest. Untersuche dann den Teil deiner selbst, der glaubt, dass dieser Mensch und diese Dinge dir gehören. Wie wäre es, wenn du sie stattdessen als Werkzeuge betrachten würdest, die dich besser machen und dein spirituelles Wachstum fördern?

Denke jeden Tag daran, alles in deinem Leben weise zu nutzen, solange du es besitzt, und von jedem Menschen zu lernen, solange du mit ihm zusammen bist. Und wenn du dich eines Tages von Dingen oder Menschen trennen musst, sei dir dessen bewusst, dass der Gott in dir genau weiß, was gut für dich ist und wann du deine nächste Reise zur Selbsterkenntnis antreten musst.

Kapitel 13

Im Augenblick leben

Es ist sehr schwer, im Augenblick zu leben. Die meisten Menschen leben entweder in der Vergangenheit oder in der Zukunft. Wenn wir auf der Grundlage dessen handeln, was wir früher gelernt haben, sind wir nicht in der Gegenwart zu Hause. Unsere Entscheidungen wurzeln dann nicht in der Mitte unseres Wesens, sondern im Verstand; darum entsprechen sie nicht unseren wahren Bedürfnissen. Da wir nicht im Augenblick leben, beeinflussen unsere Erfahrungen alle unsere Entscheidungen. Wir erschaffen unser Leben nicht, sondern wir wiederholen nur vergangene Erfahrungen!

Angenommen, du bist daran gewöhnt, drei Mahlzeiten am Tag zu essen, um gesund zu bleiben, weil du das einst so gelernt hast. Wenn du dieser Meinung blind folgst, lebst du nicht im Augenblick, weil du dich auf Vergangenes konzentrierst. Der Verstand, dessen Wissen aus der Vergangenheit stammt, bestimmt dein Leben. Deine *wahren* Bedürfnisse zu berücksichtigen und im Augenblick zu leben bedeutet jedoch, dass du isst, wenn du hungrig bist.

Wie oft hören wir Aussagen wie: *„Gestern ist vorbei, morgen ist noch nicht da und der wichtigste Augenblick im Leben ist jetzt"*. Anscheinend sind alle damit einverstanden – und doch ist es so schwer, diese Erkenntnis in die Tat umzusetzen!

Sicherlich hast du bemerkt, dass du immer das Richtige zur rechten Zeit tust, wenn du aufgrund tiefer Gefühle handelst. Je seltener du deine Zeit damit vergeudest, dir über die kleinsten Details Sorgen zu machen, desto näher bist du dem Gott in dir.

In Notfällen reagieren wir spontan, um der Gefahr zu entkommen. Erst später übernimmt der Verstand das Kommando und denkt: *„Mein Gott, ich hätte mich verletzen können! Habe ich richtig gehandelt? Es war viel gefährlicher, als ich dachte!"* Selbst wenn unsere Reaktion in einer Gefahrensituation uns überrascht, lösen solche Gedanken hinterher Aufruhr aus, weil wir uns nachträglich fürchten. In diesem Moment verlassen wir unsere Mitte, weil wir nicht mehr im Augenblick leben, sondern in der Vergangenheit: Wir durchleben das Ereignis immer wieder neu, anstatt uns zu freuen und auf unsere Leistung stolz zu sein.

Wer in der Vergangenheit oder in der Zukunft lebt, verzerrt die Wirklichkeit. Wenn ein Mensch stirbt, reden Angehörige und Freunde voller Hochachtung von ihm, während sie ihn zu seinen Lebzeiten kritisierten. Es ist, als wären seine Fehler mit seinem Tod verschwunden. Manche Leute gehen noch weiter und idealisieren den Verstorbenen, weil sie ihre Versäumnisse vor seinem Tod bedauern.

Reue hindert uns daran, im Augenblick zu leben.

Wenn wir in Urlaub fahren, machen wir uns oft Sorgen darüber, was zu Hause oder am Arbeitsplatz vorgeht und was unsere Kinder treiben. Wir können den Urlaub nicht genießen, weil wir ständig an Zuhause denken. Und wenn wir wieder zu Hause sind, denken wir andauernd an den Urlaub! Wir betrachten Bilder und schwärmen von schönen Erlebnissen, die wir damals kaum bemerkt haben. Wir konnten den Urlaub nicht zur rechten Zeit genießen, und als der physische Körper wieder zu Hause war, blieben die Gedanken zurück.

***Um im Augenblick zu leben,
müssen der physische, emotionale und mentale Körper
zur selben Zeit am selben Ort sein.***

Wer in der Zukunft lebt, neigt auch dazu, in der Vergangenheit zu leben. Wünschst du dir oft, etwas möge früher geschehen, damit du glücklicher sein kannst? Wenn ja, glaubst du zwar an das Glück, aber nur in der Zukunft. Die Aufregung, die du spürst, wenn du das reale Ereignis erwartest, enthüllt einen unerfüllten Wunsch aus der Vergangenheit, der dich veranlasst, die Illusion von einem größeren Glück in die Zukunft zu projizieren. In der Zwischenzeit lebst du nicht im Augenblick. Wie könntest du auf deine momentanen Bedürfnisse eingehen, wenn deine Gedanken und deine Aufmerksamkeit sich in der Zukunft befinden und dort bleiben? Du musst im Augenblick leben, um deine wahren Bedürfnisse zu befriedigen.

Deine Gegenwart bestimmt deine Zukunft. Wenn du nicht im Augenblick lebst, kannst du dein Glück in der Zukunft nicht aktiv gestalten, weil du *jetzt* nicht glücklich bist. Deshalb werden deine Träume nicht wahr. Andererseits kannst du für eine glückliche Zukunft sorgen, wenn du *jetzt* glücklich bist.

Im Augenblick leben bedeutet, *ganz* im Hier und Jetzt sein, also nicht nur körperlich. Du musst alles bewusst wahrnehmen und genießen, was geschieht – auch das, was du fühlst und lernst. Du kannst ein neutraler Beobachter deines Lebens sein und alle Ereignisse verfolgen, ohne sie übermäßig zu analysieren oder zu beurteilen. Dabei konzentrierst du dich darauf, welche Gefühle diese Ereignisse hervorrufen.

Meditation hilft dabei. Darum wird sie von alten spirituellen Lehren und Religionen so gerühmt. Wenn wir morgens dreißig Minuten meditieren, bereiten wir den Körper auf den Tag vor – dann bleibt er ruhiger. So entwickeln wir unsere Fähigkeit, Gefühle zu beobachten, sobald sie auftauchen, ohne sie zu beurteilen oder zu kritisieren.

Bestimmt weißt du, wie man sich fühlt, wenn man ganz in einer Aktivität aufgeht, die Spaß macht. Man vergisst die Zeit. Wenn das geschieht, befindest du dich in einem meditativen Zustand. Ähnlich ist es, wenn du in der Natur spazieren gehst, die warme Sonne auf der Haut spürst und die Lungen mit frischer Luft füllst – du versinkst in der Schönheit deiner Umgebung und im Wohlgefühl, das dich durchströmt. Du bist dir des Bodens unter den Füßen, des Windes im Haar, der Sonne auf der Haut, der Gerüche, der zwitschernden Vögel und deiner tiefsten Gefühle bewusst. Es ist, als stehe die Zeit still. Ein einstündiger meditativer Spaziergang kann so lang sein wie ein Tag oder so kurz wie eine Minute. Wenn du so in deiner Mitte ruhst und das Leben aus einem spirituellen Blickwinkel betrachtest, hast du einen anderen Zeitbegriff, weil die Zeit etwas rein Materielles ist.

Liebende merken nicht, wie die Zeit vergeht. Ein Musiker, der sein Lieblingsinstrument spielt, geht so in seiner Musik auf, dass er das Gefühl hat, eben begonnen zu haben und zugleich seit Stunden zu spielen. Wenn du so im Jetzt leben kannst, darfst du solche besonderen Momente immer öfter genießen. Wir alle sehnen uns danach, alle unsere Erfahrungen – die angenehmen wie die unangenehmen – eines Tages so intensiv zu erleben.

Der menschliche Körper ist ein bemerkenswertes Modell für die Empfehlung, im Augenblick zu leben.

Der Körper kann nur dann im Augenblick leben, wenn der Verstand ihn nicht überwältigt. Wenn wir ihn in Ruhe lassen, weiß er, wann er hungrig oder durstig ist, wann er schwitzen muss, wann es ihm zu heiß oder zu kalt ist. Er weiß, was er zu tun hat, und wie er im Augenblick leben kann. Leider haben wir oft keine Zeit darüber nachzudenken, ob wir im Augenblick leben. Bist du im täglichen Leben selbst-bewusst? Denkst du beim Ankleiden an einen Telefonanruf, den du in einer Stunde erledigen willst, oder an die Route, die du an diesem Morgen fahren musst? Bist du manchmal beim Autofahren so in Gedanken, dass du nicht mehr auf die Straße achtest? Denkst du bei der Arbeit oft an deine privaten Probleme und nach Feierabend wieder an die Arbeit?

Ist dir klar, in welchem Umfang du ein Sklave deiner Gedanken geworden bist, deren Lenker du eigentlich sein solltest? Während du Geschirr spülst oder den Rasen mähst, schweifen deine Gedanken ab und du folgst ihnen. Du bist nicht der Steuermann.

Lerne, deinen Denkprozess zu steuern, vor allem wenn du über ein bestimmtes Thema nachdenken musst. Setze dich in ein ruhiges Zimmer und wende diesem Thema während einer vorher bestimmten Zeit deine ganze Aufmerksamkeit zu. Wenn diese Zeit um ist, steh auf und tu etwas anderes. Während du dich konzentrierst, hast du das Kommando und deine Gedanken gehorchen dir, weil du eine bewusste Entscheidung getroffen hast. Deine Gedanken wandern nicht auf eigenen Wegen.

Mach dir aber keine Vorwürfe, wenn es dir nicht gelingt, deine Gedanken ständig zu lenken. Das macht dich nicht zu einem schlechten Menschen. Wir werden von unseren Gedanken getrieben, weil wir so erzogen wurden, und nur Gott weiß, wie lange das schon so ist.

Darum empfehle ich dir, genauer darauf zu achten, ob du der Chef oder der Untergebene deiner Gedanken bist. Wenn du im Augenblick lebst, denkst du nicht; du beobachtest, was in deiner Umgebung vorgeht. Wenn du zu denken anfängst, bist du auf dein Gedächtnis angewiesen. Andererseits lebst du im Augenblick, wenn du beschließt, deinen Verstand zu nutzen, um eine bestimmte Information einzuholen. Dann ist der Verstand dein Diener, so wie es sein soll.

Eine spontane Idee entspringt nicht dem Verstand, weil sie nicht die Folge eines Denkprozesses ist. Halte inne, sobald dir die Idee kommt, und beobachte sie, um herauszufinden, welche Gefühle sie weckt. Leider neigen wir dazu, Ideen sofort zu analysieren. Und worauf stützen wir uns dabei? Selbstverständlich auf die Vergangenheit! Gedanken wie die Folgenden sind typisch: *„Woher kommt diese Idee? Warum habe ich eine solche Idee? Ich bin unrealistisch. Man wird mich auslachen, wenn ich diese Idee in die Tat umsetze. Ich werde kläglich scheitern"* und so weiter. Diese Analyse verdrängt oft die Intuition und sorgt dafür, dass wir die Idee ganz verwerfen. Wieder hat der Verstand die Intuition besiegt.

Erkennst du dich darin wieder? Jetzt wird klar, warum es so wichtig ist, den Zweck des Verstandes zu verstehen: Er speichert deine Lebenserfahrungen im Gedächtnis. Ich stelle mir den Verstand als kleine Kammer vor, in der Daten gelagert werden, welche die Sinnesorgane gewonnen haben. Solche Informationen brauchen wir, um auf der materiellen Ebene leben zu können.

Ich empfehle dir das folgende Experiment. Es zeigt, wie nützlich das Leben im Augenblick sogar bei körperlichen Krankheiten ist. Angenommen, du spürst akute Schmerzen im Knie. Halte inne und beobachte die Schmerzen einige Minuten. Beschreibe genau, wo sie entstehen, ob sie stärker oder schwächer werden, ob sie den Ort wechseln und so weiter. Achte auch darauf, welche Gefühle die Schmerzen wachrufen. Wenn es dir gelingt, sie einfach nur zu beobachten, und wenn du nicht versuchst, sie zu analysieren oder zu verstehen, spürst du bald Wärme im Knie. Die Schmerzen lassen nach und du fühlst dich, als habe sich ein Knoten gelöst und als seien die Muskeln und Gewebe wieder am richtigen Platz.

Wenn die Schmerzen vergangen sind, ist es einfacher, mit Hilfe des Gedächtnisses ihre Ursache herauszufinden. Beschwerden im Bein haben etwas mit der Richtung zu tun, in die du gehst, und das Knie hängt mit Flexibilität zusammen. Bitte den Gott in dir, die Botschaft zu lesen, die dein Knie dir übermitteln will. Wenn du im Augenblick lebst, fällt dir das viel leichter.

Wenn du nicht im Augenblick lebst, kannst du kein Erlebnis wirklich genießen. Wie bereits erwähnt (siehe das Kapitel „Aktiv werden"), sind mehrere erfolgreiche Handlungen notwendig, um ein bestimmtes Ereignis Wirklichkeit werden zu lassen, den richtigen Menschen anzulocken oder etwas zu erlangen. Ein weiteres wichtiges Element ist die Freude am ganzen Prozess und am Lernen.

Jede Tat ist eine Lebenserfahrung, die uns vorwärts bringt – zur nächsten Tat.

Selbst als Handelnder lebst du nicht im Augenblick, wenn du dich fürchtest oder dir Sorgen über den nächsten Tag machst oder wenn deine Gefühle aufgewühlt sind. In diesem Fall besteht die Gefahr, dass du dich in unnötige Emotionen verstrickst und im Kreis herumgehst, weil der Verstand das Kommando übernommen hat. Nur wenn du dich auf dein Gottselbst konzentrierst, kannst du darauf vertrauen, zu rechten Zeit am rechten Ort zu sein. Nur dann gehst du friedlich, gelassen und furchtlos voran. Dann machst du keine Fehler und gehst nicht in die falsche Richtung, weil du auf dem Pfad der Harmonie, der Fülle, der Gesundheit und des Glücks wandelst.

Viele Menschen leben nicht im Augenblick und versuchen sogar mit allen Mitteln, der Realität zu entfliehen, am häufigsten mit Drogen, Alkohol und Schlaf. Wer das tut, ist sich kaum oder gar nicht bewusst, wie er lebt. Der Rückzug auf die Astralebene ist eine weitere häufige Form der Flucht. Viele von uns haben die Fähigkeit entwickelt, den physischen Körper zu verlassen, ohne es zu merken. Während der Körper in einem Zimmer anwesend ist, wandert der Geist fort – wir träumen am helllichten Tag. Manche tun das mehrere Male am Tag für einige Sekunden, andere bleiben jeweils mehrere Minuten fort und inzwischen leben sie nicht im Augenblick.

Andere verlassen die Realität in der Meditation und in Entspannungskursen. Sie sind zwar davon überzeugt, anwesend zu sein und mitzumachen, aber in Wirklichkeit befinden sie sich auf der Astralebene. Wer am Ende des Kurses zusammenzuckt, war außerhalb seines Körpers und ist zu schnell in ihn zurückgekehrt. Er hat nicht meditiert, sondern er war in der astralen Welt!

Beobachte dich genau, wenn du deinen Körper oft verlässt, dann merkst du, wann der Astralkörper sich vom physischen Körper löst, und kannst entscheiden, ob du das zulässt oder nicht. Falls diese Reise zur Astralebene ohne dein Einverständnis geschieht, hast du dein Leben nicht im Griff. Wenn du den Astralkörper nicht im physischen Körper halten kannst, weil du zu müde bist, hast du ebenfalls nicht meditiert, sondern geschlafen. Schlafen ist normal und notwendig, wenn der physische Körper neue Energie braucht. Je emotionaler du bist, desto aktiver ist der Geist und desto schneller sind die Energiereserven des physischen Körpers erschöpft. Dann schläft er ein und der astrale Körper (der aus dem emotionalen und aus dem mentalen Körper besteht) löst sich vom physischen, um Energie zu tanken.

Meiner Meinung nach ist es besser, wenn du dir der Ursache deiner Emotionen bewusst wirst, anstatt zu schlafen oder auf die Astralebene zu fliehen, um dich dort auszuruhen. Wenn du also beim Meditieren merkst, dass du fast schon „weg" bist, kannst du deinem Astralkörper erklären, dass er bleiben muss, weil du deine derzeitigen Gefühle erforschen willst. So kannst du Herr deines Astralkörpers werden.

Jede Minute, die wir nicht im Hier und Jetzt verbringen, ist eine Minute, die wir nicht voll ausgekostet haben.

Du kannst den Erfahrungen, vor denen du fliehst, nicht für immer aus dem Weg gehen. Früher oder später musst du dich ihnen stellen. Außerdem ist es unangenehm, die gleichen Enttäuschungen immer wieder zu durchleben und ständig die gleichen vergangenen Ereignisse zu wiederholen.

Im Augenblick zu leben bedeutet nicht, die Vergangenheit zu vergessen. Im Gegenteil: Du brauchst deine Erfahrungen, aber du brauchst nicht alles, was dein Gedächtnis gespeichert hat. Nützlich sind nur jene Erinnerungen, die du durch neutrales Beobachten gewonnen hast. Nehmen wir eine Scheidung als Beispiel. Wer diese Erfahrung als neutraler Beobachter durchlebt, erkennt auch ihre Ursachen und bleibt dabei mit seinen Gefühlen in Kontakt. Dann ist eine Scheidung eine Erfahrung, kein Scheitern. Wer dagegen nicht im Augenblick lebt, sieht in der Scheidung das, was man ihm früher beigebracht hat: einen

Fehlschlag, für den er sich schämen muss. Wie kann er dann etwas daraus lernen? Seine Angst vor einer neuen Beziehung wird immer größer, und seine Erinnerungen werden vom Ich verzerrt und hindern ihn daran, mehr über sich selbst zu lernen und spirituell zu wachsen.

Wenn du im Augenblick lebst, kannst du dennoch Zukunftspläne schmieden.

Wie bereits erwähnt, brauchen Menschen Wünsche und Ziele, weil sie ihnen eine Richtung im Leben geben. Aber wir müssen auch lernen, trotz unserer Ziele im Augenblick zu leben. Ich habe schon darauf hingewiesen, dass es falsch wäre, den Lauf der Ereignisse bestimmen zu wollen, um das gewünschte Ziel zu erreichen. Das bedeutet jedoch nicht, dass wir gar nicht planen dürfen. Wir können vorausplanen und dabei offen für neue Wege bleiben.

Ein Terminkalender ist meiner Meinung nach eines der besten Mittel, um im Augenblick zu leben. Ich empfehle dir dringend, dir einen zu besorgen, selbst wenn du nur wenige Termine hast. Viele Menschen glauben, nur Geschäftsleute bräuchten einen Terminkalender. Das ist falsch! Wann immer ich eine Idee habe, die ich festhalten will, schreibe ich sie auf, denn andernfalls muss ich mein Gedächtnis damit belasten und das ist, wie du weißt, nicht sehr zuverlässig. Sobald seine Grenzen erreicht sind, nimmt es keine neuen Informationen auf. Ein Beispiel: Angenommen, du musst daran denken, am kommenden Dienstag zum Zahnarzt zu gehen, morgen jemanden anzurufen, in drei Tagen deine Kleider aus der Reinigung zu holen, am Montag an einer Sitzung teilzunehmen und in zwei Wochen für deine Schwester ein Geburtstagsgeschenk zu kaufen – eine Unmenge Arbeit für dein Gedächtnis, das sich auch um viele andere Dinge kümmern muss! Um an alles zu denken, musst du dich ständig an alle diese Einzelheiten erinnern, und das löst unnötigen Stress aus und verbraucht Energie, die du sinnvoller nutzen kannst.

Setzen wir unser Beispiel fort: Sobald du die Einladung zur Geburtstagsfeier deiner Schwester erhalten hast, trägst du den Termin sofort in deinen Kalender ein und notierst auch, dass du ein Geschenk besorgen musst. Dann ist auch die Gefahr gebannt, dass du etwas vergisst. Ein Terminkalender ist eine wundervolle Möglichkeit, im Augenblick zu leben.

Ein anderes Beispiel: Bis zur Veröffentlichung dieses Buches waren etwa zwanzig Arbeitsschritte notwendig, zum Beispiel Korrektur, Lektorat, Umschlagentwurf und so weiter. Alle, die daran beteiligt waren, vermerkten in ihrem Terminkalender, wann ihre Arbeit fertig sein musste. Wären wir anders vorgegangen, hätten wir den Erscheinungstermin nicht einhalten können. Wenn du also ein Projekt verwirklichen willst, darfst du nicht warten, bis du Zeit oder Lust hast, etwas zu tun – sonst dauert es sehr lange, bis du fertig bist, wenn du überhaupt je fertig wirst.

Wenn du keine Termine setzt und nichts aufschreibst, kommen dir andere Angelegenheiten wichtiger vor und es fehlt dir die Zeit, dein Projekt zu vollenden. Der Terminkalender schult deine Fähigkeit, Pläne in die Tat umzusetzen, denn du weißt immer, was zu tun ist. Verwende aber einen Bleistift, damit du Änderungen vornehmen kannst. Wie du weißt, haben wir am Anfang eines Projekts immer die besten Absichten. Aber manchmal nehmen wir uns zu viel vor, oder die Umstände ändern sich unerwartet. Wenn du nicht erreichst, was du dir vorgenommen hast, darfst du den Termin verschieben. Dadurch beseitigst du die Gefahr, zu streng mit dir selbst zu sein.

Wer nichts aufschreibt, muss ständig im Gedächtnis nach Informationen suchen und wenn er sich nicht erinnert, macht er sich Sorgen und lebt nicht im Augenblick. Manche Menschen machen sich nicht gerne Notizen, weil sie sich dann gebunden fühlen – als hätten sie keine Zeit mehr für sich selbst. Das Gegenteil ist richtig! Probiere mindestens drei Monate lang einen Terminkalender aus und achte darauf, was geschieht. Der große Unterschied wird dir bestimmt auffallen. Du hast mehr Zeit für dich selbst und fühlst dich nicht gebunden, erst recht nicht, wenn du dir erlaubst, gelegentlich deine Meinung zu ändern.

***Wer sich nie selbst in die Pflicht nimmt,
hat am meisten Ärger.***

Ein Beispiel: Du notierst, dass du am kommenden Dienstagabend deine Papiere in Ordnung bringen, deine Rechnungen prüfen oder etwas tun willst, was deine sofortige Aufmerksamkeit verlangt. Die Wahrscheinlichkeit, dass du die Arbeit tatsächlich erledigst, wird durch den Vermerk viel größer, weil du dir etwas vorgenommen hast. Wenn du eine Absicht nicht durch eine Tat verstärkst – zum Beispiel durch ein Versprechen oder eine Eintragung in den Terminkalender – ist sie kein echter Vorsatz und wird vermutlich nicht ausgeführt.

Natürlich können jederzeit unerwartete Störungen auftreten: Das Telefon klingelt, jemand klopft an die Tür und bittet dich um einen Gefallen oder es kommt Besuch. Dann unterbrichst du wahrscheinlich deine Arbeit; aber du vergisst nicht, dass du etwas vorhattest, und bist daher in gewissem Umfang unzufrieden, weil du gerne fertig geworden wärst. Denke in solchen Fällen daran, dass du immer wählen kannst. Du bist nicht von der Gnade anderer abhängig. Wenn sich etwas Unerwartetes ereignet und du nach einem Blick auf deinen Terminkalender feststellst, dass du andere Pläne hast, kannst du entscheiden, was dir mehr Spaß macht. Das ist dein gutes Recht.

Manche Menschen planen nie im Voraus, sondern wollen erst dann Beschlüsse fassen, wenn die Zeit gekommen ist. Ein Beispiel: In zwei Wochen, am Samstagabend, ist ein Familientreffen geplant. Ein Angehöriger, der von sich behauptet, im Augenblick zu leben, will sich zu nichts verpflichten. Er sagt, er werde kommen, wenn ihm am Samstag danach sei. Lebt er wirklich im Augenblick? Nein, denn wer im Augenblick lebt, kann gleich nach der Einladung entscheiden, ob ihm „danach ist“, sie anzunehmen. Wer das erst in zwei Wochen entscheiden will, lebt in der Zukunft!

Ich empfehle dir, es auszuprobieren. Akzeptiere eine Einladung, wenn sie dir zusagt, und denke daran, dass du deine Entscheidung später zurücknehmen darfst. Notiere den Termin in deinem Kalender. Wenn etwas Unvorhersehbares geschieht, das dich zwingt, deine Pläne zu ändern, steht dir das frei, wenn du die Folgen abgewogen hast. Es hat immer Konsequenzen, einerlei, ob du die Einladung annimmst oder nicht. Triff die Entscheidung, die dir am meisten zusagt oder die dich am wenigsten stört.

Die Folgen einer Entscheidung sind eine Tatsache des Lebens, und du hast das Recht zu wählen, welche Folgen du auf dich nehmen willst.

Wenn du diesen Augenblick veränderst, dann änderst du auch deine Zukunft. Du hast also die Macht, künftige Ereignisse zu beeinflussen, indem du im Hier und Jetzt eine andere Wahl triffst. Ich habe gelernt, dass wir auch die Einstellung zu vergangenen Ereignissen ändern können. Viele Menschen, die sehr lange einen Groll gegen ihre Eltern gehegt hatten, konnten ihnen schließlich doch verzeihen. Es ist, als hätten sie mit ihrer Einstellung auch ihre Vergangenheit geändert. Die Macht der Vergebung transformierte die Erinnerungen, die sie so lange gespeichert hatten. Sie erkannten, dass ihre Eltern besser gewesen waren, als sie gedacht hatten, und von da an freuten sie sich über die schöne gemeinsame Zeit.

So kann das Leben im Augenblick uns verändern. Wenn wir jeden Augenblick voll auskosten und uns keine Sorgen über die Zukunft machen, wartet eine angenehme Zukunft auf uns. Es kann gar nicht anders sein.

Bei finanziellen Problemen ist es schwer, im Augenblick zu leben, ohne sich andauernd Gedanken über die Zukunft zu machen, vor allem wenn man Mühe hat, über die Runden zu kommen. In solchen Fällen müssen wir uns anfangs große Mühe geben und viel üben, um im Augenblick zu leben. Aber wir merken bald, dass es sich lohnt.

Wenn du Geldsorgen und Angst vor der Zukunft hast, solltest du deine derzeitige Lebensweise unter die Lupe nehmen. Hast du ein Dach über dem Kopf? Bist du immer noch ein rücksichtsvoller Mensch? Übernimmt jemand oder etwas das Kommando über dein Leben, weil du wenig Geld hast? Heute kümmert sich um heute, und morgen wird sich um morgen kümmern. Betrachte all das Schöne, von dem du jetzt umgeben bist, und denke daran, dass du *heute* meist noch Geld hast – die Sorgen beginnen, wenn du drei Wochen in die Zukunft blickst.

Ich habe oft gehört, es gebe gar keine Geldprobleme, sondern nur Probleme mit Menschen. Wenn du also feststellst, dass du einen Kredit nicht zurückzahlen kannst, solltest du sofort aktiv werden und mit deinem Gläubiger verhandeln, um eine Vereinbarung zu treffen. Dann ist das Problem zunächst gelöst und morgen ist ein neuer Tag. So lernen wir, im Augenblick zu leben.

Wenn das Universum dich in Situationen bringt, in denen du dir Sorgen machst, will es dir klarmachen, dass du unbedingt lernen musst, im Augenblick zu leben. Lebe von heute an jeden Tag mindestens eine Stunde lang im Augenblick. Beobachte genau, in welchem Zustand du dich während dieser Zeit befindest. Mit etwas Übung wird es dir gelingen, jeden Tag noch länger im Augenblick zu leben.

Das ist übrigens eine hervorragende Methode, um jünger zu bleiben; denn wenn du im Augenblick lebst, befindest du dich im Einklang mit den großen Gesetzen des Universums. Alle Zellen deines Körpers, die während dessen erneuert werden, sind stärker und gesünder. Zudem fällt es dir leichter, im täglichen Leben fröhlich zu bleiben.

Wenn unangenehme Umstände eintreten, beobachte sie, anstatt dir darüber Sorgen zu machen. Dann merkst du, dass du auf solche Erfahrungen auch ganz anders reagieren kannst. Dann nimmt das Leben eine neue Farbe an!

Teil 3

SEIN

Kapitel 14

Lieben und geliebt werden Ablehnen und abgelehnt werden

Wir deuten die Begriffe „lieben“ und „geliebt werden“ oft falsch. Wir glauben, geliebt zu werden sei dasselbe wie lieben. Wir lieben es, geliebt zu werden, und dennoch wissen wir nicht, wie man liebt! Je mehr wir uns bemühen, geliebt zu werden, desto weniger sind wir imstande, wirklich zu lieben; denn Menschen, die sich selbst wirklich lieben, suchen nicht nach der Liebe anderer.

Ein Beispiel: Eine Mutter will, dass ihr Kind sich besser benimmt. Sie glaubt, dass sie ihren Sohn liebt, doch in Wahrheit will sie, dass er brav ist, damit man sie für eine gute Mutter hält. Es ist also ihr Ziel, *geliebt zu werden.* Wir brauchen uns daher über die Redensart *„Liebe tut weh“* nicht zu wundern. Die meisten Menschen verbinden Liebe mit Forderungen und sind derart besitzergreifend, dass wahre Liebe selten geworden ist.

Unser Mentalkörper hat mehrere unterschiedliche Bedeutungen des Wortes „Liebe“ gespeichert. Das löst Verwirrung aus und der eigentliche Sinn des Wortes geht verloren. Die meisten Leute verwechseln Liebe mit Sexualität, Zuneigung oder Abhängigkeit. Wir glauben, lieben bedeute, anderen und uns selbst Freude zu bereiten: *„Wenn du mir Freude machst, liebe ich dich und wenn ich dir Freude mache, liebst du mich.“* Darum erwarten wir von unseren Beziehungen sofortige Belohnung und Befriedigung, anstatt anderen einfach unsere Liebe zu schenken, ohne Liebe als Gegenleistung zu erwarten oder zu verlangen.

Lieben heißt, so sein, wie wir sind,
anderen das gleiche Recht einräumen
und aus jeder Erfahrung lernen.

So einfach ist das. Wenn wir allen Geschöpfen erlauben, ihre eigenen Erfahrungen zu machen, akzeptieren wir, dass sie hier auf der Erde leben, um weiser zu werden.

Die meisten von uns versuchen jedoch, ihre Mitmenschen zu ändern oder zu beherrschen, um geliebt zu werden. Wir wollen unsere Furcht verdrängen, abgewiesen oder nicht geliebt zu werden. Wir wollen, dass andere diese Furcht lindern, und deshalb werfen wir ihnen vor, sie seien die Ursache unserer Furcht. Das erklärt, warum es unter den Menschen so viel Groll und Hass gibt.

Da einige unserer Erfahrungen unangenehm waren, glauben wir, andere oder uns selbst ändern zu müssen, um ähnliche Erfahrungen künftig zu vermeiden. Damit können wir nur scheitern. Wenn wir versuchen, einen bestimmten Charakterzug zu unterdrücken, ändert er sich nicht. Wir müssen ihn erst akzeptieren, bevor wir ihn ändern können.

Eines der großen spirituellen Gesetze des Universums lautet: Jeder Mensch lebt auf Erden, um durch seine Erfahrungen zu lernen. Wir lernen am meisten, wenn wir uns und anderen das Recht geben, diese Erfahrungen zu machen, ohne zu urteilen, zu kritisieren oder jemanden zu beschuldigen.

Jedes Mal wenn wir urteilen, lieben und akzeptieren wir nicht wirklich. Wahre Liebe bedeutet, die Menschen so zu akzeptieren, wie sie sind und die Ereignisse so, wie sie geschehen. Wir müssen akzeptieren, dass wir derzeit nicht wissen, warum ein Mensch sich so und nicht anders verhält und warum ein Ereignis so und nicht anders abläuft. Dadurch wird das Verhalten oder das Ereignis nicht falsch oder schlecht. Nur das Ich erklärt Menschen oder Ereignisse für „schlecht".

Akzeptanz ist etwas Spirituelles. Darum können wir sie nicht allein mit dem Verstand erfassen.

Alles, was mit der spirituellen Ebene zusammenhängt, müssen wir erfahren und tief innen fühlen, damit wir es verstehen können. Nur so erlangen wir Gewissheit. Wenn wir nur mit dem Intellekt begreifen wollen, sind wir nie ruhig und gelassen, weil der Intellekt alles auf der materiellen Welt doppelt und dreifach bestätigen und beweisen will.

Da der Intellekt aus Erinnerungen besteht, kann er keine neue Idee akzeptieren, ohne sie mental verstanden zu haben; und weil uns die spirituelle Bedeutung der Akzeptanz neu ist, können wir sie nicht sofort verstehen. Deshalb ist es wichtig, mit neuen Ideen zu experimentieren und sie zu fühlen, ehe wir entscheiden, ob sie wertvoll oder wertlos sind.

Die Idee, jemanden oder etwas ohne Urteil zu akzeptieren, ist so ungewöhnlich, dass wir sie anfangs nur schwer fassen können. Nehmen wir als Beispiel einen Menschen, der die Selbstbeherrschung verliert und auf einen anderen wütend ist. Wenn er sich erlaubt, wütend zu sein, kann er sich während seiner Wutanfälle beobachten. Dann werden ihm verschiedene körperliche Reaktionen auffallen: eine lautere Stimme, ein rotes Gesicht, schnellere Atmung, Druck im Sonnengeflecht und schließlich Furcht. Wenn er weiter beobachtet, ohne sich zu verurteilen, dauert sein Wutanfall nicht lange. Sobald er sich beruhigt hat, wird er sich seiner Furcht bewusst. Es war also hilfreich für ihn, seine Wut zuzulassen. Was viele für „böse“ halten, war in Wirklichkeit eine nützliche Erfahrung!

Wenn jedoch das Ich das Kommando übernimmt und dieser Mensch selbstkritisch wird und Schuldgefühle hat, weil er wütend geworden ist, oder wenn er andere für seine Wut verantwortlich macht, verliert er möglicherweise die Selbstbeherrschung und tut etwas, was er gar nicht wollte. Mitten in einem Wutanfall haben wir uns nicht mehr im Griff; denn das Ich sitzt am Lenkrad und erlaubt uns nicht, diese Erfahrung zu durchleben.

Sobald du Ausdrücke wie „gut, schlecht, richtig, falsch, normal, unnormal, sollte, müsste ...“ verwendest, weißt du, dass dein Ich dich beherrscht und dass du ihm gestattest, dich zu steuern. In solchen Fällen empfindest du Ablehnung, denn das Ich lehnt einen Teil von dir ab. Dieser Teil sollte aber eine bestimmte Erfahrung machen. Stelle dir einen Vater vor, der sein Kind ständig zurückweist und behauptet, es mache alles falsch und sei ein Taugenichts. Was wird aus diesem Kind, das sich nicht einmal verteidigen darf? Vielleicht gibt es sich große Mühe, um die Aufmerksamkeit des Vaters zu erregen und nicht mehr abgelehnt zu werden; denn tief im Inneren weiß es, dass die Zurückweisung durch den Vater gegen die Gesetze des Lebens verstößt. Solche Kinder werden oft aufsässig und nervös, weil sie um fast jeden Preis Aufmerksamkeit erregen wollen.

Ähnliche Vorgänge spielen sich auch in uns ab. Wir haben Hunderte, ja Tausende von Teilpersönlichkeiten geschaffen, zum

Beispiel das furchtsame, verspielte oder spitzbübische Kind, das Kind, das lernen und alles wissen will, den Heranwachsenden, den Erwachsenen, die Mutter oder den Vater und so weiter. Jede unserer Einstellungen hat eine eigene Persönlichkeit hervorgebracht. Darum können wir gleichzeitig verschwenderisch und geizig, zornig und friedlich, ordentlich und unordentlich, mutig und ängstlich, langsam und schnell sein. Diese Liste könnte sich über mehrere Seiten erstrecken!

Sobald du dich verurteilst, greifst du eine deiner Persönlichkeiten heraus und gibst ihr das Gefühl, sie habe kein Existenzrecht und sei nicht willkommen. Du reagierst wie der Vater im obigen Beispiel!

Je mehr du versuchst, einen Persönlichkeitszug zu unterdrücken, desto stärker wird er. Er wird rebellisch und besteht darauf, akzeptiert zu werden – wie das abgelehnte Kind, das sich anders benimmt, als die Eltern es sich wünschen. Das erklärt, warum so viele Menschen einander ablehnen.

Wir müssen unter Menschen leben, um herauszufinden, welche Teile von uns wir ablehnen.

Beobachte, was du an anderen Menschen ablehnst. Ablehnung ist das Gegenteil von Liebe und der sicherste Weg zur Transformation besteht darin, einer deiner Persönlichkeiten ein Existenzrecht einzuräumen. Erkenne an, dass du der Schöpfer dieser Teilpersönlichkeit bist, auch wenn du mit ihr nicht einverstanden sein magst. Sobald du sie akzeptierst, arbeitet sie mit dir zusammen wie nie zuvor; sie strebt nach Harmonie und verspürt nicht mehr das Bedürfnis, sich aufzulehnen.

Ich habe bereits erwähnt, was lieben bedeutet: sich bedingungslos akzeptieren. Mit anderen Worten: Du liebst dich selbst, wenn du dir erlaubst zu sein, was du bist, auch wenn dein Intellekt dein Verhalten bisweilen nicht versteht oder nicht damit einverstanden ist. Um etwas zu verstehen, muss der Intellekt sich auf Erinnerungen stützen; nur dann kann er eine Erfahrung deuten. Er glaubt, dass Erfahrungen sich ständig wiederholen. Da jedoch alle Erfahrungen neu sind und im Augenblick erlebt werden, kann der Intellekt sie nicht durch Vergleiche mit der Vergangenheit verstehen. Es liegt an dir zu erkennen, dass jede Erfahrung einzigartig ist. Lass dir nicht vom Intellekt das

Gegenteil einreden und dadurch die Realität des Hier und Jetzt verzerren.

Die meisten Menschen fühlten sich als Kinder zurückgewiesen. Jedes Mal, wenn du das Gefühl hast, abgelehnt zu werden, musst du daran denken, dass dieser Eindruck die Folge einer Einstellung ist. Als Kind konntest du nicht wissen, dass die Menschen, die dich ablehnten, dadurch nur ihre eigenen Grenzen ausdrückten und in Wahrheit um Hilfe riefen. Anstatt diese Menschen so zu akzeptieren, wie sie waren, hast du entschieden, dass sie sich irrten. Du hast Urteile gefällt – vielleicht über den Vater oder die Mutter, über einen Lehrer oder einen Freund –, weil du glaubtest, von ihnen abgewiesen zu werden. Aber zu diesem Zeitpunkt konnten diese Menschen nicht anders handeln.

Viele Kinder stoßen auf Ablehnung, weil sie von ihrer Umwelt abhängig sind. Das ist eine schwierige Situation. Ein Kind denkt von Natur aus zuerst an sich, und wenn es nicht bekommt, was es will, glaubt es, man liebe es nicht und reagiert sehr heftig. Ein Erwachsener muss dagegen emotional reifer werden und sich von dieser Abhängigkeit lösen; andernfalls fühlt er sich immer noch abgelehnt, wenn ihm etwas verweigert wird, was er haben will, oder wenn seine Bedürfnisse nicht befriedigt werden.

Wenn du glücklicher sein und inneren Frieden empfinden willst, musst du begreifen, dass Ablehnung letztlich eine Illusion ist, an die zu glauben du selbst beschlossen hast.

Zum Glück lässt sich jede Einstellung ändern. Achte auf alles, was du sagst oder denkst: auf alle Urteile, auf Vorwürfe und auf Selbstkritik. So findest du heraus, wann du dich abgelehnt fühlst. Ist dir je aufgefallen, wie schnell du dich von einem Menschen entfernst, wenn du anfängst, ihn zu beurteilen oder zu beschuldigen? Wie bereits erwähnt (siehe Kapitel 7: „Vergleiche“), schrecken wir Menschen ab, die wir für unter- oder überlegen halten. Liebe ist dagegen Einheit.

Wenn du dir erlaubst, so zu sein, wie du bist, räumst du anderen das gleiche Recht ein.

Wenn wir glauben, wir seien nur dann gut, wenn andere uns lieben, suchen wir die Liebe, die wir brauchen, in der äußeren

Welt. Dann gestatten wir uns nicht zu sein, wer wir sind und verurteilen, was wir nicht sind. Wir sind immer auf der Suche nach Anerkennung und hängen sogar davon ab, und wir müssen durch die Liebe eines anderen ständig ermutigt und getröstet werden.

Kommt dir das vertraut vor? Wenn ja, gibst du dir selbst wenig Liebe. Du lehnst dich ab. Die Folge können nur Krankheiten sein, einschließlich Herzkrankheiten, die in vielen Ländern die Hauptursache für vorzeitigen Tod sind. Herzkrankheiten hängen unmittelbar mit der Liebe zu sich selbst zusammen. Je mehr wir also in der äußeren Welt nach Liebe suchen, desto mehr nehmen wir uns „zu Herzen", was uns widerfährt, und desto eher neigen wir zu Herzkrankheiten. Das kann geschehen, wenn wir vergessen, uns des Lebens zu freuen. Aber Freude empfinden wir nur, wenn wir uns erlauben, so zu handeln und zu sein, wie wir es wirklich wollen. Andernfalls verlangen wir zu viel von uns, weil wir hoffen, dass andere uns dann mehr lieben.

Ein kleines Kind kann dir zeigen, wie du dir erlauben kannst, so zu sein, wie du jetzt bist. Wenn ein Kind noch nicht zu stark von Erwachsenen beeinflusst wurde, findet es mühelos und unschuldig Worte für alles, was es sieht. Es urteilt nicht, sondern macht nur einfache und klare Beobachtungen. Darum fragt es eine beleibte Frau, ob sie schwanger sei, und einen dunkelhäutigen Menschen, warum er diese Farbe habe.

Mein Mann nahm einmal meinen vierjährigen Enkel im Auto mit. Der Kleine schaute meinen Mann an und erklärte ganz offen und ohne jeden kritischen Unterton, der Großvater habe nicht mehr viele Haare auf dem Kopf. Für das Kind war eine Glatze weder gut noch schlecht; es beobachtete nur.

Wir sollten Kinder zu dieser unschuldigen Ehrlichkeit ermutigen und uns daran ein Beispiel nehmen. Leider tun wir das genaue Gegenteil und bringen unseren Kindern sogar bei, ihr unschuldiges Benehmen sei unhöflich und man dürfe bestimmte Dinge nicht laut aussprechen. So erlernt ein Kind schon sehr früh einen Moralkodex, der auf Ideen wie „gut" und „schlecht" basiert und allein von den Erwachsenen festgelegt wird. Allmählich baut sich das Kind ein Glaubenssystem auf, dessen Grundlagen Zensur (der eigenen Gedanken und Worte) und Furcht (vor den Folgen dieser Gedanken und Worte) sind.

Wer sich selbst ablehnt, ist zu einem Leben voller Not und Verzweiflung verurteilt. Nur du kannst das Drehbuch deines

Leben schreiben. Deshalb musst du entscheiden, was du haben willst: eine Welt, in der du und alle anderen sich erlauben zu sein, was sie sind, ohne zu urteilen, oder eine Welt, in der gegenseitige Ablehnung die Regel ist. Jeder Mensch muss diese Wahl selbst treffen; niemand kann sie ihm abnehmen.

Je mehr du dich selbst verurteilst und ablehnst, desto weniger bist du imstande zu sein, wer du bist. Je mehr du dich vor Ablehnung fürchtest, desto aggressiver bist du zu anderen. Je mehr du davon überzeugt bist, dass andere dir grollen und dich daher ablehnen, desto mehr gerätst du in die Defensive. Wenn jemand dich kritisiert, hältst du dich für wertlos. Du glaubst, dass es deinen Mitmenschen Spaß macht, dich zu kritisieren, weil du alle Bemerkungen, die dich betreffen, für herabsetzend hältst.

Wenn du dich selbst ablehnst, lässt du zu, dass deine mentalen Einstellungen dein Leben bestimmen.

Gib dir die Erlaubnis zu sein, wer du derzeit bist, selbst wenn bestimmte Aspekte deiner selbst dir nicht gefallen. Dann darfst du dich darüber freuen, dass manche Charakterzüge transformiert werden. Mir ist klar, dass Menschen, die als Kind abgelehnt wurden, nicht so leicht glauben können, dass sie akzeptiert werden, wie sie sind. Wenn Eltern und Lehrer uns ständig eingebläut haben, dass wir „schlecht" seien oder dass sie lieber einen Sohn oder eine Tochter gehabt hätten, oder wenn wir unseren Bruder oder unsere Schwester für liebenswerter gehalten haben, fällt es uns sehr schwer zu glauben, dass wir etwas Besonderes sind und das Recht haben zu sein, wer wir sind. Wenn wir uns als Kinder ungeliebt fühlten, wie können wir uns dann selbst lieben?

Wenn du dieses Problem hast, ist es wahrscheinlich in einer früheren Inkarnation entstanden. Du bist zurück auf die Erde gekommen, damit Eltern, die dich ablehnen, dir zu einer Einsicht verhelfen: dass du in diesem Leben eine Entscheidung ändern musst, die du in einem früheren Leben getroffen hast.

Deine Wahl ist einfach: Entweder du glaubst weiter, dass deine Eltern und alle anderen, die dir nahe stehen, dich ablehnen und leidest weiter Qualen, oder du beschließt, deine

Einstellung zu ändern und fängst damit an, die Menschen so zu akzeptieren, wie sie sind.

Du darfst dich aber nicht zu einer Änderung zwingen, denn dadurch würdest du zugeben, dass du die Situation oder den Menschen nicht akzeptierst. Du willst nur etwas beseitigen, was du für die Ursache deiner Angst hältst, und das bedeutet, jemanden oder etwas abzulehnen. Wenn du aber einen Menschen ablehnst, schlägt er zurück, anstatt wegzugehen. Es nützt also nichts, wenn du versuchst, jemanden oder etwas verschwinden zu lassen.

Du musst unbedingt das Stadium der *bedingungslosen Akzeptanz* durchmachen, ehe eine Transformation möglich ist. Und du musst akzeptieren, dass du im Grunde dich selbst ablehnst: Ein Teil von dir will andere Teile nicht anerkennen. Wenn du erkannt hast, dass ein Teil von dir den Weg der Selbstkritik und der Ablehnung geht, brauchst du das nur zur Kenntnis zu nehmen; denn der erste Schritt zur Transformation ist Bewusstheit.

Sobald du diese Bewusstheit erlangt hast, weißt du auch, was dich daran hindert, so zu sein, wie du bist. Wenn es dir schwer fällt, bestimmte Charakterzüge zu akzeptieren, solltest du erfahren, wie du dich fühlst, wenn du diesen Zügen ein Existenzrecht einräumst. Das ist ein sehr wichtiger Schritt zur dauerhaften Transformation. Erst wenn du diesen Schritt getan hast, kennst du das Ergebnis dieses Prozesses, denn nur er führt dich auf die nächsthöhere Ebene. Mit der Zeit geht der Transformationsprozess allmählich weiter, ohne dass du aktiv daran mitwirkst, und du wirst angenehm davon überrascht sein, dass du immer weniger Menschen und Situationen ablehnst.

Zum Schluss empfehle ich dir, drei Teile deiner selbst – Persönlichkeitszüge – aufzuschreiben, die zu akzeptieren dir schwer fällt. Wann immer du einen von ihnen bemerkst und dich dafür kritisierst, beschließt du, dass du das Recht hast, mindestens eine Woche lang zu sein, wer du bist. Beobachte dann, wie du mit diesen Zügen lebst. Lebe in diesem Stadium bewusst und intensiv.

Wenn du größere Schwierigkeiten hast, verlängerst du diesen Prozess um eine Woche oder um mehrere Wochen, bis du handeln kannst, ohne dich zu kritisieren, ohne auf dich wütend zu werden, und ohne Schuldgefühle zu haben. Mit anderen Worten: Du akzeptierst dich total.

Wann ist diese Phase beendet? Sobald du imstande bist zu sagen: „*Ich akzeptiere, dass diese Teile von mir zurzeit existieren. Ich habe sie geschaffen, weil ich glaubte, sie könnten verhindern, dass ich noch mehr leide. Darum waren sie nützlich. Heute beschließe ich aber, an etwas anderes zu glauben.*“

Jede Situation wird durch bedingungsloses Akzeptieren entschärft.

Kapitel 15

Fühlen und verstehen

Ich schreibe ein ganzes Kapitel über diese beiden Worte, weil mir aufgefallen ist, dass die Menschen ihre Bedeutung oft verwechseln. Viele von uns wollen nicht emotional sein, weil ein emotionaler Aufruhr schrecklich ist. Deshalb bemühen wir uns, empfindsam zu bleiben, ohne emotional zu sein.

Die Quelle einer Emotion ist ein mentaler Prozess. Wir empfinden eine Emotion, wenn eine unserer mentalen Einstellungen verhindert, dass wir uns einen Wunsch erfüllen. Ein reifer Mensch ist imstande, eine Erfahrung voll auszukosten. Dabei beobachtet er, was auf der materiellen Ebene vorgeht, und weiß, ob es seinem Wunsch entspricht.

Wir können eine Erfahrung im Gedächtnis speichern und uns gleichzeitig erlauben, sie zu leben und zu fühlen. Ein reifer Mensch fühlt und versteht einen Menschen oder eine Situation. Eine Idee, zum Beispiel „Liebe", können wir nur verstehen, wenn wir den dadurch beschriebenen Zustand *gefühlt* haben. Ich glaube, die Fähigkeit zu fühlen und die Fähigkeit zu verstehen können harmonisch zusammenarbeiten, sofern unser ganzes Sein daran teilnimmt, also unser „Wesen" auf der spirituellen *und* auf der materiellen Ebene.

Wenn wir zulassen, dass die materielle Welt uns beherrscht, können wir nicht wirklich verstehen, warum eine bestimmte Situation eintritt oder warum ein Mensch sich so und nicht anders verhält. Sobald wir uns von unserer spirituellen Dimension – vom Gott in uns – abwenden, erfahren wir emotionales Unbehagen, und wir sind unglücklich.

Es ist unmöglich, emotional und gleichzeitig spirituell zu sein. Wenn eine Emotion auftaucht, hat das Ich die Führung übernommen und versucht, die Situation in den Griff zu bekommen – wir bestehen darauf, ein bestimmtes Ergebnis zu erreichen. Selbstverständlich ist dieses Ergebnis das einzig akzeptable für uns, und darum sperren wir uns gegen jede andere Möglichkeit. Die Emotion entsteht, wenn das erwartete Resultat nicht eintritt und wir uns oder anderen für das Versagen die

Schuld geben. In meinem ersten Buch *Höre auf Deinen besten Freund, auf Deinen Körper* erfährst du mehr über Emotionen.

Um zu fühlen, müssen wir beobachten und dürfen uns nicht von mentalen Einstellungen leiten lassen.

Die Einstellung, die unsere Wünsche blockiert, hat sich seit unserer Kindheit entwickelt. Ihre Ursache waren bestimmte Erfahrungen, die uns emotionale Schmerzen zufügten. Menschen leiden, wenn sie nicht geliebt werden. Darum haben viele gelernt, sich hinter Masken zu verstecken, um schmerzhafte Emotionen so weit wie möglich zu vermeiden oder zu verbergen. Da wir jedoch Gefühle mit Emotionen verwechseln, verhindern wir dadurch beide.

Wer eine starre Persönlichkeit hat, das heißt, wer glaubt, er sei obenauf, und sich benimmt, als könne nichts ihn erschüttern, ist von seinen wahren Gefühlen am weitesten entfernt. Er empfindet kaum ein echtes Gefühl, ist sehr kritisch und verlangt viel, vor allem von sich selbst; denn er gestattet sich keine Fehler. Solche Menschen gründen ihre Entscheidungen auf das, was sie *gelernt* haben, obwohl ihre Entscheidungen besser wären, wenn sie echte Gefühle hätten. Wir können aber nur dann echte Gefühle empfinden, wenn wir im Herzen sind und im Augenblick leben. Das setzt auch voraus, dass wir in Kontakt mit unserer Intuition und unserem inneren Gott sind. Mit Gott verbunden sein heißt anerkennen, dass wir alle hier auf Erden sind, um verschiedene Zustände des „Seins" zu erleben, nicht um Urteile über andere und uns selbst zu fällen.

Emotionen sind die Folge von Energieblockaden und Widerstand. Je mehr wir uns widersetzen, desto größer ist unser Unbehagen. Menschen, die emotional reagieren, wehren sich im Grunde gegen ihre wahren Gefühle. Wenn wir wirklich fühlen können, sind wir nicht mehr emotional verstört. Diesen Zustand wollen wir alle erreichen.

Um herauszufinden, ob du dich gegen ihre wahren Gefühle wehrst und emotional reagierst, brauchst du nur auf deinen Körper zu achten, wenn du gegen etwas Widerstand leistest. Angenommen, du stehst draußen bei klirrender Kälte. Wenn du versuchst, dich dagegen zu wehren, indem du dich zusammenkauerst, wird dir noch kälter. Wenn du jedoch die Kälte beobachtest und spürst, welche Körperteile am meisten betroffen sind, reagiert dein Körper ganz anders: Da du dich nicht gegen die Kälte wehrst, leidet er nicht darunter. Widerstand bringt nur Schmerzen und Leiden hervor.

Wer sich gegen seine Gefühle wehrt, hat größere Schwierigkeiten, die Ereignisse in seinem Leben zu bewältigen. Er trennt sich von seiner Sensitivität, obwohl er als Mensch von seinen Gefühlen lernen sollte – dies ist ein natürliches Bedürfnis des Emotionalkörpers.

Menschen mit starrer Persönlichkeit haben große Schwierigkeiten, ihre wahren Bedürfnisse zu erkennen, weil sie keinen Kontakt mit ihren Gefühlen haben. Sie reden sich ein, dass nichts sie aufregt; doch sie würden völlig andere Entscheidungen treffen, wenn sie auf ihre wahren Gefühle hören würden. Der Emotionalkörper leidet, wenn er nicht benutzt wird, um Wünsche zu fühlen und zu erfahren; denn das ist seine Hauptaufgabe.

***Je mehr du erkennst, wer du wirklich bist,
indem du dich auf deine innere Entwicklung konzentrierst,
desto empfindsamer wirst du für deine Umwelt.***

Dank dieses Prozesses kannst du allmählich zulassen, empfänglicher für Schönheit, Sanftheit, Harmonie und Glück zu sein. Vielleicht rührt diese Empfindsamkeit dich so, dass deine Augen sich mit Tränen füllen – das ist ein Sicherheitsventil, das zu starke Emotionen freisetzt, solange du noch nicht daran gewöhnt bist, dass dein Herz sich plötzlich öffnet. Wenn du deine Empfindsamkeit akzeptierst, wird sie zu einer sanften, tröstenden Freundin.

Wer versucht, allein mit Hilfe des analytischen Verstandes zu begreifen, hat selten Erfolg, weil wir fühlen müssen, um etwas wirklich zu verstehen. Wir sollten auch nicht darauf bestehen, dass uns jemand bei unseren Problemen hilft; denn wenn wir etwas nicht verstehen, müssen wir zuerst akzeptieren, dass einige Teile des Puzzles fehlen.

Wenn du versuchst, einen Menschen zu verstehen, indem du ihn analysierst – auf der Basis dessen, was du früher gelernt hast – wirst du scheitern. Um wirklich zu verstehen, musst du dein Herz öffnen und die Menschen so akzeptieren, wie sie sind, ohne sie nach deinen persönlichen Überzeugungen zu beurteilen. Nur dann, von einem neutralen Standpunk aus, kannst du einen Menschen oder eine Situation wirklich beobachten und verstehen. Dann kannst du Informationen über den Menschen sammeln, den du beobachtest: Wie er spricht, sich benimmt, geht, reagiert und so weiter. Außerdem kannst du seine Furcht und seine Freude, seine Wünsche und seine Enttäuschung spüren und allmählich sein inneres Wesen verstehen. Wahres Verstehen kommt aus dem Herzen, das nichts für gut oder schlecht erklärt.

Wenn ich den Menschen rate, eine bestimmte Situation nicht länger zu analysieren, sage ich ihnen im Grunde, dass der Verstand nichts vollständig verstehen kann. Darum müssen sie spirituelles Verständnis entwickeln. Ich wiederhole: *Es ist sinnlos, den Prozess des Verstehens erzwingen zu wollen.* Wenn wir unser Herz öffnen und zulassen, dass die für das Verständnis benötigten Elemente sich von selbst einstellen, erreichen wir wahres Verständnis.

Außerdem dürfen wir Gefühle und Intuition nicht verwechseln. Intuitiv sein heißt, sich einer Sache absolut sicher sein. Wir können vielleicht nicht erklären, warum wir uns sicher sind, aber wir wissen es. Wenn wir fühlen lernen, werden wir uns der Gegenwart Gottes in uns allmählich bewusst und öffnen uns der Intuition. Und wenn unser Band mit dem inneren Gott stärker wird, brauchen wir nicht mehr zu fühlen oder zu verstehen – denn wir *wissen*. In diesem Bereich unseres Lebens befinden wir uns am Anfang des Lernprozesses.

Wer von Emotionen überwältigt wird,
fürchtet sich noch mehr;
denn jede Emotion verbirgt mindestens eine Furcht.

Dieser Prozess gibt dir eine Menge Energie! Du wirst bemerken, dass du viel Energie vergeudest und wenig dabei gewinnst, wenn du zu emotional bist oder versuchst, alles mit dem Verstand zu erfassen. Ein zu emotionaler und intellektueller Mensch spürt oft Schmerzen im Bereich des Sonnengeflechts, vielleicht sogar eine Schwellung, weil sich an dieser Stelle des physischen Körpers die Energien des Emotionalkörpers und des Mentalkörpers miteinander verbinden. Da solche Menschen diese Energien zu stark in Anspruch nehmen, entstehen Energieblockaden, die das Herzzentrum in der Mitte der Brust stören. Diesen Menschen fällt es schwer, etwas zu fühlen. Die Energien, die sie für die Intuition und die Intelligenz brauchen, werden ins vordere Zentrum (knapp über der Nase zwischen den Augen) geleitet.

Manche Menschen glauben, sie müssten ein Ereignis dramatisieren und emotional darauf reagieren, um etwas zu fühlen. Also schreien, kreischen und toben sie. Das passiert auch jenen Menschen, die seit ihrer Kindheit alle Gefühle unterdrückt haben. Wenn eine emotionale Blockade zu schnell verschwindet, können die Folgen drastisch und verheerend sein. Deshalb empfehle ich nie Methoden, die seelische Blockaden rasch entfernen. Hier ist behutsames Vorgehen notwendig, damit wir allmählich fühlen, was in uns hochkommt. Wenn wir nichts zerbrechen, brauchen wir später auch keine Scherben zu sammeln.

Ich habe mit mehreren Menschen gesprochen, die ihren Eltern seit langem grollten oder sie sogar hassten. Sobald sie sich der Schmerzen bewusst wurden, die sie seit ihrer Kindheit verdrängt hatten, diese Schmerzen akzeptierten und sich selbst den alten Groll verziehen, löste der Hass sich wie Nebel in der Morgensonne auf. Das ist eine der besten Methoden, um emotionalen Aufruhr zu beenden, ohne den Prozess zu dramatisieren.

Wir alle wissen, dass ein neugeborenes Kind rein ist. Seine Seele will nur lieben und glücklich sein. Wenn das Kind größer wird, beginnt es zu sprechen und will sich selbst bestätigen. In dieser Phase schelten oder bestrafen die meisten Eltern ihr Kind. Das Kind merkt nach und nach, dass man es nicht akzeptiert oder liebt, wenn es ehrlich ist. Die Folge ist eine innere Rebellion, die meist bis zum siebten Lebensjahr dauert. Das Kind muss entscheiden, ob es aufrichtig sein und die Folgen in Kauf nehmen will, oder ob es lieber eine Maske trägt. Am schwersten sind jene Momente, in denen das Kind mit seiner Last und seinem inneren Schmerz allein ist. Wenn es von den Erwachsenen geliebt werden will, beginnt es die Masken anzufertigen, die es aufsetzen muss, um zur Welt der Erwachsenen zu gehören.

Um zu werden, wer du wirklich bist, musst du jeden Schritt zurückverfolgen und die innere Rebellion fühlen, die tief in dir verborgen ist. Du musst auch die Wut fühlen, die deine Entscheidung auslöste, nicht mehr zu sein, wer du warst, und du musst dir der Schuldgefühle bewusst werden, die meist mit dieser Wut einhergehen. Dann kannst du deiner Rebellion erlauben, sich körperlich auszudrücken. Menschen, die eine schwere Kindheit hatten und ihre Rebellion nicht ausdrücken konnten, müssen das als Erwachsene nachholen. Andere waren als Kinder eher unbeherrscht, und manche hatten Wutanfälle, die Stunden dauerten. Als Erwachsene brauchen wir unsere Rebellion nicht hinauszubrüllen, weil wir uns ihrer bereits bewusst sind.

Auch du kannst wieder sein, wer du bist und diesen Zustand genießen. Erforsche die Schmerzen, die du empfunden hast, als man dir verbot, du selbst zu sein. Beobachte diese Schmerzen und denke daran, dass dein inneres Kind sie gespürt hat.

Die Idee, dass wir fühlen lernen müssen, ist schwer zu verstehen, weil sie in unserem Kulturkreis ziemlich neu ist.

In meinen Workshops und öffentlichen Vorträgen bitte ich die Anwesenden, die Hand zu heben, wenn sie als Kinder von ihren Eltern gefragt wurden, wie sie sich fühlten. Ich sehe nur wenige erhobene Hände! Aber es war schwer für unsere Eltern, etwas für uns zu tun, was sie für sich selbst nicht getan haben.

Ich empfehle dir dringend, dir deiner Gefühle deutlicher bewusst zu werden. Frage dich jeden Tag: *„Was fühle ich in diesem Augenblick in dieser Situation?“* Verurteile und kritisiere dich nicht; erforsche einfach deine Gefühle. Du kannst auch zusammen mit Angehörigen und Freunden üben, indem du ihnen die gleiche Frage stellst und ihre Antwort akzeptierst, einerlei, ob sie dir gefällt oder nicht. Wann hast du deinen Partner, deine Kinder, Eltern und Freunde zum letzten Mal nach ihren Gefühlen in einer bestimmten Situation gefragt? Denke an deine Kindheit zurück. Hast du dir damals gewünscht, deine Eltern würden dir diese Frage stellen? Hättest du gerne über deine Gefühle gesprochen, ohne kritisiert zu werden oder unerbetene Ratschläge zu bekommen?

Vielleicht hast du sogar offen gesagt, dass du jemanden oder etwas nicht leiden konntest und deine Eltern haben dir befohlen, nicht zu jammern, weil es vielen anderen Kindern schlechter gehe, oder sie haben behauptet, deine Ängste seien unbegründet. Daraufhin hast du gelernt, Furcht und Gefühle zu unterdrücken, weil du den Eindruck hattest, deinen Eltern eine Last zu sein. Aber deine Eltern wollten dir nicht schaden; sie wussten es einfach nicht besser. Heute kannst du dich jedoch fragen, wie du reagiert hättest, wenn deine Eltern dir Fragen wie diese gestellt hätten: *„Wärst du lieber ein Mädchen/ein Junge gewesen? Wärst du gerne anders, als du bist? Freust du dich darauf, erwachsen zu werden, zu lernen und einen Beruf zu haben? Möchtest du eines Tages Kinder haben? Fühlst du dich bei deinen Eltern wohl?“* Was hättest du darauf geantwortet, wenn du gewusst hättest, dass man dich auf jeden Fall akzeptiert hätte?

Ich musste mich mit diesen Fragen auseinandersetzen, als ich begann, meine Autobiografie zu schreiben. Dafür brauchte ich mehr Zeit als erwartet, weil ich viele meiner Erlebnisse als Kind, Heranwachsende und Erwachsene noch einmal durchleben musste, um meine damaligen Gefühle zu erforschen. Danach fühlte ich mich gestärkt und befreit!

Ich rate dir, das Gleiche zu tun. Schreibe deine wichtigsten Kindheitserlebnisse auf, und erlebe die damaligen Gefühle erneut. Diese Übung kann dir nicht schaden – in Gegenteil, sie kann dich von deiner Vergangenheit befreien. Wenn du alte Erlebnisse noch einmal wachrufst, verstehst du besser, welche Gefühle aktuelle Ereignisse bei dir auslösen. Und wenn du andere Menschen fragst, was sie fühlen, werden nicht nur deine Gespräche interessanter, sondern du wirst auch den Wunsch verspüren und die Fähigkeit haben, dich selbst einzubeziehen.

Sicherlich ist dir aufgefallen, dass Unterhaltungen schnell langweilig werden, wenn der Gesprächspartner nur über Tatsachen und nie über Gefühle redet. Deshalb fällt es uns schwer, jemandem zuzuhören, dessen Worte wir für unwichtig oder oberflächlich halten. Wahrscheinlich kennst du Menschen, die selten über ihre Gefühle reden und dadurch den Eindruck erwecken, über allem zu stehen. Da sie nicht viel über ihre Lebenserfahrungen zu sagen haben, versanden Gespräche mit ihnen schnell. Wenn jedoch deine Kinder, dein Partner oder deine Freunde über ihre Gefühle reden, findest du das Gespräch viel interessanter und angenehmer, weil alle auf allen Ebenen aufrichtig miteinander kommunizieren.

Wenn du fühlen lernst,
kann dein Leben sich tief greifend verändern.

Je mehr du fühlst, desto weniger hemmst du deine Empfindsamkeit und desto weniger Emotionen erlebst du. Das ist das schönste Geschenk, das du dir machen kannst. Dann kannst du auch deine Mitmenschen besser verstehen, die dir von ihren Gefühlen berichten.

Wenn auch du Probleme mit dem Fühlen hast, musst du dich wahrscheinlich einige Male fragen, was du fühlst, bevor du deine Gefühle in einer bestimmten Situation identifizieren kannst. In meinen Workshops treffe ich solche Menschen häufig. Eine Frau schilderte beispielsweise einen Vorfall, an dem ihr Mann beteiligt war. Als sie fertig war, fragte ich sie, wie sie sich damals gefühlt habe. Als Antwort beschrieb sie die Bemerkungen und Reaktionen ihres Mannes. Ich wiederholte meine Frage, und wieder sprach sie über ihren Mann. Erst als ich sie zum dritten Mal fragte, hielt sie inne und gestand dann, sie wisse es nicht. Sie war ihren eigenen Gefühlen derart entfremdet, dass sie nicht wusste, wie sie sich gefühlt hatte. Sie hatte nicht einmal die Frage *„Wie fühltest du dich?“* verstanden.

Wir haben oben über einen Menschen gesprochen, dem es schwer fällt, etwas zu fühlen, weil er nicht zugeben will, dass er ein Problem hat. Würde er ein Problem einräumen, müsste er auch über seine Gefühle reden. Wenn du einem solchen Menschen helfen willst, kannst du ihm sagen, was *du* fühlst, wenn du ihm zuhörst. Zum Beispiel: *„Als ich dir zuhörte, war ich traurig/wütend.“* Frage ihn, ob er die gleichen Gefühle gehabt habe. Dadurch hilfst du ihm, Kontakt mit seinen Gefühlen aufzunehmen. Manche Menschen haben sich seit ihrer frühen Kindheit kaum Gefühle erlaubt und darum ist es ganz normal, wenn sie auf Nachfrage behaupten, alles sei in bester Ordnung.

Je mehr wir unsere Emotionen unterdrücken und uns von unserer Empfindsamkeit abschneiden, desto größer ist die Gefahr, dass wir die Beherrschung verlieren. Das ist nur eine Frage der Zeit. Die materielle Welt ist begrenzt und darum ist auch unsere Fähigkeit begrenzt, die emotionale und mentale Ebene zu beherrschen. Und wenn wir sie nicht mehr beherrschen können, wirkt sich das auch auf den physischen Körper aus. Dies ist sogar ein Anhaltspunkt dafür, wie stark wir Gefühle unterdrücken.

Es gibt auch noch andere Indizien dafür, dass wir Gefühle unterdrücken: Wenn wir weinen, können wir nicht aufhören; wir haben die Blase oder den Darm nicht mehr im Griff; die Muskeln zucken; wir verlieren das Bewusstsein; wir leiden an Muskelschwund oder an Parkinson. Weitere Zeichen sind Beschwerden in den Gelenken von den Knöcheln über die Schultern bis zum Hals sowie Muskelkrämpfe, Arthritis und Verstopfung. Wenn der Körper anschwillt, halten wir Gefühle zurück, und das verringert unsere *Fähigkeit* zu fühlen.

Wir unterdrücken Gefühle,
weil wir nicht noch mehr leiden wollen.

Als Kinder wussten wir nicht, dass unsere Entscheidung, Gefühle zu unterdrücken, zwar manchmal Leiden (durch Ablehnung) verhindert, aber unser Leben auf die Dauer noch schwerer macht. Wenn wir das begreifen, können wir beschließen, die Angelegenheit in die eigenen Hände zu nehmen und für die notwendigen Änderungen zu sorgen. Selbstbeherrschung und das Unterdrücken von Gefühlen verursachen viel mehr Probleme als die Bereitschaft zu sein, wer wir sind, auch auf die Gefahr hin, dass andere uns dann ablehnen oder nicht mehr lieben. Sobald wir das einsehen, können wir die Transformation in Gang setzen, die uns zu unserem wahren „ich bin" führt.

Woran erkennen wir, ob jemand unfähig ist zu fühlen? Solche Leute behaupten oft, alles sei fantastisch und sie hätten keine Probleme. Außerdem fällt es ihnen schwer, ihre wahren Bedürfnisse zu ermitteln und sie bitten sehr selten um Hilfe. Sie sind stolz auf ihre Selbstbeherrschung und haben meist einen geraden und steifen Körper. Kiefer und Hals sind verkrampft. Sie geben sich große Mühe, alles mit dem Verstand zu erfassen und benutzen dabei ihr Gedächtnis. Wenn sie etwas erklären, reden sie oft lange und kompliziert und fast nur über Tatsachen.

Obwohl die meisten Menschen als Kinder nicht fühlen gelernt haben, können sie das Versäumte nachholen, sofern sie keine starre Persönlichkeit entwickeln. Wenn wir noch die Fähigkeit zu fühlen haben, brauchen wir nichts zu dramatisieren. Wir können sachlich über ein Ereignis reden und dennoch unsere Furcht und die anderen Gefühle zugeben, ohne uns selbst zu bemitleiden und ohne uns wie ein Opfer des Lebens zu benehmen.

Hast du schon einmal zu weinen begonnen, wenn du einen anderen Menschen weinen sahst? Du musst unterscheiden zwischen den Tränen einer übersteigerten Empfindsamkeit und den emotionalen Tränen. Im letzteren Fall spreche ich vom „Weinen mit dem Verstand". Mit dem Verstand weinen heißt, dass du mitten im Weinen analysierst und dich fragst, warum gerade dir das passiert, anstatt in Kontakt mit deinen Gefühlen zu sein. Deine Tränen sind mit Wut gefärbt. Wenn du leicht in Tränen ausbrichst, sobald jemand in deiner Nähe mit dem Verstand weint, lässt du dich in die Emotionen anderer verwickeln und willst jedermanns Probleme lösen, weil du glaubst, jeden Menschen glücklich machen zu müssen. In diesem Fall hast du keinen Kontakt mit deiner Fähigkeit zu fühlen. Dein Ich hat das Kommando übernommen und redet dir ein, du müsstest die Probleme deiner Mitmenschen lösen oder etwas tun, damit es ihnen besser geht.

Wenn du in Gegenwart eines Menschen, der in seinem Herzen ruht, zu weinen beginnst, ist Empfindsamkeit daran schuld. Solche Tränen lösen keine negativen Gefühle aus und rauben dir keine Energie. Emotionale Tränen (mit dem Verstand weinen) schwächen dich und erzeugen Stress.

Selbstverständlich musst du üben, damit deine Fähigkeit zu fühlen sich entwickelt.

Unabhängig von deinem Alter musst du dir Zeit geben, um deine Fähigkeit zu fühlen neu zu entdecken. Dann verstehst du die Ereignisse in deinem Leben besser. Es ist unmöglich, sich immer wohl zu fühlen. Aber wenn du dich selten wohl fühlst, handelst du wahrscheinlich deinen Wünschen zuwider. Sobald du dir dessen bewusst wirst, brauchst du es nur noch zuzugeben. Da du weißt, dass sich dir eine andere Gelegenheit bieten wird, solltest du dich bald besser fühlen. Wenn nicht, analysierst du die Erfahrung und bist wütend auf dich oder auf einen anderen, der deiner Meinung nach für dein Unglück verantwortlich ist.

Es gibt noch einen Weg, deine Fähigkeit zu fühlen weiterzuentwickeln: Achte auf körperliche Empfindungen. Setz dich ein paar Minuten still hin und stimme dich auf deinen Körper ein. Welche Empfindungen bemerkst du im Rücken, in den Beinen, in den Füßen, im Kopf und so weiter? Den Menschen, die Gefühle unterdrücken, fällt es oft schwer, den eigenen Körper zu fühlen. Sie stürmen vorwärts, ohne auf den Körper Rücksicht zu nehmen, und sind offensichtlich stolz darauf. Manche verletzen sich sogar und merken es erst Tage später. Ein Beispiel: Du entdeckst einen blauen Fleck an einem Bein, weißt aber nicht, ob du dich irgendwo gestoßen hast.

Wer nicht in Kontakt mit seiner Empfindsamkeit ist, lebt auch nicht bewusst. Wenn ein Mensch nicht weiß, was mit seinem physischen Körper geschieht, hat er erst recht keine Ahnung, was auf der psychischen und spirituellen Ebene vorgeht.

Wie du siehst, kannst du weniger emotional sein und dennoch empfindsam bleiben. Und je mehr du dir dessen bewusst bist, was in dir und in deiner Umgebung vorgeht, desto besser verstehst du es.

Zum Schluss empfehle ich dir für die kommende Woche folgende Übung: Frage jeden Tag mindestens einen Menschen, wie er sich fühlt, und frage dich dann mindestens dreimal am Tag, wie du dich in einer bestimmten Situation oder in Gesellschaft eines anderen fühlst. Das kannst du zusätzlich jedes Mal tun, wenn etwas Besonderes geschieht oder wenn du vor dem Schlafengehen noch einmal über den vergangenen Tag nachdenkst. Schreibe die Eindrücke, Gefühle und Kommentare der Person auf, die du gefragt hast, und notiere deine eigenen Gedanken und Gefühle. Tu das auch, wenn du die Notizen nicht behalten willst. Du wirst sehen, dass es sehr angenehm ist, den Tag auf diese Weise zu beenden; denn du hast dir Zeit genommen, um alle deine Gefühle richtig einzuordnen, und kannst beruhigt einschlafen.

Kapitel 16

Sich selbst vergeben

In meinem ersten Buch *Höre auf Deinen besten Freund, auf Deinen Körper* habe ich ein ganzes Kapitel dem Thema „Vergeben" gewidmet. Hier möchte ich erneut darüber schreiben, weil Vergebung meiner Meinung nach notwendig ist, um das Tor zur spirituellen Ebene, zu Gott und zur Liebe für uns und andere zu öffnen.

Wir hören oft, dass wir vergeben sollen, besonders den anderen. Wusstest du aber, dass es einfacher ist, anderen zu vergeben, als sich selbst? Das wurde mir vor einigen Jahren klar. Mir fiel auch auf, dass eine Heilung nur dann möglich ist, wenn wir *uns selbst* vergeben haben, einerlei, ob es um die körperliche, emotionale oder mentale Ebene geht.

Ein inspirierendes Beispiel für Vergebung verdanken wir Jesus, der am Kreuz sagte: *„Vater, vergibt ihnen, denn sie wissen nicht, was sie tun."* Das zeigt, was mit uns geschieht, wenn wir Gott vergessen, das heißt, wenn wir nicht wissen, was wir tun! Unser Glaubenssystem bringt uns aus dem Gleichgewicht.

Trotz seiner Güte und der außergewöhnlichen Lehre, die er den Menschen auf Erden vor zweitausend Jahren brachte, musste Jesus akzeptieren, dass wir nur einen kleinen Teil seiner Lehre verstehen können, weil wir zu sehr in der materiellen Welt gefangen sind. Damals beschlossen die Menschen, den Mann zu töten, der gekommen war, um uns den Weg zum wahren Glück zu zeigen. Die Schmerzen, die Jesus am Kreuz litt, waren real; aber sie hatten auch eine symbolische Bedeutung. Er wollte demonstrieren, welches Leid wir uns zufügen, wenn wir uns von Gott entfernen. Um Jesu Beispiel zu folgen, müssen wir zugeben, dass wir vom Weg abgekommen sind, und uns vergeben, dass wir Gott vergessen haben.

Wusstest du, dass du Gott jedes Mal vergisst, wenn du jemandem grollst? Selbst wenn er dir Unrecht zugefügt hat, darfst du es ihm nicht nachtragen; andernfalls macht dein Zorn dich zum seelischen Krüppel und du erlebst die Hölle auf Erden.

Einen spirituellen Menschen erkennen wir daran, dass er in seinem Herzen ruhen kann.

Damit du imstande bist, zu vergeben und Groll zu überwinden, ist es unbedingt notwendig, dass du fühlen und verstehen kannst, ohne zu beschuldigen oder zu verurteilen. Wenn du dich eine Weile in den anderen hineinversetzt, wird dir klar, wie nahe er seinen Grenzen gekommen ist. Er hat gelitten und sich gefürchtet, weil Gott kein Teil seines Lebens war. Die Weigerung zu grollen ist die wirksamste Art des Vergebens. Jemandem vergeben heißt nicht, ihm einen Gefallen zu tun. Wenn du beschließt, einem anderen zu vergeben, tust du dir selbst einen Gefallen; denn ohne Vergebung bleibst du immer in deinem eigenen Groll gefangen.

Der nächste Schritt besteht darin, dass du dir deinen Groll vergibst. Das hört sich zunächst seltsam an. Warum sich selbst vergeben? Wenn du es nicht tust, meldet sich eine leise innere Stimme, sobald du dir deines Grolls bewusst wirst: *„Schäm dich!“* Und da du erkannt hast, dass der Mensch, um den es geht, nicht böse war, sondern innere Schmerzen litt, fühlst du dich schuldig, wenn du dich nicht vorher akzeptiert und dir vergeben hast.

Obwohl Selbstvorwürfe eher ein unbewusster Vorgang sind, können wir kaum verhindern, dass wir uns dafür kritisieren, andere verurteilt zu haben. Tief im Inneren wissen wir nämlich, dass wir damit gegen das Gesetz der Liebe verstoßen haben, sogar wenn wir verletzt wurden.

Wir alle leben hier auf Erden, damit wir lernen, dass jeder Mensch das Recht hat zu sein, wer er ist. Wenn wir jedem Menschen persönliche Grenzen, Schwächen, Ängste und Schmerzen in verschiedenen Lebensbereichen zugestehen, kann eine echte und dauerhafte Transformation beginnen.

Um sich selbst zu vergeben, musst du genauso vorgehen, als würdest du einem anderen vergeben. Du musst mit deinem inneren Kind Kontakt aufnehmen, das in der Vergangenheit verletzt wurde und dessen Schmerzen dich veranlassten, dem „Schuldigen“ Vorwürfe zu machen. Selbstvergebung bedeutet also: Du akzeptierst ohne Vorwurf, dass der verwundete und leidende Teil deiner Persönlichkeit jemanden kritisiert oder gar gehasst hat.

Um diesen Teil von dir leichter zu erreichen, empfehle ich dir, das leidende Kind in dir zu visualisieren und es dann in die Arme zu nehmen und zu trösten. Sage zu ihm: *„Ich weiß, dass du leiden musstest, und ich verstehe jetzt, warum du so und nicht anders reagiert hast. Von nun an werde ich dich bedingungslos lieben und unterstützen."*

Das ist der Weg zur wahren Vergebung. Wichtig ist die Einsicht, dass der Teil von dir, der gegrollt oder gehasst hat, nicht dein wahres Selbst ist. Er ist nicht repräsentativ für dein „ich bin", denn er ist nur eine mentale Einstellung, die du geschaffen hast und die Teil deiner Persönlichkeit wurde. Vergib diesem Teil deiner selbst.

Es ist ein Zeichen von falschem Stolz, wenn wir uns nicht vergeben können oder wollen.

Es ist, als würdest du dich weigern, einem anderen Menschen zu vergeben, weil das, was er getan hat, deiner Meinung nach völlig inakzeptabel ist. Es ist, als würdest du zu ihm sagen: *„Ich bin besser als du. Du verdienst keine Vergebung."* Die Entscheidung, jemandem nicht zu vergeben, wurzelt in falschem Stolz.

Selbstvergebung bewirkt eine erstaunliche innere Transformation. Du fühlst dich von einer schweren Last befreit; du hast neue Energie und wirst sogar jünger. Da du eine Menge Selbstliebe brauchst, um dir zu vergeben, sind diese neuen, im Herzen entspringenden Gefühle normal. Von der neuen Liebe profitiert sogar das physische Herz. Wie du weißt, pumpt das Herz Blut durch den Körper. Wenn du dir vergeben hast, strahlt das Herzchakra mehr Energie aus, die das Blut magnetisiert und Heilungsprozesse fördert.

Für Menschen, denen bewusst wird, wie sehr sie ihren Vater oder ihre Mutter gehasst haben, ist es besonders schwer, sich zu vergeben. Sie müssen sich große Mühe geben – aber der Sieg ist umso schöner!

Ich habe im Laufe meiner Tätigkeit Hunderte von Heilungen erlebt. Wahre Vergebung ist überaus wirksam. Die Wissenschaft kann solche Heilungen – sogar bei „tödlichen" Krankheiten – nicht erklären. Denke aber daran, dass es nicht genügt, anderen zu vergeben. Das ist zwar ein wichtiger Schritt, aber eine vollständige Heilung löst er nicht aus. Manche Symptome verschwinden, doch andere bleiben. Die Last wird leichter, verschwindet aber nicht ganz.

Ich begegne oft Leuten, die nicht verstehen, warum ihre Krankheiten nicht verschwinden oder immer wieder zurückkommen, obwohl sie ihren Eltern vergeben haben. Eine Frau schilderte mir beispielsweise, sie habe ihre Mutter in die Arme genommen und keinerlei Groll mehr gegen sie gehegt – sie habe sogar tiefe Liebe für ihre Mutter empfunden. Ich erklärte ihr, dass sie *sich selbst* noch nicht vergeben habe. In allen Fällen dieser Art stellte sich heraus, dass die Betroffenen diesen wichtigen Schritt vergessen hatten. Die Frau machte sich selbst Vorwürfe, weil sie schlecht von ihrer Mutter gedacht hatte, und hielt sich für egoistisch. Da die Wolke des Grolls sich aufgelöst hatte, konnte die Frau jetzt die Vorzüge ihrer Mutter klar sehen und erinnerte sich an die schönen Tage, die sie in ihrer Kindheit mit ihr verbracht hatte.

Verstehst du nun, warum dieser Schritt so wichtig ist? Wenn du dich in einer ähnlichen Situation befindest und dir vergeben hast, wirst du feststellen, dass es jetzt leichter ist, dem Menschen gegenüberzutreten, auf den du wütend warst, und seine Vergebung zu erlangen. Da du nun in deinem Herzen bist, kannst du friedlich mit ihm umgehen. Dieser Schritt ist außerdem notwendig, um herauszufinden, ob deine Vergebung aufrichtig war.

Selbstvergebung kann schwer sein, wenn wir bösen Klatsch verbreitet oder jemanden verleumdet haben. Dann sind wir wütend auf uns selbst, obwohl wir unser Verhalten bereuen. Aber alles kann vergeben werden, denn Gott in uns ist reine Liebe und Vergebung!

Wenn du jemandem sagst, dass du ihm vergibst, was er gesagt oder getan hat, dann ist das keine echte Vergebung, denn das Motiv dafür ist Stolz. *Du* glaubst ja, dass der andere dich beleidigt hat, und er ist vielleicht anderer Meinung und über deine so genannte Vergebung gar nicht erfreut.

Viele Kinder machen ihren Eltern Vorwürfe wegen einer Sache, welche die Eltern für ganz normal halten. Die Eltern finden, sie hätten nichts falsch gemacht, sondern ihr Bestes getan – oft erinnern sie sich nicht einmal an solche „Vorfälle". Sollen wir zu unseren Eltern sagen, dass wir ihnen wegen eines

Ereignisses in unserer Kindheit vergeben, das wir für tadelnswert halten? Sehr wahrscheinlich werden unsere Eltern beleidigt sein, sich verteidigen und bestreiten, einen Fehler begangen zu haben.

Vielleicht denkst du jetzt, dass dir manchmal tatsächlich Unrecht getan wurde. Das wirst du aber erst dann genau wissen, wenn du den Beteiligten fragst, wie er sein Verhalten beurteilt. Jetzt verstehst du, warum wahre Vergebung sich nur in uns selbst abspielen kann.

Wenn jemand dir Unrecht tut und du daran Anstoß nimmst, so bedeutet das gemäß dem Gesetz von Ursache und Wirkung, dass du irgendwann selbst jemandem Unrecht getan hast und der Betroffene den gleichen Kummer verspürte. Das kann in diesem Leben oder in einem früheren geschehen sein. Und weil du dir für deine Untat nie vergeben hattest, musstest du das gleiche Unrecht erneut erleiden, um zu erkennen, dass du dir selbst vergeben musst. Wenn du dich in einen anderen hineinversetzt und ihm *von Herzen* vergibst, dann vergibst du dir zugleich deine eigene Missetat. Und danach darfst du nicht vergessen, dir auch den Groll zu vergeben, den du gegen den anderen gehegt hast.

Nehmen wir eine ernste Verfehlung als Beispiel: Ein junges Mädchen wird von ihrem Vater missbraucht. Wenn sie sich nun in ihren Vater hineinversetzt und die Situation mit ihrem Herzen betrachtet, wird ihr – als Erwachsene – klar, dass ihr Vater kein böser Mensch war. Dann fällt es ihr leichter, seinen Schmerz zu spüren und anzuerkennen, dass er gewiss Schuldgefühle empfand, nachdem er derart die Beherrschung verloren hatte. Sie braucht mit seinem Verhalten nicht einverstanden zu sein, um ihm zu vergeben – das sind zwei verschiedene Aspekte. Wenn sie ihren Zorn überwindet, kann sie dem Teil ihrer selbst vergeben, der eine inzestuöse Erfahrung hinter sich hat, sei es in diesem Leben, sei es in einer früheren Existenz. Nachdem sie ihrem Vater (und sich selbst) vergeben hat, wird sie nicht mehr in eine inzestuöse Beziehung verwickelt.

Gewalt ist eine weitere häufige Kindheitserfahrung. Ein Junge, der von seinem Vater geschlagen wurde und der noch als Erwachsener darüber zornig ist, verliert wahrscheinlich auch gegenüber seinem Sohn die Beherrschung. Wenn er seinem Vater vergibt, öffnet er die Tür zur Selbstvergebung und kann den Kreislauf der Gewalt für immer durchbrechen. Wenn er sich seine Wut auf den Vater aufrichtig vergibt, empfindet er Mitgefühl für sein verwundetes inneres Kind, das so litt, dass er sich nicht mehr beherrschen konnte und seinen Sohn schlug. Dann ist die wahre Vergebung vollendet.

Vergebung ist eine außerordentlich wirksame Arznei, die Menschen davon befreit, innerhalb ihrer Familie bestimmte Ereignisse wiederholen zu müssen oder in einen heimtückischen Kreislauf zu geraten.

Psychologen wissen, dass sich die gleichen Lebensumstände oft über mehrere Generationen hinweg wiederholen. Eine Frau, die eine inzestuöse Beziehung mit ihrem Vater hatte, zieht oft einen Ehemann an, der die gemeinsame Tochter missbraucht. Das ist ein Beispiel für einen mächtigen heimtückischen Kreislauf: Die gleiche Ursache hat unweigerlich die gleiche Wirkung. Deshalb müssen die Seelen so lange innerhalb derselben Familie reinkarnieren, bis alle einander und sich selbst vergeben haben. Ein Vater, der seinen Sohn misshandelt, schlägt möglicherweise seinen Urgroßvater, der seinen Sohn ebenfalls misshandelte – und so weiter.

Die wichtigste metaphysische Ursache des Krebses ist ohne Zweifel die Unfähigkeit, sich selbst zu vergeben. Die vielen Krebskranken, mit denen ich gearbeitet habe, hatten eines gemeinsam: Sie waren als Kinder zornig auf den Vater oder die Mutter. Obwohl sie liebevolle Menschen waren, enttäuschte sie die Liebe der Eltern, und daraus entwickelte sich später Groll und schließlich Hass. Es ist oft sehr schwierig, sich solche Gefühle einzugestehen. Sie wollen ihren Hass gar nicht aufdecken, weil sie sich dann so schämen würden, dass sie sich nicht vergeben könnten. Da sie ihre negativen Gefühle jedoch verdrängt haben, behandeln sie ihre Eltern häufig liebevoll – das erleichtert die Verdrängung.

Andererseits ist mir aufgefallen, dass ein Mensch, der offen zugibt, seinen Vater oder seine Mutter zu hassen, nicht an Krebs erkrankt. Wenn er sich seinen Hass nicht vergeben hat, muss er allerdings mit anderen Krankheiten rechnen, etwa mit Epilepsie. Die Heilung vom Krebs ist letztlich die Folge einer Selbstvergebung. Ein Krebskranker muss erkennen, dass Hass einer tiefen Liebe entspringt, wenn auch einer enttäuschten Liebe.

Die Ursache des Hasses und des Grolls sind meist schmerzliche Erlebnisse, die Gefühle der Ablehnung, der Demütigung, des Betrogenseins und der Ungerechtigkeit hervorgerufen haben. Darum ist es normal, wenn ein Kind eine gewisse Wut empfindet und wir sollten ihm dafür keine Vorwürfe machen. Ein kleines Kind versteht nicht, dass auch seine Eltern Schwächen und Grenzen haben.

Wenn du aufhörst zu beschuldigen, brauchst du nicht mehr zu vergeben.

Man sagt, Schuld sei die Hauptursache des Karmas. Im Zeitalter des Wassermanns gilt das jedoch nicht mehr uneingeschränkt. Es ist keine Überraschung, dass die heutigen Kinder weniger unter Schuldgefühlen leiden als die früheren Generationen. Das zeigt, wie wichtig es ist, auf Vorwürfe zu verzichten und anderen und uns selbst ein Recht auf unterschiedliche Erfahrungen einzuräumen.

Wenn du dich schuldig fühlst, machst du dir Vorwürfe, weil du dich nicht richtig verhalten hast. Vielleicht schämst du dich sogar. Das ist ein Zeichen dafür, dass du dir nicht vergeben hast und deine Menschlichkeit nicht akzeptierst, die auch Schwächen, Furcht und andere Begrenzungen einschließt. Tief im Inneren weißt du, dass du Gott vergessen hast; aber du weißt auch, dass die Vereinigung mit dem Gott in dir dein sehnlichster Wunsch ist. Selbstvorwürfe und Scham helfen dir nicht, sondern machen die Situation noch schlimmer und hemmen deine spirituelle Entwicklung.

Im Wassermannzeitalter müssen wir aufhören, anderen und uns selbst Vorwürfe zu machen.

Sobald du eine leise innere Stimme hörst, die dir Vorwürfe macht, solltest du daran denken, dass dies nicht die Stimme deines inneren Wesens ist, sondern die Stimme deines Ichs. Früher hast du diesem Teil von dir zu viel Macht eingeräumt, und jetzt bestimmt er dein Leben. Du lässt es zu, dass dein Ich dir Vorwürfe macht.

Frage dich, was du aus allen deinen Erfahrungen lernst, anstatt dich dafür zu kritisieren. Überlege, welche Erfahrungen dein Wohlbefinden fördern und welche dir schaden. Das verraten dir die Gefühle, die deine Erfahrungen auslösen.

Erschöpfung, Depressionen, manisch-depressive Zustände und andere Störungen sind die Folge, wenn du dir nicht vergibst. Ich habe mit vielen Menschen gearbeitet, die solche Probleme hatten, und dabei wurde mir klar, dass erschöpfte Menschen auf den Elternteil wütend sind, der das gleiche Geschlecht hat wie sie. Depressive oder Manisch-Depressive grollen dem Elternteil des anderen Geschlechts.

Ausgebrannte Menschen respektieren ihre Grenzen nicht; sie verlangen zu viel von sich und leiden am „Supermann-" oder „Superfrau-Syndrom". Solchen Menschen mangelt es an Selbstvertrauen, aber sie wollen unbedingt beweisen, dass sie etwas leisten können. Sie glauben, ihnen fehle Talent oder die richtige Ausbildung; darum streben sie überdurchschnittliche Leistungen an, um anerkannt zu werden. Sie wollen nützlich sein und nehmen Fehler und Kritik viel zu ernst. Da sie immerzu arbeiten, gewöhnen sich ihre Mitmenschen daran und erwarten, sie ständig aktiv zu sehen. Natürlich merken die Arbeitswütigen, dass andere sich weniger anstrengen und deshalb fühlen sie sich ausgenutzt. Dennoch machen sie weiter, obwohl sie sich manchmal ärgern. Außerdem glauben sie, gegenüber ihren Vorgesetzten machtlos zu sein.

Dieses Phänomen, das man heute oft Burnout-Syndrom nennt, ist bei Managern und höheren Angestellten am häufigsten zu beobachten. Auch Lehrer und Krankenschwestern fühlen sich oft gefangen in einem System, das von ihnen immer mehr Einsatz verlangt, während ein Teil von ihnen sie zwingt, noch mehr zu leisten. Diese Menschen haben als Kinder beschlossen, dass sie den Elternteil mit dem gleichen Geschlecht beeindrucken müssen, um geliebt zu werden. Einerlei, ob dieser Elternteil hohe Anforderungen stellte oder nicht, das Kind glaubte, es müsse ständig Höchstleistungen erbringen. Andererseits vergessen die meisten Eltern, ihre Kinder zu loben, wenn sie erfolgreich waren; aber sie kritisieren sie, wenn ihre Leistungen schwächer ausfallen als erwartet.

Menschen, die zu Erschöpfung neigen, glauben seit ihrer Kindheit, sie müssten ständig aktiv sein, weil sie nicht genug für den gleichgeschlechtlichen Elternteil tun könnten. Als sie nicht die Anerkennung fanden, nach der sie sich sehnten, begannen sie wütend zu werden, und von da an versuchten sie, die Wertschätzung, die sie ihrer Meinung nach verdienten, durch ihre Arbeit zu erlangen. Irgendwann, manchmal nach vielen Jahren, kann der Körper damit nicht mehr Schritt halten und bricht zusammen. Die wahre Ursache ist jedoch die Einstellung dieser Menschen.

Depressionen haben vor allem mit unserem Sein zu tun, während die Erschöpfung eher mit dem Tun zusammenhängt. Da viele Menschen verwirrt sind, was die folgenden Themen anbelangt, möchte ich hier den Unterschied zwischen „seelischer Not" und „Depression" erklären. Ein Mensch in seelischer Not weiß, dass er krank ist, und geht zum Arzt. Möglicherweise nimmt er zu viele Medikamente und macht Phasen durch, in denen ihm das Leben keine Freude macht, gefolgt von Momenten, in denen Hoffnung aufkeimt. Manchmal helfen ihm Beruhigungsmittel. Er fürchtet sich vor dem Tod und will sich nicht mit ihm beschäftigen. Selbstmord kommt daher für ihn nicht in Betracht. Er spricht nicht nur mit seinem Arzt über seinen Zustand, sondern auch mit anderen Leuten, da er Verständnis sucht.

Depressive Menschen sprechen dagegen nicht über ihren Zustand und meiden Kontakte. Es fällt ihnen sehr schwer, über sich selbst zu reden, und sie haben wenig Hoffnung. Viele denken sogar über Selbstmord nach. Sie schlafen schlecht und ihr Allgemeinzustand verschlimmert sich allmählich. Beruhigungs- und Schlafmittel nutzen ihnen wenig.

Am extremsten ist der Manisch-Depressive. In einer depressiven Phase spricht er kaum mit jemandem und verliert jedes Interesse am Leben, auch an Sexualität. Alles bewegt sich nur noch im Schneckentempo. In einer manischen Phase hat er eine Menge Energie. Er schläft wenig und kann sexuell sehr aktiv sein. Das Leben betrachtet er durch eine rosarote Brille. Er redet ohne Unterlass und scheint vor Leben und Glück zu sprühen. Lass dich davon nicht täuschen – die Probleme bleiben, ja sie werden sogar nach jeder Phase schlimmer.

Depressive und manisch-depressive Menschen sind zornig auf den Elternteil vom anderen Geschlecht. Als Kinder und Heranwachsende deuteten sie die Worte und das Verhalten dieses Elternteils als Zeichen der Missbilligung, und heute glauben sie immer noch, sie seien nicht gut genug, um die Anerkennung ihrer Mitmenschen zu verdienen.

Aus all diesen Gründen ist es recht schwierig, einem Depressiven zu helfen; denn er macht andere für sein Elend verantwortlich. Seine Mitmenschen mögen ihn beraten und versuchen, seine Stimmung zu heben; aber das nutzt oft nichts, denn er bleibt dabei, dass *sie* sich ändern müssen, vor allem die vom anderen Geschlecht. Darunter leidet der Ehepartner am stärksten, denn der Depressive – nehmen wir an, es ist ein Mann – behandelt seine Frau so, wie er seine Mutter gerne behandelt hätte. Er projiziert seinen Groll auf eine andere Frau, und er ist unfähig, sich die Wut auf die Mutter zu vergeben. Aber er will nicht zugeben, dass er diese Wut immer noch empfindet, obwohl es für alle anderen offensichtlich ist. Außerdem merkt er nicht, dass seine Einstellung ihn daran hindert, glücklich zu sein.

Die beste Hilfe besteht darin, den Depressiven allmählich davon zu überzeugen, dass er sich und der Mutter vergeben muss. Wir müssen ihm versichern, dass diese Methode vielen Menschen geholfen hat und dass sie eine der besten heute bekannten Methoden ist, um ihn aus der Dunkelheit und aus seiner inneren Hölle herauszuholen. Selbstverständlich sollte er trotzdem fachkundige Hilfe suchen, denn die meisten Depressiven brauchen Medikamente, um diese Phase ihres Lebens zu überstehen.

Ich habe in mehreren Fällen erhebliche Besserungen bei Depressiven beobachtet, die an Selbstmord dachten – aber erst, nachdem der Prozess der Vergebung beendet war. Einige dieser Menschen treffe ich heute noch und ihre Symptome sind selbst nach vielen Jahren nicht zurückgekehrt.

Denke daran:
Wenn du einem anderen vergeben hast,
besteht der wichtigste Schritt darin, dir selbst zu vergeben.

Selbstverständlich ist Vergebung nicht so einfach, wenn wir ein starkes Ich haben; denn das Ich redet uns ein, dass nicht wir die Schuldigen sind und dass wir folglich nicht um Vergebung bitten müssen – das ist Sache der anderen.

Da Depressive glauben, andere seien an ihrem Unglück schuld, fällt es ihnen schwer, sich selbst zu vergeben. Sie beschuldigen ständig andere Menschen und sehen nicht ein, dass sie selbst darüber entscheiden, wie sie die Ereignisse in ihrem Leben beurteilen. Sie weigern sich zuzugeben, dass nur sie imstande sind, sich zu heilen. Andere um Hilfe zu bitten, kann zwar ein Teil des Heilungsprozesses sein; aber eine vollständige Heilung kommt immer von innen.

Wenn es dir schwer fällt, dir oder anderen zu vergeben, darfst du dich deswegen nicht verurteilen – sonst hast du dir noch mehr zu vergeben. Gib dir die Zeit, die du brauchst, um den Prozess zu vollenden. Wenn es länger dauert, als du gedacht hast, akzeptiere einfach die Tatsache, dass dein Ich noch ziemlich stark ist. Bleibe im Herzen mit deinem sehnlichen Wunsch verbunden, die notwendigen Änderungen in deinem Leben zu bewirken, und dann vertraue dir und deinem guten Willen. Denke tief im Inneren daran, dass du nichts weiter willst, als zur Quelle, zum Gott in dir zurückzukehren und ein offenes Herz zu bewahren, um vergeben zu können. Vergebung macht dich zum Herrn deines Lebens, das bisher von den mentalen Einstellungen bestimmt wurde, aus denen dein Ich besteht. Ich hoffe, du wendest diese Methode an.

Bewusster wirst du am besten durch Erfahrung. Darum empfehle ich dir, mit dem Prozess der Vergebung nächste Woche zu beginnen. Wenn du willst, Kannst du mit einer kleinen Beleidigung anfangen – das schadet nicht, solange du übst. Schau in dich hinein, und folge jedem Schritt des Prozesses. Vergiss nicht den wichtigsten Schritt: dir selbst zu vergeben. Du wirst spüren, wie dein Herz sich öffnet, wenn du Liebe gibst, weil du dich selbst liebst. Je mehr Liebe du gibst, desto mehr erhältst du zurück!

Kapitel 17

Das Leben meistern

Viele Menschen glauben, sie seien die Herren ihres Lebens. In Wahrheit beherrschen sie sich nur selbst und das ist etwas ganz anderes. Einerlei, ob wir versuchen, jemanden, etwas oder uns selbst zu beherrschen, wir müssen immer beobachten, dominieren, prüfen und wachsam sein.

Wer von Berufs wegen Produkte prüft oder die Arbeit anderer bewertet, ist natürlich der Herr in seinem Bereich. Wer jedoch im Leben glücklich sein will, muss aufhören sich zu beherrschen und zum Meister seines Lebens werden.

Wahre Meister brauchen niemanden, der sie führt. Sie bleiben in jeder Situation gelassen und nutzen ihre Energie sinnvoll, anstatt emotional zu reagieren, sei es auf andere oder auf sich selbst.

Wir können unser Leben nur meistern, wenn das Ich nicht das Kommando hat und wenn wir im Herzen ruhen.

Ein Meister lässt sich nicht von der Illusion der Macht betören. Er weiß, dass er die Macht hat, sein Leben selbst zu bestimmen.

Darum müssen wir uns bemühen unser Leben zu meistern, anstatt uns in das Leben anderer Menschen einzumischen, weil wir uns mächtig fühlen wollen (das wäre eine große Illusion). Wir sollen zwar stärker werden, jedoch nur, um uns unserer großen spirituellen Kraft bewusst zu werden. Leider trifft oft das Gegenteil zu. Je mehr wir unsere Macht entdecken, desto öfter geben wir damit an, weil unser Ich sich aufplustern will.

Das Meer der Macht, in dem unsere Welt schwimmt, kommt uns nur deshalb normal vor, weil wir von Geburt an daran gewöhnt sind. Eltern, Lehrer, Religionen, die Regierung, die Medizin und unsere ganze Umwelt beruhen darauf, Macht über andere auszuüben. Eine kleine Minderheit herrscht über eine große Mehrheit. Wir sind noch weit davon entfernt, unser Leben selbst zu meistern; aber wenn wir diesen Zustand erreichen, wird das gesamte Machtsystem überflüssig.

Als wir sehr jung waren, bestimmten unsere Eltern, was wir anzogen, was wir lernten, welche Freunde wir hatten, was wir aßen, wie lange wir schliefen und vieles andere. In dieser Umwelt wuchsen wir auf, und darum halten wir sie als Erwachsene für normal. Das ist auch der Grund, warum wir anderen Menschen heute noch erlauben, über uns zu bestimmen (und warum wir zum Ausgleich versuchen, über andere zu bestimmen), oder warum wir alles tun, was wir können, um nicht von anderen dominiert zu werden. Wir müssen uns unbedingt besser kennen lernen, um das Glaubenssystem (unsere Teilpersönlichkeiten) zu entlarven, das uns beherrscht und dafür sorgt, dass wir nicht sein können, wer wir wirklich sind.

Ist dir schon einmal aufgefallen, dass Macht die Quelle vieler Emotionen ist? Sobald du andere oder dich selbst beherrschen willst und es dir nicht gelingt, bist du enttäuscht und sogar niedergeschlagen. Vielleicht fühlst du dich auch machtlos, weil du deinen Willen nicht durchsetzen konntest. Daraus kann sich ein tückischer Kreislauf entwickeln, denn je wütender du wirst, desto mehr Vorwürfe machst du anderen und desto weniger bist du Herr der Lage. Und je weniger du die Lage im Griff hast, desto größer wird deine Enttäuschung, und obendrein bekommst du deswegen Schuldgefühle.

Je weniger du dein eigenes Leben meisterst, desto mehr versuchst du, deine Mitmenschen zu beherrschen, weil du das Gefühl haben willst, die Situation im Griff zu haben. Und je wütender du wirst, desto emotionaler wirst du in bestimmten Lebensbereichen, und deshalb sperrst du dich gegen alles Neue in diesem Bereich.

Nehmen wir einen Menschen als Beispiel, der Klavierspielen lernen will. Wenn er nach jedem Fehler wütend wird, weil er seine Finger nicht im Griff hat, dauert seine Ausbildung viel länger. Andererseits: Je mehr er sich gestattet, Fehler zu machen, desto mitfühlender und toleranter ist er und desto schneller lernt er.

Das gilt auch im täglichen Leben. Wenn du alle Bereiche deines Lebens meistern willst, musst du geduldig und tolerant zu dir sein und darfst nicht versuchen, alles im Griff zu haben, wie deine mentalen Einstellungen es verlangen. Wer seine Umwelt beherrschen will, wird von seiner Vergangenheit beherrscht.

Du kannst dein Leben nicht meistern, solange du andere beherrschen willst – das bedeutet nämlich, dass du ihnen nicht zutraust, ihr Leben selbst zu führen, so dass du das übernehmen musst. Aber was du von anderen glaubst, gilt auch für dich! Du zeigst anderen, dass du nicht der Meister deines Lebens bist.

Ist es nicht sonderbar, dass Menschen, die sehr autoritär sind und glauben, ihr Leben zu meistern, schließlich ihre Macht verlieren und der Gnade anderer ausgeliefert sind? Doch bevor sie diesen Punkt erreichen, sind sie wahre Meister der Selbstbeherrschung, weil sie nicht verraten wollen, dass sie ihr Leben nicht meistern.

Menschen, die Macht genießen, kann man an ihrer Körperform erkennen. Sie strahlen eine Aura der Macht aus. Ein kräftiger Brustkorb und starke Muskeln sind typisch für sie. Bei Frauen sind die Hüften, der Po und die Beine besonders kräftig.

Jetzt weißt du, wie wichtig es ist, sich selbst gut zu kennen. Bestimmte Aspekte deiner Persönlichkeiten, von denen du nichts weißt, können das Kommando über dein Leben an sich reißen, ohne dass du es merkst. Du hältst dich für den Meister deines Lebens, obwohl du nur auf eine bestimmte Situation reagierst. Das Leben meistern bedeutet jedoch, in keiner Situation emotional zu reagieren.

Wir wissen, dass wir Menschen als einzige Geschöpfe hier auf Erden einen freien Willen haben. Leider machen wir oft keinen guten Gebrauch davon, denn die Ergebnisse entsprechen häufig nicht unseren Wünschen.

***Wenn du dein Leben meisterst,
nimmst du dir Zeit, um darüber nachzudenken,
ob deine Entscheidungen deinen Wünschen entsprechen.***

Nur auf der materiellen Ebene dürfen wir uns frei entscheiden. Wir können zwischen mehreren Möglichkeiten wählen, die unsere körperlichen, emotionalen und mentalen Aspekte betreffen, zum Beispiel ob wir schlafen gehen oder wach bleiben, ob wir essen, ob wir wütend werden oder mitfühlend sind, ob wir reden oder schweigen, ob wir akzeptieren oder verurteilen. Auf der spirituellen Ebene haben Menschen keine Wahlmöglichkeit. Dafür besteht dort kein Bedarf, weil diese Ebene bereits vollkommen ist.

Ist dir klar, dass du jetzt schon die Macht hast, dein Leben zu bestimmen? Bevor du jedoch die Ebene erreichst, auf der du nicht mehr zu entscheiden brauchst, musst du auf der materiellen Welt Entscheidungen treffen und auf den Gott in dir hören. Dadurch entdeckst du deine spirituelle Dimension und lernst, den Rat deines göttlichen Selbst zu befolgen.

Hast du schon einmal etwas gegessen, nur weil es sich gut anfühlte, hübsch aussah oder angenehm duftete? Du hast gewusst, dass du nicht hungrig warst; dennoch hast du gegessen. Ein Meister würde sich vorher fragen, ob sein Körper diese Speise zu diesem Zeitpunkt wirklich braucht. Wenn du isst, ohne hungrig zu sein, verlangen deine Sinne nach Essen, nicht dein Körper. Das heißt, dass deine Sinne in diesem Moment dein Leben bestimmen. Solcher Situationen musst du dir bewusst werden und dann mit dem Strom des Lebens schwimmen. Dann lernst du mit der Zeit, dein Leben zu meistern und brauchst nicht mehr zu essen, ohne Hunger zu haben. Das wird dir sogar leicht fallen. Bevor du dem Drang, ohne Hunger zu essen, widerstehen kannst, musst du jedoch zeitweilig darauf verzichten, dein Leben zu meistern – beobachte nur. Wenn du diesen Schritt auslässt, kannst du dich bald gar nicht mehr zügeln und isst doppelt so viel. Warum? Weil du den wichtigsten Schritt vergessen hast: dich selbst bedingungslos zu akzeptieren.

Je mehr du dein Leben meisterst, desto enger wird dein Kontakt mit deinem göttlichen Selbst und desto bewusster wird dir, dass du keine Entscheidungen mehr zu treffen brauchst – du weißt, was gut für dich ist. Um der Meister deines Lebens zu werden, musst du die volle Verantwortung für dein Leben übernehmen. Sobald du glaubst, jemand anders sei für ein Ereignis in deinem Leben verantwortlich, überträgst du deine Macht auf ihn. Du akzeptierst, dass er Macht über dich hat und daher dein Leben bestimmt.

Angenommen, du hättest vor deiner Reinkarnation erfahren, dass ein anderer dein ganzes Leben bestimmen soll – wie hätte dir das gefallen? Ein anderer soll darüber entscheiden, ob du glücklich, gesund und wohlhabend bist, und du musst immer auf seine Entscheidung warten. Ich nehme an, du hättest das Interesse an deiner neuen Inkarnation verloren!

Wir können es nicht hinnehmen, so beherrscht zu werden. Wir wissen, dass wir unter diesem Joch unglücklich wären. Trotzdem verzichten die meisten Menschen auf ihre Macht, ihr Leben selbst zu bestimmen! Obwohl es unangenehm ist, so beherrscht zu werden, lassen wir es zu; denn kurzfristig ist es leichter, von anderen geführt zu werden – schließlich behalten wir uns das Recht vor, sie zu kritisieren, wenn sie scheitern! Wir lassen uns von unseren Eltern, unserem Partner und anderen Leuten führen, als wären wir immer noch Kinder.

Jede Emotion entspringt einer mentalen Einstellung (dem Ich), die behauptet, *jemand* sei für deine Probleme verantwortlich. Sobald du akzeptierst, dass du selbst beschlossen hast, zur Erde zurückzukehren, und dafür die volle Verantwortung übernimmst und sobald du akzeptierst, dass du deine Eltern und deine Umwelt selbst ausgewählt hast, kannst du niemandem mehr die Schuld für irgendetwas zuschieben. Alles, was seit deiner Rückkehr auf diesen Planeten in deinem Leben geschieht, richtet sich danach, wie du auf die Umstände und Ereignisse reagierst. Nur du entscheidest, wie du mit den Menschen in deinem Leben umgehst.

Ein Beispiel: Ein Vierjähriger grollt seinem strengen Vater. Er kritisiert ihn hart, aber er reißt sich zusammen, damit der Vater nichts merkt. Der Junge hat also beschlossen, seinen Vater zu hassen, anstatt ihn lieben zu lernen, und sich damit für ein Leben voller Emotionen, Unbehagen und vielleicht sogar Krankheiten entschieden. Wohlbefinden und Glück bleiben für ihn unerreichbar, solange er seinen Vater nicht akzeptiert und ihm nicht vergibt. Mit vier Jahren hat er also eine folgenschwere Entscheidung getroffen. Hätte er seinem Vater erlaubt, streng zu sein, obwohl ihm das nicht gefiel, wäre es leichter für ihn, sich selbst so zu akzeptieren, wie er heute ist und seine Beziehungen zu Angehörigen, Freunden und Kollegen wären ganz anders.

Obwohl wir solche Entscheidungen unbewusst treffen, haben sie Folgen für unsere Zukunft. Darum ist es wichtig, sich ihrer Existenz bewusst zu werden und zu erkennen, dass viele von ihnen falsch waren und manche sogar Transformationen blockieren, die unser Leben bereichern würden. Aber es ist nie zu spät für die Einsicht.

Bevor eine Transformation möglich ist, musst du akzeptieren, dass du allein für absolut alles in deinem Leben verantwortlich bist.

Du brauchst diese Feststellung nicht zu verstehen und ich rate dir sogar, es nicht zu versuchen. Du musst nur begreifen, dass alles, was in deinem Leben geschieht – jedes kleine und große Ereignis – eine Ursache hat. Deine Reaktion auf ein Ereignis wird zur Ursache eines anderen Ereignisses und so weiter. Jede Ursache hat eine Wirkung, und jede Wirkung ist die Ursache einer neuen Wirkung. Nur du hast die Macht, deine Richtung zu wählen und dauerhaft zu ändern.

Wenn du anderen erlaubst, dich zu beherrschen, wirst du wütend, weil du tief im Inneren weißt, dass du gegen das Naturgesetz der Liebe verstößt. Die Wut bleibt oft unbewusst. Gehörst auch du zu den Menschen, die ihre Wut verbergen, weil sie fürchten, sonst die Selbstbeherrschung zu verlieren? Es ist gut, wenn du dir deines Zorns bewusst wirst, weil du dann weißt, dass du dein Leben *nicht* meisterst, sondern anderen erlaubst, dich zu beherrschen. Das ist äußerst wichtig für dein Wohlbefinden, weil diese Einsicht in dir den Wunsch weckt, ein anderes Leben zu führen.

Ist es nicht interessant, welche Macht die Wut hat? Wenn du wütend wirst, versuchst du, mit deiner inneren Macht Kontakt aufzunehmen und wenn dir das gelingt, kommst du deinem Ziel näher. Wenn du dagegen deine Wut unterdrückst, entfernst du dich von deiner inneren Macht. Wahrscheinlich kannst du deine Wut nicht mehr zügeln, wenn du ihr Ausdruck gibst und zudem machst du dir Vorwürfe, weil du das für falsch hältst. Wenn du es zulässt, dass das Verhalten anderer dich aufregt und dann deine Reaktion darauf unterdrückst, gerätst du in emotionalen Aufruhr. Selbst wenn deine Wut dir Sorgen macht, schadet es nicht, sie auszudrücken, sofern du es offen tust und genau sagst, was du fühlst. Sobald du die Verantwortung für dein Handeln übernimmst, kannst du Wut ausdrücken, ohne anderen weh zu tun. Das nenne ich „nützliche Wut“.

Wenn es dir schwer fällt, angestaute Wut loszulassen, kann dir jemand helfen, dem du vertraust und der dir erlaubt, dich auszudrücken. So erfährst du, wie stark deine Verbindung mit deiner enormen inneren Macht ist. Wenn du akzeptierst, dass du der Meister deines Lebens bist, erkennst du gleichzeitig an, dass für alle anderen Menschen das Gleiche gilt, selbst für kleine Kinder und alte Leute. Das hilft dir, die Entscheidungen anderer zu respektieren, auch wenn sie dir lästig sind. Akzeptiere einfach, dass auch diese Entscheidungen die spirituelle Entwicklung der anderen fördern.

Mehr noch: Jeder Mensch hat die Macht zu entscheiden, ob er leben oder sterben will. Wir wissen innerlich, wann es Zeit ist, diesen Planeten zu verlassen; aber wir dürfen nicht bestimmen, wann und wie das Leben anderer endet. Niemand kann einen Menschen besitzen. Wenn du das Leben anderer bestimmen willst, spiegelt dein Tun deine Probleme wider, und je mehr du versuchst, andere zu beherrschen, desto weniger meisterst du dein eigenes Leben. Um herauszufinden, in welchem Umfang du dein Leben meisterst, brauchst du nur darauf zu achten, wie du auf die Handlungen anderer reagierst.

Ein Mensch ist ein Meister, wenn er auf dieser materiellen Welt nach Vollkommenheit strebt, immer sein Bestes tut, im Augenblick lebt und seine Grenzen akzeptiert. Wenn er einen Fehler macht oder mit den Folgen eines Ereignisses unzufrieden ist, kann er darüber lachen – er dramatisiert nichts.

Bei olympischen Spielen oder anderen Wettkämpfen siehst du viele Meister in Aktion. Turner, Schwimmer, Schifahrer – alle Sportler wollen Hervorragendes leisten. Sie können ihre Bewegungen in Sekundenbruchteilen den Erfordernissen anpassen. Wenn ihnen etwas misslingt, geraten sie nicht in Panik, sondern konzentrieren sich weiter auf ihr Ziel. Kurz gesagt, sie bleiben Meister.

Ein Meister ist auf der physischen Ebene nicht unfehlbar. Aber er ist sich jederzeit seiner Verantwortung bewusst, einerlei, was ihm widerfährt.

Wenn du andere nicht mehr beherrschen, sondern dein Leben meistern willst, empfehle ich dir, zunächst dich und andere zu loben. Das hilft dir begreifen, dass wir alle unser Bestes versuchen. Das Bemühen, ein besserer Mensch zu werden, und das Streben nach vorzüglichen Leistungen sind zwei der besten Methoden, sich spirituell weiterzuentwickeln.

Frage dich jeden Tag: *„Habe ich heute mein Bestes getan?“* Wenn du auf deinen Tag zurückblickst, prüfe auch, ob du die Entscheidungen getroffen hast oder ob du die Führung deinem Ich, deinen Sinnen oder anderen Leuten überlassen hast. Falls du merkst, dass du nicht der Meister deines Lebens warst, solltest du dich über diese Erkenntnis freuen und akzeptieren, dass du in bestimmten Bereichen noch Schwächen hast. Nimm dich in diesem Stadium so an, wie du bist; denn du weißt ja, dass du allmählich zum Meister werden kannst.

Zum Schluss empfehle ich dir, Notizen zu machen, wann immer du in der kommenden Woche deiner Wut Ausdruck gibst. Setze dich allein hin und überlege, was die Wut ausgelöst hat. Vor allem musst du begreifen, dass die Wut sich hauptsächlich gegen dich selbst richtet. Wir sind oft aggressiv zu anderen, weil wir glauben, sie seien für unsere Wut verantwortlich; aber das ist nie der Fall, denn Wut bedeutet, dass wir unsere Macht an andere abgetreten haben. Denke auch an die positive Seite der Wut: Sie hilft dir, wieder mit deiner inneren Macht Verbindung aufzunehmen und dann dein Leben selbst zu meistern.

Achte nächste Woche darauf, in welchen Situationen es dir schwer fällt, dein Leben zu meistern und welche deiner Einstellungen in diesen Augenblicken dein Leben bestimmt. Wenn du deine Wut an einem anderen ausgelassen hast, solltest du ihm sagen, dass du in Wahrheit wütend auf dich selbst warst, wenngleich es dir in jenem Moment nicht bewusst war – dein Ich hatte das Kommando übernommen. Erlaube dir, Mensch zu sein.

Kapitel 18

Frei sein

Je mehr wir uns dessen bewusst werden, dass wir Meister unseres Lebens sind, desto besser verstehen wir, was Freiheit wirklich bedeutet. Die meisten Menschen glauben, sie seien frei – aber sie sind es nicht, denn sie werden von anderen manipuliert oder beherrscht.

Frei sein ist nicht dasselbe wie befreit sein. Letzteres heißt, Unterdrückung oder Fesseln loswerden. Wer schwer unterdrückt wurde, wird nach seiner Befreiung oft zum Extremisten.

Nehmen wir die Frauenbewegung in den sechziger und siebziger Jahren als Beispiel. Im Namen der Emanzipation fielen zahlreiche Frauen von einem Extrem ins andere. Sie versuchten, alles aufzugeben, was sie an Männer band, oder sie gingen mit jedem ins Bett und nannten das sexuelle Freiheit.

Da wir als Kinder nach den Regeln unserer Eltern leben mussten, könnten wir, nachdem wir beschlossen haben, allein zu leben, auf die Idee kommen, wir seien nun endlich frei und in der Lage zu tun, was wir wollen. Das ist ein Irrtum. Wir haben uns nur von einer bestimmten Einschränkung befreit und glauben jetzt, frei sein bedeute zu tun, was wir wollen und wann wir es wollen. Deshalb werden die meisten Menschen nach einer „Befreiung" extremistisch, bis sie ihr Gleichgewicht finden.

Wahre Freiheit kommt aus dem Sein, nicht aus dem Tun oder Haben.

Du verdankst es deinem *freien Willen,* dass du tun kannst, was du willst. Vergiss aber nicht, dass du nur auf der materiellen Ebene einen freien Willen hast. Er ist das größte Geschenk, das der Menschheit zuteil wurde, als wir unsere Reise zur materiellen Welt begannen. Aber der freie Wille stellte sich eher als Fluch denn als Segen heraus, weil die Menschen sich oft für Hass, Furcht und Intoleranz entscheiden, die so viel Leid auf der ganzen Welt verursachen. Warum entscheiden wir uns nicht für Leben, Glauben und Glück? Wir benutzen unseren freien Willen zu oft so, dass wir Sklaven unserer Sinne, unseres Verlangens, des Geldes und unseres Ichs werden und keine echte Freiheit genießen können.

Die meisten Menschen werden seit ihrer Geburt von ihrer Umgebung, ihrer Familie, religiösen Dogmen und den üblichen Einstellungen programmiert, die alle mit daran schuld sind, dass wir nicht wissen, was wahre Freiheit ist.

Viele Menschen glauben beispielsweise, dass Geld und Freiheit Hand in Hand gehen. Glaubst auch du, dass du alles haben könntest, was du willst, sofern du genug Geld hättest? Kaufst du nur, wenn der Preis dir zusagt, oder kaufst du nur Dinge, die du „brauchst"? Verzichtest du wegen deines Glaubens auf jedes Vergnügen? Wir müssen erkennen, dass Geld auf dieser Erde mehr als alles andere ein Werkzeug der Manipulation ist.

Viele Menschen werden von ihren Sinnen beherrscht. Anstatt ihre wahren Bedürfnisse zu befriedigen, lassen sie Dinge, die sie sehen, hören, fühlen und berühren, für sich entscheiden. Dann werden sie wütend auf sich, weil sie tief im Inneren wissen, dass ihre Sinne sie manipulieren.

Andere werden von Schuldgefühlen manipuliert. Angehörige, Freunde, Ehepartner und Kinder wissen genau, auf welchen Knopf sie drücken müssen, damit wir tun, was sie wollen. Schuldgefühle sind die unmittelbare Folge des freien Willens. Wir haben ein schlechtes Gewissen, weil wir glauben, eine falsche Entscheidung getroffen zu haben, oder wir zögern vor einer Entscheidung, weil wir fürchten, sie hinterher zu bereuen. Gewiss hast auch du Entscheidungen getroffen, die dir Leid taten, oder du hast dir vorgeworfen, falsch entschieden zu haben. Ausdrücke wie „Ich hätte sollen" oder „Ich hätte nicht sollen" zeigen, dass du dich einer falschen Entscheidung bezichtigst und jetzt Schuldgefühle hast.

Schuldgefühle machen dich unfrei und anfällig für Manipulationen.

Wie viele Menschen lassen sich vom Wetter manipulieren? Sie stehen morgens in guter Stimmung auf und freuen sich auf den Tag – und dann lassen sie sich vom „schlechten Wetter" die Laune verderben.

Können die Vorhersagen der Medien, Wahrsager und Astrologen dich beeinflussen? Dann möchte ich dir von einem Erlebnis erzählen, das ich vor Jahren hatte.

Etwa zwei Wochen vor einer Reise in die Karibik unterhielt ich mich in meinem Büro mit einer Frau, die erwähnte, sie sei geschickt im Umgang mit dem Tarot und mir anbot, Fragen zu beantworten. Obwohl mir keine Frage einfiel, hatte ich nichts gegen eine Lesung einzuwenden. Ich erfuhr, dass ich bald eine Reise unternehmen und sehr wahrscheinlich etwas durch Diebstahl verlieren würde. Sie riet mir, sehr vorsichtig zu sein, vor allem mit meinem Schmuck.

Ich glaubte nicht daran, dass solche Voraussagen mich beeinflussen konnten; doch zwei Wochen später in Martinique trug ich meinen Schmuck immer bei mir: im Restaurant, wann immer ich mein Zimmer für ein paar Minuten verließ und sogar am Strand! Das hatte ich nie zuvor getan. Ich war davon überzeugt gewesen, dass uns nichts geschieht, was wir nicht selbst bewusst oder unbewusst in Gang setzen. Wäre ich beraubt worden, hätte ich akzeptiert, dass ich eine Lektion lernen musste. Manchmal fürchtete ich, ein bestimmter Gegenstand könne mir gestohlen werden; dann hüllte ich ihn in weißes Licht ein und schaute nach innen, um herauszufinden, woher meine Furcht kam. So wurde ich mir im Laufe der Jahre meiner Ängste bewusst.

Während meines Urlaubs in Martinique merkte ich nicht einmal, dass ich meinen Schmuck ständig herumtrug. Ich war nicht ich selbst. Erst zu Hause wurde mir klar, wie sehr ich mich von der Vorhersage dieser Frau hatte manipulieren lassen.

Viele Menschen, die alleine leben und jede Hingabe vermissen lassen, halten sich für frei. Manche engagieren sich nicht einmal für ihre Arbeit: Wenn sie einen neuen Job annehmen, achten sie darauf, dass sie jederzeit aufhören können. Sie halten sich für freiheitsliebend und wollen sich zu nichts verpflichten. Das ist eine große Illusion; denn sie sind nicht freier als andere, sondern lassen sich von Furcht leiten.

Wenn du dich in diesen Beispielen wieder erkennst, musst du begreifen, dass du dir etwas vormachst. Du bist nicht frei. Du würdest dich frei fühlen, wenn du auf der materiellen Ebene Verpflichtungen eingehen und dich selbst respektieren würdest. Niemand manipuliert den Menschen so sehr wie das Ich; es verhindert unsere Freiheit. Der Mentalkörper wurde geschaffen, um Gott zu dienen; aber wir benutzen ihn für ganz andere Zwecke. Mit ihm haben wir ein Ich geschaffen, das unser Meister wurde.

Es hält uns von Gott fern und lässt uns vergessen, dass Gott in uns alles weiß – auch was am besten für uns ist.

Du darfst wahre Freiheit genießen, wenn du deinem Gottselbst erlaubst, dich zu führen.

Dann erlebst du Harmonie, Gesundheit, Glück, Freude und Fülle. Der Intellekt ist *nur* auf der materiellen Ebene am höchsten entwickelt. Aber es gibt auch spirituelle Ebenen, deren Energie reiner ist. Als Menschen müssen wir den Intellekt zügeln, damit er aufhört, Gott verstehen zu wollen. Der Intellekt ist zwar auf der materiellen Ebene nützlich, aber er kann Gott nicht verstehen.

Der Intellekt ist nichts weiter als ein Instrument, das Gott dienen soll. Ein Beispiel möge das Band zwischen ihm und Gott verdeutlichen. Nehmen wir an, du wärst ein Schlossherr. Du stellst einen Diener ein und überlässt ihm nach und nach alle Entscheidungen über die Führung des Schlosses. Ist es nicht offensichtlich, dass du letztlich als Lakai dieses Dieners endest? Wäre das nicht erstaunlich? Der Diener wird zum Herrn, der Herr zum Diener. Doch tief im Inneren weißt du, dass etwas nicht stimmt, und nach vielen Jahren beschließt du, etwas dagegen zu tun. Du sagst deinem Diener, dass du genug hast und dich ab sofort wieder selbst um das Schloss kümmern wirst – und er müsse wieder Diener sein. Es wird ihm wahrscheinlich sehr schwer fallen, diesen Wandel zu akzeptieren, denn er hat sich daran gewöhnt, der Herr zu sein. Vielleicht hat er sogar vergessen, was ein Diener tut.

Im Laufe der Entwicklung dieses Planeten haben wir genau dieses Stadium erreicht. Wir müssen wieder die Herrschaft über unser Leben übernehmen und frei werden. Wir dürfen es nicht länger zulassen, dass unsere mentalen „Teile" – unsere Einstellungen und unser Ich – uns herumkommandieren.

Um wieder Herr meines Lebens zu werden, mache ich gerne die folgende Übung: Ich beginne ein Gespräch mit den Teilen meiner selbst, die mein Leben bestimmen wollen. Bei einer dieser Sitzungen erkannte ich, dass mein Ich gar keine Lust mehr hatte, der Herr meines Lebens zu sein! Eines Tages sprach ich mit einem Teil meiner selbst, der meine finanziellen Entscheidungen steuerte, und wir vereinbarten, dass er zwar bei mir bleiben dürfe, jedoch nur als Erinnerung im Mentalkörper und um mir zu dienen, wenn ich ihn brauchte. Mein Intellekt kehrte zu seiner ursprünglichen Rolle zurück und ich übernahm wieder das Steuer. Ich spürte tatsächlich einen inneren Wandel, als dieser Teil meiner selbst erkannte, dass ich unerbittlich war und dass es kein Zurück gab. Während der Sitzung gab dieser Teil von mir sogar zu, dass meine Entscheidung ihn von einer Last befreit habe und dass er sich für mich freute. Auch ich hatte das Gefühl, dass die Teile eines Puzzles plötzlich zusammenpassten. Mein ganzer Körper wurde leichter.

Wenn auch du beschließt, nicht mehr Diener deiner Einstellungen und Gedanken, deiner Furcht und deines Ichs zu sein, darfst du nicht überrascht sein, wenn es deinem Ich schwer fällt, die Veränderung zu akzeptieren, denn es ist daran gewöhnt, dich zu führen. Doch wenn du diesen Teil von dir liebst, wird alles einfacher. Liebe bedeutet in diesem Fall, den Prozess nicht zu erzwingen oder zu steuern, sondern einzuräumen, dass du deinem Ich aus einem Grund, den du einst für zureichend hieltest, die Macht verliehen hast, dein Leben zu bestimmen. Jetzt kannst du mit ihm Frieden schließen.

Wenn der Herr beschließt, die Verantwortung für sein Schloss wieder selbst zu übernehmen, darf er seinem Diener nicht grollen und ihm keine Vorwürfe machen – das würde die Situation verschlimmern. Wenn der Herr dagegen dem Diener für die Rolle dankt, die er in seinem Leben gespielt hat, und seinen Beitrag anerkennt, arbeitet der Diener mit seinem neuen Herrn zusammen. Der Übergang ist viel leichter, wenn der Herr dem Diener außerdem versichert, dass er ihn weiter beschäftigen will. Von da an sind Herr und Diener frei und dürfen sein, was sie wirklich sind.

Für deine Entwicklung ist die Erkenntnis wichtig, dass Freiheit auf der materiellen Ebene eine Illusion ist.

Denke daran, dass der Sinn deines Lebens darin besteht, dein Bewusstsein zu befreien und zu Gott zurückzukehren. Um das zu erreichen, musst du lernen, die materielle Welt loszulassen – sie ist nicht so wichtig, wie du dachtest. Am besten bringst du dein Handeln mit deinen Wünschen in Einklang und akzeptierst die Ergebnisse. Sobald du bestimmte Resultate erwartest, geht es um etwas, was du gelernt hast oder bereits weißt – das heißt, du bist nicht offen für neue, vielleicht bessere Ergebnisse. Du musst darauf vertrauen, dass der Gott in dir (besser als dein Intellekt) weiß, was für dich am besten ist.

Wenn du die enorme Macht Gottes in dir anerkennst, räumst du zugleich ein, dass dein Gedächtnis nicht jede Möglichkeit gespeichert hat. Wenn du also lernst, auf Erwartungen aller Art zu verzichten, bekommst du nur, was am besten für dich ist, weil Gott in seinem allwissenden Aspekt weiß, welche Elemente du auf deiner Reise brauchst, um von jedem Resultat zu profitieren und zu gewährleisten, dass deine spirituelle Entwicklung der Mittelpunkt deiner Bemühungen bleibt. Gott will, dass du glücklich bist.

Das heißt jedoch nicht, dass du aufhören musst, ein bestimmtes Ergebnis zu visualisieren oder auf ein Ziel hinzuarbeiten. Du musst nur daran denken, dass du kein schlechter Mensch bist und dass Gott dich nicht bestrafen will, falls du dein Ziel nicht erreichst. In diesem Fall hat dein innerer Gott gewusst, dass etwas anderes für deine Entwicklung besser war. Selbst wenn dein Handeln dich nicht an dein Ziel bringt, war es nicht nutzlos – es wird sich irgendwann bezahlt machen.

Freiheit ist die Gewissheit, dass du zur Quelle, zu Gott zurückkehren darfst. Das ist der größte Wunsch deines Wesens. Deine Entfremdung von Gott und der Verlust der Freiheit zu sein, wer du wirklich bist, haben deine Seele vom Geist getrennt. Deine Seele will mit deinem Geist vereint sein, und darum muss sie Gott näher kommen.

Alle Zwänge, die du dir auferlegt hast – auf der mentalen, emotionalen und physischen Ebene –, haben zum Verlust der Freiheit deines Wesens beigetragen. Doch tief im Inneren spürst du einen Drang, dich von diesen Fesseln zu lösen. Weißt du, welche Fessel am schädlichsten ist? Es ist der Hass, der dir die Freiheit vollständig raubt.

Vergebung ist das beste Mittel, um wieder frei zu werden.

Wenn wir danach streben, unsere Freiheit auf der materiellen Ebene wieder zu gewinnen, schaffen wir eine Öffnung für die höchste aller Freiheiten: Die spirituelle Freiheit unseres Wesens. Einerlei, ob unsere Schuld von materieller oder karmischer

Art ist, wir müssen sie loswerden. Wir sind zurück auf die Erde gekommen, um diese Freiheit zu erlangen und das Karma aus vergangenen Inkarnationen abzutragen. Wenn wir das verstanden haben, ist es leichter, die Erfahrungen zu akzeptieren, die uns zur Freiheit verhelfen. Sobald die Seele geläutert ist, kann sie sich mit dem Geist vereinigen.

Alles, was ich bisher erwähnt habe, musst du *erfahren* und *fühlen,* damit du es wirklich verstehst. Das Ich, das daran gewöhnt ist, am Lenkrad zu sitzen, greift manchmal in diesen Prozess ein und versucht dir einzureden, dass du nicht mehr frei bist und unerbittlich manipuliert wirst, sobald du dich vom Gott in dir lenken lässt. Glaube diesen Unsinn nicht!

Sobald du weißt, wie es ist, sich von der Intuition leiten zu lassen und mit ihr das Leben zu führen, das du dir wünschst, erfüllt dich ein erstaunliches Gefühl der Freiheit und der Macht. Du bist fröhlich und hast mehr Energie. Es ist, als hättest du Flügel und könntest Berge versetzen. Obwohl es deinem Intellekt schwer fällt, diesen Vorgang zu akzeptieren, ohne ihn zu verstehen, musst du dich dieser Erfahrung öffnen. Dann weißt du, was *wahre* Freiheit ist und kannst auch den Intellekt überzeugen. Wahre Freiheit besteht darin, dass du sein darfst, wer du bist, ohne dich zu verurteilen, zu kritisieren oder zu beschuldigen.

Wenn du die materielle Welt von einem spirituellen Standpunkt aus betrachtest, ändert sich deine Weltsicht; denn jetzt siehst du, was dir bevorsteht. Dir ist beispielsweise bewusst, dass du in Zukunft auf ein Hindernis stoßen wirst, wenn du eine bestimmte Entscheidung triffst. Du brauchst dich nicht mehr zwischen mehreren Möglichkeiten zu entscheiden, weil du weißt, welche die Beste ist.

Stell dir vor, du fährst auf einer Landstraße und kommst an eine Brücke, die repariert wird. Da du nicht weiterfahren kannst, musst du umkehren und einen anderen Weg zum Ziel wählen. Das illustriert die Grenzen der materiellen Weltsicht, die dir nur zeigt, was unmittelbar vor dir liegt. Wärst du von einem Hubschrauber aus geführt worden, hättest du rechtzeitig von der defekten Brücke erfahren und hättest eine andere Straße nehmen können. Gott, der Pilot in dir, weiß dank seiner unbegrenzten Weitsicht genau, welcher Weg für dich der Richtige ist und was du lernen musst.

Deshalb besteht in der spirituellen Welt keine Wahlmöglichkeit.

Dem Ich, der Summe deiner Einstellungen und Persönlichkeiten, fällt es sehr schwer zu akzeptieren, dass du dich nicht mehr entscheiden musst, wenn dein Wesen beteiligt ist. Das Ich glaubt nämlich, es könne entscheiden und sei daher überlegen. Es kann nicht akzeptieren, dass ein freier Mensch bereits weiß, was er zu tun hat, ohne zwischen mehreren Möglichkeiten wählen zu müssen. *Je mehr wir unsere spirituelle Sicht nutzen, desto freier sind wir und desto seltener müssen wir auf unseren freien Willen zurückgreifen.*

Um diese „spirituelle Sicht" zu verbessern, solltest du den ersten Gedanken festhalten, der dir in einer bestimmten Situation in den Sinn kommt, und dich von ihm leiten lassen. Ein Beispiel: Du fährst Auto und stehst in Verbindung mit einem Hubschrauber, der über dir fliegt und von einem Menschen gesteuert wird, dem du völlig vertraust. Er führt dich sicher ans Ziel. Jedes Mal, wenn du einen von mehreren Wegen wählen müsstest, sagst du nicht: *„Ich entscheide mich für diese Richtung"*, sondern: *„Ich nehme diesen Weg, weil dies der erste Gedanke war, der mir in den Sinn kam – mein Pilot hat ihn mir zugeflüstert."*

Trotzdem musst du immer wieder mit unvorhersehbaren Ereignissen rechnen. Dein innerer Gott weiß, was du in jedem Augenblick brauchst. Einerlei, was geschieht, du findest immer was du brauchst, um mit einer bestimmten Situation fertig zu werden, sofern du dein Leben selbst bestimmst und auf deine Intuition hörst. Vertraue dem Gott in dir, sei glücklich, fröhlich und ruhig, selbst mitten im Sturm. Über den Wolken scheint immer die Sonne und jeder Sturm geht vorbei.

Je weniger Widerstand du leistest, desto leichter fällt es dir zu sein, wer du bist und anderen das gleiche Recht einzuräumen. Sich befreien heißt, Karma, Schuldgefühle, Hass und alle anderen Arten des Widerstandes loszuwerden.

Zum Schluss empfehle ich dir, die drei stärksten Fesseln zu bestimmen, die dich zurzeit daran hindern, auf der materiellen Welt frei zu sein. Überlege dann, wie du diese Fesseln abstreifen kannst. Dann fühlst du dich innerlich frei.

Kapitel 19

Intelligent sein

Ich hielt es für sinnvoll, auch das Thema „Intelligenz" zu behandeln, weil viele Menschen Intelligenz mit Wissen und Bildung verwechseln. Ein gebildeter Mensch stützt sich immer auf seinen Verstand. Da der Verstand aber eine große Datenbank ist, sind die Informationen, die er seit unserer Geburt gespeichert hat, seine einzige Wahrheit. Wenn der Gebildete etwas sagt oder tut, lässt er sich zwangsläufig vom Verstand leiten, also von dem, was er bisher gelernt hat. Ich rate dir nicht, auf den Verstand ganz zu verzichten; im Gegenteil: Du brauchst ihn zum Nachschlagen und Lernen. Doch im Zeitalter des Wassermanns müssen wir auch unsere Intelligenz stärker nutzen, um die Macht des Verstandes einzuschränken.

Was bedeutet es, intelligent zu sein? Intelligente Menschen sind spontan; sie lernen ständig und besitzen die unfehlbare Fähigkeit, Bruchstücke von Informationen richtig zusammenzusetzen. Darum wissen sie immer, was sie zu tun oder zu sagen haben. Sie brauchen nicht vorauszuplanen oder andauernd im Gedächtnis zu graben, um den richtigen Weg zu bestimmen; deshalb leben sie im Augenblick. Wenn sie etwas sagen müssen, wissen sie, dass sie nicht nur über die Daten und Erfahrungen im Gedächtnis verfügen können, sondern auch über den Gott in ihnen – ihre Intuition. Sie verleugnen den Verstand nicht, aber sie lassen sich von ihm nicht vorschreiben, was sie sagen oder tun sollen.

Angenommen, du willst etwas sagen oder tun, doch plötzlich fällt dir ein, dass du früher einmal Ärger damit gehabt hast. Dennoch drängt eine leise innere Stimme dich, es erneut zu versuchen. Wenn du beschließt, die Erfahrung zu meiden, weil du fürchtest, die gleichen Probleme heraufzubeschwören wie früher, basiert diese Entscheidung auf vergangenem Wissen. Die leise innere Stimme hingegen ist deine Intelligenz, die dir bewusst machen will, dass die beiden scheinbar ähnlichen Situationen unterschiedlich sind, weil die Umstände und die beteiligten Menschen sich geändert haben – und weil *auch du* dich geändert hast.

Alles, was wir erleben, verändert sich ständig, selbst wenn es uns nicht so vorkommt.

Junge Menschen sind heute sehr intelligent. Kinder wollen selbst lernen und sind sehr spontan. Sie fürchten sich nicht vor Risiken und gehen neue Wege. Am Anfang ihres Berufslebens können sie ihrem Arbeitgeber von großem Nutzen sein, wenn er ihnen erlaubt, ihre Kreativität auszudrücken. Sie können mit den Händen arbeiten, mit Computern umgehen und vieles mehr. Oft wissen sie schon nach wenigen Minuten, wie man ein Problem lösen kann. Sie arbeiten mit Begeisterung und können mehrere Aufgaben gleichzeitig bewältigen, weil sie ihre Intelligenz und ihre Intuition geschickt nutzen.

Intelligente Menschen wissen, dass sie nur tanzen lernen, wenn sie tanzen. Die meisten sind Autodidakten: Sie lernen aus Büchern und mit dem Internet und sie wissen, dass sie durch Erfahrung noch mehr lernen. Ich habe oft beobachtet, dass junge Angestellte zwischen 20 und 30 Jahren eine Menge lernen, indem sie mit neuen Methoden experimentieren. Sie belegen Kurse, um ihre Ausbildung zu vervollständigen. So integrieren sie ihr erworbenes Wissen in die Wirklichkeit und werden nicht nur gebildet, sondern auch intelligent.

Harmonie ist ein weiteres Zeichen von aktiver Intelligenz. Intelligente Menschen streben nach Harmonie in ihrer Umgebung. Sie fühlen sich zu Schönheit, Ökologie, Frieden, Toleranz sowie innerer und äußerer Ausgewogenheit hingezogen. Sie werfen keinen Müll auf die Straße und fällen Bäume nur, wenn es gar nicht anders geht. Sie lassen wilde Blumen wachsen, weil sie schön sind, und sie wollen keinem Wesen auf Erden schaden.

In den letzten Jahrzehnten wurde zahlreiche Organisationen gegründet, die sich für die Erhaltung unseres Planeten einsetzen und uns auffordern, ökologisch zu denken. Allmählich entsteht ein neues System, in dem der Mensch als Teil eines Ganzen gilt und der Einzelne nicht mehr sein Ich aufbläht. Die Energie der Wassermannzeitalters treibt uns in diese Richtung.

Ein intelligenter, nach Harmonie strebender Mensch weiß, dass er für das größere Ganze mitverantwortlich ist; er kennt das Gesetz von Ursache und Wirkung und weiß, dass es sinnlos ist, andere zu kritisieren, weil die Gegenreaktion ebenfalls

Kritik wäre. Er weiß auch, dass Kritik nicht zur Harmonie beiträgt. Darum umgibt er sich mit Schönheit, weil Harmonie und Schönheit die Intelligenz anregen. Wer harmonisch leben will, schadet niemandem und vergeudet nichts. Er hat Achtung vor den natürlichen Ressourcen unseres Planeten und geht klug mit ihnen um; und er respektiert seinen Körper und hält ihn gesund.

Da die heutigen Kinder sehr aufgeschlossen sind, sollten wir ihnen keine Predigten halten, sondern sie fragen, ob das, was sie eben getan haben, intelligent ist. Angenommen, dein kleiner Sohn verstreut seine Sachen überall auf dem Fußboden. Dann solltest du ihn fragen, ob es intelligent ist, in einem Haus zu wohnen, wo man kaum findet, was man braucht. Frage ihn, ob es intelligent wäre, in eine Schule zu gehen, die so unordentlich ist wie sein Zimmer. Was würde er davon halten, wenn alle Erwachsenen in einer solchen Unordnung lebten? Hilf ihm einzusehen, dass er diese Erwachsenen bestimmt kritisieren und für dumm halten würde.

Wir können diese Sprache gegenüber jungen Leuten verwenden, sofern wir ihnen keinen Vortrag halten. Die beste „Predigt" ist ein gutes Beispiel. Wir sollten ihnen erklären, dass sie die Folgen tragen müssen, wenn sie in Unordnung leben – zum Beispiel in ihrem Zimmer. Und wir sollten sie auffordern, die Ordnung und Harmonie in den anderen Räumen des Hauses zu respektieren. Wenn sie in Unordnung (also unharmonisch) leben wollen, ist das ihre Sache – aber nur in ihrem eigenen Zimmer.

Ein intelligenter Mensch strebt nach Schönheit; aber Unordnung ist nicht schön. Ist dir aufgefallen, dass immer mehr Menschen zu Hause, im Restaurant, im Geschäft und in der Natur von Schönem umgeben sein wollen? Sogar Städte und Vorstädte bemühen sich, attraktiver zu werden. Es ist wohltuend, von Schönheit umgeben zu sein, und da Schönheit für den Emotionalkörper das Wichtigste ist, trägt sie erheblich zu unserer Gesundheit und unserer Empfindsamkeit bei.

Intelligente Mensch legen aber auch Wert auf Nützlichkeit. Alles muss einem Zweck dienen: unsere Lebensweise, unsere Ansichten, unser Einkäufe und so weiter.

***Ein Mensch, der nutzlose Dinge anhäuft,
lebt nicht intelligent, sondern wird von Furcht beherrscht.***

Wenn wir nutzlose „Dinge" anhäufen, fürchten wir uns vor Mangel. Wenn du das nicht glaubst, dann schau in deine Schränke, deine Speisekammer, deine Garage und deinen Keller – in deine gesamte materielle Umgebung. Wenn du etwas ein Jahr lang nicht benutzt hast, solltest du es verkaufen oder jemandem schenken, der es braucht. Dann lebst du nicht mehr in der Vergangenheit.

Achte auch darauf, von den Menschen zu profitieren, denen du Zugang zu deinem Leben gewährst. Stelle dir vor, dein Partner hätte keinerlei Nutzen für dich – wie könntet ihr zusammen glücklich sein? Stelle eine Liste von Gründen zusammen, warum dein Partner nützlich für dich ist. Mir ist klar, dass viele sich über diesen Vorschlag wundern, weil sie glauben, es sei egoistisch zu verlangen, dass Partner, Kinder und Freunde nützlich sind. Aber nützliche Beziehungen und Ausbeutung sind nicht dasselbe. Wenn wir sehen, dass Menschen, die uns nahe stehen, nützlich sind, schätzen wir sie umso mehr und sind ihnen dankbar. Ein Ausbeuter schätzt niemanden, denn er will andere nur beherrschen.

Wie nützlich deine Mitmenschen sind, hängt davon ab, was sie auf der physischen, emotionalen, mentalen und spirituellen Ebene für dich tun. Wenn du darüber nachdenkst, wirst du staunen, welche Entdeckungen du machst! Wenn beispielsweise eine Mutter erkennt, dass ihr Kind sie zum Lachen bringt, also nützlich ist, braucht sie nicht mehr zu klagen: *„Warum muss ich ein Kind wie dich haben? Du bist total nutzlos und nur eine Last für mich!"* Die meisten Eltern würden das nicht laut sagen; aber sie drücken es oft durch ihre Miene oder ihre Blicke aus, wenn ein Kind unartig war.

Wenn du genau auf deine Mitmenschen achtest, siehst du, wie sehr sie zu deinem Wohlbefinden beitragen. Gewiss, ihr wichtigster Beitrag besteht darin, dass sie dir die Möglichkeit geben, dich durch die Spiegelmethode (siehe Kapitel 11) besser kennen zu lernen. Diese Technik ist das Beste, was du je haben wirst, um deine spirituelle Entwicklung zu fördern.

Ist dir bewusst, wie viele neue Erfindungen in deiner materiellen Welt sich als nützlich erweisen? Ich staune immer wieder über die Kreativität der Menschen. Selbst mit einfachen Erfindungen sparen wir Zeit und Kraft. Die Intelligenz ist eine Gabe, die sich ständig weiterentwickelt.

Wenn du etwas kaufen willst, solltest du dich fragen, warum du es haben möchtest und ob es nützlich ist. Wenn dein Motiv Furcht ist, führt die Anschaffung zu Problemen und vergiftet dein Leben. So schaffst du keine Harmonie. Es ist nicht sinnvoll, Geld anzuhäufen, weil du fürchtest, im Alter mittellos zu sein, oder zu heiraten, weil du Angst vor Einsamkeit hast. Wenn du mehr Geld haben willst, musst du zuerst herausfinden, wie nützlich es für dich ist: Hilft es dir, kreativer oder ein besserer Mensch zu werden? Wenn du heiraten willst, frage dich, ob ein Partner dazu beitragen kann, dass du ein besserer Mensch wirst.

Wenn du ein Ziel erreichen willst, um etwas zu vermeiden, ist Furcht dein wahrer Beweggrund.

Ist dir schon einmal aufgefallen, dass alles, was du auf der materiellen Welt nicht benutzt, zu verfallen beginnt? Ein Beispiel: Wenn du ein Auto auf einem Feld stehen lässt, wo niemand damit fährt und niemand es instandhält, fällt es bald auseinander. Dasselbe gilt für den physischen Körper. Wenn du wochenlang im Bett bleibst, schwinden deine Muskeln dahin!

Ein intelligenter Mensch zieht das Natürliche dem Normalen vor. Hast du jungen Leuten schon einmal vorgeworfen, ihre Kleidung oder ihr Verhalten sei nicht normal? Ich bin sicher, dass die Heranwachsenden ablehnend reagierten und dir versicherten, sie hätten kein Interesse daran, „normal" zu sein! „Normal" bedeutet für die heutige Jugend, sich wie Erwachsene zu benehmen und in der Vergangenheit zu leben. „Natürlich" sein heißt für sie, in Harmonie mit der Natur und im Augenblick zu leben und zu sein, wer sie sind.

Als Kinder haben auch wir versucht, natürlich zu sein; doch unsere Eltern und Lehrer wiesen uns zurecht, weil sie unser Verhalten für „unnormal" hielten. Deshalb tragen wir mehrere gesellschaftliche Masken, um unsere wahre Natur zu verbergen. Heute, als Erwachsene, sollten wir unseren natürlichen Zustand erneut anstreben.

Wir dürfen Kinder nicht zwingen, sich so zu benehmen, wie wir es wollen. Stattdessen sollten wir sie ermutigen, natürlich zu bleiben. Übrigens sind die heutigen Kinder viel beharrlicher als frühere Generationen und deshalb sind Versuche, sie zu manipulieren und zu ändern, nutzlos. Andererseits müssen diese Kinder lernen, sich der Welt der Erwachsenen anzupassen, ohne ihre wahre Natur zu verleugnen. Wenn sie merken, dass die Erwachsenen sie respektieren, erwidern sie diesen Respekt und erlauben sich und anderen zu sein, wer sie sind.

Ein natürlicher Mensch lebt harmonisch, weil er seine Intelligenz nutzt und sich im Rahmen der natürlichen Ordnung weiterentwickelt. Dazu gehört: Essen, wenn der Körper hungrig ist, schlafen, wenn er müde ist und so weiter. Es bedeutet auch, dass wir sagen, was wir sagen müssen, anstatt aus Furcht zu schweigen.

Ein Kind, das sich natürlich ausdrückt, wird oft ermahnt, weil die Erwachsenen es für unartig halten, wobei sie sich auf das Wissen der Vergangenheit stützen. Ihr Intellekt „weiß“, dass das Kind sich falsch verhält.

Bevor du behauptest, dein Kind sei unartig, solltest du seine wahre Absicht kennen. Du kannst zum Beispiel sagen: *„Ich finde deine Worte unhöflich. Wolltest du unhöflich sein? Was würdest du davon halten, wenn ein anderer das zu dir gesagt hätte?“* Ein Kind wird meist dann aufsässig, wenn seine Eltern es herumkommandieren. In diesem Stadium seiner Entwicklung muss es entscheiden, ob es sich selbst respektiert oder sich ändert, um anderen zu gefallen.

Ein natürlicher Mensch sucht ständig neue Erfahrungen. Er ist offen für den Wandel, weil er ihn nicht fürchtet.

Betrachten wir nun den Unterschied zwischen „natürlich“ und „vollkommen“. Wenn wir nach Vollkommenheit streben, geht es uns um Beständigkeit. Manchmal glauben wir, Vollkommenheit erreicht zu haben, aber der Grund dafür ist eine sehr enge Definition dieses Begriffs. Anstatt uns um Vollkommenheit zu bemühen, sollten wir nach vorzüglichen Leistungen streben, ohne den Wandel abzulehnen.

Das folgende Beispiel möge den Unterschied illustrieren: Ein Perfektionist weigert sich, seine Möbel umzustellen, weil er meint, sie seien perfekt angeordnet. Ein natürlicher Mensch stellt seine Möbel um, wenn sich das als nützlich erweist, und er ändert auch seine Kleidung, seine Frisur und sein Verhalten, wenn es seinem Wohlbefinden dient. Er strebt nicht ohne Rücksicht auf die Kosten nach Dauerhaftigkeit.

Einfachheit ist ebenfalls ein typisches Merkmal des natürlichen Menschen. Viele Leute haben im Laufe der Jahre zu mir gesagt, meine Ratschläge seien *so einfach*. Die Teilnehmer an meinen Kursen sind begeistert, weil sie den Stoff leicht verstehen und im täglichen Leben anwenden können. Anfangs war ich mir nicht sicher, ob sie mir ein Kompliment machen wollten, denn das Wort „einfach“ kann ja auch „simpel“ bedeuten, und das ist abwertend gemeint. Doch als ich erkannte, dass Einfachheit mit Intelligenz zusammenhängt, freute ich mich darauf, diesen Aspekt in meinen Kursen und im täglichen Leben beizubehalten.

Zweifellos weißt du, wie ein intellektueller Mensch das Leben komplizieren kann. Da sein Wissen eindrucksvoll ist, gelten seine Worte für immer. Er fühlt sich verpflichtet, alles zu sagen, was er weiß, so dass andere nur sehr schwer verstehen können, worum es ihm geht. Mehr noch – sie sind oft verwirrter als zuvor.

Je intelligenter du bist, desto schwerer fällt es dir, mit Menschen zu verkehren, die alles kompliziert machen. Anstatt einem solchen Menschen höflich zuzuhören, solltest du zu ihm sagen, dass du ihm nicht folgen kannst, und ihn bitten, auf den Punkt zu kommen. Ich musste das oft tun, und zu meiner Überraschung stellte sich heraus, dass es solchen Menschen mehr nützt als mir, wenn ich sie unterbreche. Manchmal hört ein übertrieben intellektueller Mensch zu reden auf, ehe er fertig ist, weil er merkt, dass er den Faden verloren hat. Das zeigt, dass er merkt, was er sagt, während er noch redet – er redet also nicht spontan, sondern analysiert sich selbst beim Sprechen.

Du kannst feststellen, ob jemand allein mit dem Intellekt redet. Er verwendet oft Ausdrücke wie „ich denke“ und „als ob“. Zum Beispiel: *„Es war, als ob ich mich davor gefürchtet hätte, mit ihm zu sprechen“* oder *„Ich denke, ich fürchte mich davor, mit ihm zu reden“*. Wenn du jemanden so sprechen hörst, weißt du, dass er seine Furcht analysiert. Er lebt nicht im Augenblick und hat kaum Kontakt mit seinen Gefühlen; aber das ist ihm nicht bewusst. Wenn du ihn fragst, ob er Angst hat, kannst du ihm helfen, seine wahren Gefühle zu entdecken. Sobald er merkt, dass er analysiert, anstatt zu fühlen, kann er damit beginnen, fühlen zu lernen.

Jesus ermutigte uns, wie Kinder zu werden, um am Himmelreich Teil zu haben. Damit meinte er, dass die Einfachheit eines Kindes für unser Glück wichtig ist. Kinder sind sehr gute Vorbilder, die uns zu Einfachheit und Harmonie führen können.

Manche Menschen glauben, Einfachheit bedeute, wenig zu besitzen und vom Leben wenig zu erwarten. Das ist eine materielle Sichtweise. Oft halten wir Leute für einfach, die einfach leben; aber das trifft nicht immer zu. Wir können sehr einfach leben und dennoch innerlich kompliziert sein. Andererseits können wir viel besitzen, aber schlicht leben; das heißt, der materielle Reichtum macht unser Leben nicht kompliziert. Zum Problem wird das Materielle, wenn wir fürchten, es zu verlieren. Darum ist es besser, zuerst eine „innere Einfachheit" zu entwickeln, der dann die äußere folgt.

Je mehr du an deinen Einstellungen, Ängsten und anderen Abhängigkeiten haftest, desto komplizierter wird dein Leben. Um einfach und intelligent zu leben, musst du dir deines Innenlebens bewusst werden und lernen, zu beobachten und zu fühlen. Beginne damit, dass du die Verantwortung für dein Leben übernimmst, und befreie dich allmählich von den Fesseln, die es komplizieren.

Je einfacher du lebst, desto eher bist du bereit, neue Wege zu gehen. Wer sein Leben kompliziert macht, haftet an dem, was er früher gelernt hat.

Heutzutage spezialisieren sich viele Menschen nicht nur auf ein Gebiet, sondern auf mehrere. Da wir offener und kreativer geworden sind, entwickeln sich unsere Talente besser. Manche glauben jedoch, das Leben werde einfacher, wenn sie sich nach den Geboten ihrer Kirche, nach der Regierung oder nach einer Autoritätsperson richten. Dadurch hemmen sie ihre Kreativität und machen ihr Leben schwieriger; denn es ist anstrengend, nach dem Diktat anderer zu leben. Solche Menschen können sich nicht selbst treu sein und nicht im Augenblick leben, weil andere ihr Leben bestimmen.

Da wir wissen, dass Einfachheit ein Aspekt der Intelligenz ist, können wir daraus schließen, dass alles dumm ist, was unnötig kompliziert ist. Mit der Energie des Wassermannzeitalters zu fließen bedeutet, unsere Intelligenz zu schulen. Nicht Wissen, sondern Intelligenz ist das richtige Fundament für unsere

Entscheidungen. Gewiss ist es dir nicht neu, dass das Leben schwerer wird, wenn wir es komplizieren. Es ist nicht intelligent zu leiden! Wir leiden, weil wir uns gegen bestimmte Ereignisse wehren und versuchen, sie zu steuern, anstatt mit dem Strom zu schwimmen und alles zu akzeptieren, was existiert – denn alles hat einen Grund.

Sicherlich ist dir aufgefallen, dass das Leben in unserer so genannten modernen Welt ziemlich kompliziert geworden ist. Darum müssen wir neue Lösungen für unsere Probleme finden. Die Voraussetzung für jede Änderung ist jedoch, dass wir uns zunächst selbst ändern. Wir, das Volk, wählen unser Parlament und wenn die Mehrheit von uns beschließt, ihre Lebensqualität zu verbessern, haben die Politiker kaum eine andere Wahl, als sich unserem Willen zu fügen. Wenn wir, die so genannte „schweigende Mehrheit", beschließen, einfach, intelligent und harmonisch zu leben, werden die Politiker und Manager dem Trend folgen.

Es ist tröstlich zu wissen, dass im Grunde kein Mensch intelligenter ist als ein anderer. Der einzige Unterschied besteht darin, dass manche sich ihrer Intelligenz klarer bewusst sind. Wer sich vom Intellekt führen lässt, schneidet sich von seiner Intelligenz ab, bleibt im Dunkeln und sieht nicht über seine Nase hinaus; deshalb bleibt ihm sein enormes kreatives Potenzial verschlossen.

Einfachheit ist auch deshalb so wichtig, weil sie es uns ermöglicht, Ereignisse zu fühlen, wenn sie geschehen. Komplizierte Menschen haben wenig Kontakt mit ihren Gefühlen; sie reagieren emotional und übertragen dann diese Emotionen auf das Essen, das Rauchen, das Trinken und so weiter, anstatt auf ihre Gefühle zu achten.

Ein intelligenter Mensch lebt einfach und harmonisch im Augenblick; er ist spontan und natürlich und Nützlichkeit ist der Maßstab für seine Entscheidungen.

Um deine Intelligenz besser zu nutzen, empfehle ich dir, drei Menschen, die du gut kennst, zu fragen, ob du ihrer Meinung nach kompliziert bist und wenn ja, in welcher Hinsicht. Bitte, wenn nötig, um Beispiele, denn es ist manchmal schwer, sich so zu sehen, wie man ist. Nimm dir dann genügend Zeit, um über das Ergebnis nachzudenken. Falls erforderlich, unternimm etwas, um dein Leben zu vereinfachen.

Sollte dir das schwer fallen, bittest du dieselben drei Leute um Vorschläge für ein einfacheres Leben. So kannst du deine wahre Intelligenz entwickeln.

Kapitel 20

Männlich – weiblich

Am Anfang der Zeit wollte Gott verschiedene Seinszustände auf unterschiedlichen Ebenen des Bewusstseins erfahren und darum experimentierte er damit, auf der materiellen Welt „Gott zu sein“. Deshalb schuf das „Wesen“ aus reinem Licht und reinem Geist sich materielle Körper, damit es auf Erden leben konnte. Zuerst schuf es den mentalen, dann den emotionalen und schließlich den physischen Körper. Dieser Involutionsprozess dauerte Millionen von Jahren.

Erst nach dieser grundlegenden Phase begann das Wesen, die Dualität so zu erleben wie wir. Dieser Prozess schloss die Trennung der Geschlechter – des männlichen und des weiblichen Prinzips – ein. In der östlichen Philosophie wird das weibliche Prinzip *Yin* und das männliche *Yang* genannt. Dank der Dualität wurde es möglich, die Trennung zu erfahren, der die Stadien der Wiedervereinigung und der Verschmelzung folgen. Deshalb spüren wir alle den starken Wunsch, wieder „mit Gott eins“ zu sein. In Wahrheit waren Gott und die Menschen nie getrennt. Wir glaubten nur an diese Trennung, weil wir in einer Welt der Dualität leben. Der Geschlechtsakt – die Verschmelzung unserer weiblichen und männlichen Prinzipien, symbolisiert die Vereinigung der Seele mit dem Geist. Er soll uns an die extreme Lust erinnern, die wir empfinden, wenn wir erneut mit Gott verschmelzen.

Jeder Mann und jede Frau wurde aus dem männlichen und aus dem weiblichen Prinzip geformt. Deshalb können wir das, was Gott erfahren will, auf der materiellen Welt manifestieren.

Das männliche Prinzip ist mit dem Mentalkörper verbunden, mit unserer Fähigkeit, vernünftig zu handeln. Das weibliche gehört zum Emotionalkörper, zur Intuition. Dank des Intellekts ist der Mentalkörper auf der materiellen Welt das, was die Intelligenz auf der spirituellen Ebene ist. Der Emotionalkörper ist dank seines Verlangens auf der materiellen Ebene, was die Intuition auf der spirituellen Ebene ist. Der eine erlaubt es uns, mit dem anderen Kontakt aufzunehmen: der Intellekt mit der Intelligenz und das Verlangen mit der Intuition.

Das weibliche Prinzip hängt mit Kreativität, Spontaneität, Schönheit, Gefühlen, Güte, Empfänglichkeit, Kunst und Musik zusammen. Es symbolisiert unsere passiven und aufnehmenden Aspekte.

Das männliche Prinzip äußert sich durch Kraft, Mut, Tapferkeit, Ausdauer, Willensstärke, Logik und die Fähigkeit zu analysieren und zu führen. Es ist ein aktives, gebendes Prinzip, das Mittel und Wege findet, um die Wünsche des weiblichen Prinzips auf der materiellen Welt zu verwirklichen. Der männliche Aspekt steht für die Tat; er trennt, differenziert und individualisiert, während der weibliche Aspekt zur Verinnerlichung, Einheit, Verschmelzung und Harmonie in allen Lebensbereichen neigt. Um *innere* Harmonie zu erlangen, müssen beide Prinzipien zusammenwirken.

Die Verschmelzung dieser zwei Prinzipien kann nur Frieden und Harmonie bewirken. Unsere Interaktionen mit Menschen beiderlei Geschlechts zeigen uns, wie harmonisch wir leben. Frauen sollten darauf achten, wie sie mit anderen Frauen auskommen. Wenn das Verhältnis gut ist, leben sie in Harmonie mit ihrem weiblichen Prinzip und haben Kontakt zu ihren Wünschen und ihrer Intuition. Sind die Beziehungen einer Frau zu Männern gestört – aus Mangel an Geduld, Toleranz und Wertschätzung – lebt sie nicht in Harmonie mit ihrem männlichen Prinzip. Sobald ein Prinzip aus dem Gleichgewicht gerät, sind Probleme und emotionaler Aufruhr die Folge.

Wenn beide Prinzipien ausgewogen sind und der weibliche Aspekt einen Wunsch verspürt, nutzt der männliche Aspekt sein intellektuelles Wissen, seine Stärke und seine Willenskraft, um den Wunsch zu erfüllen. So ist ein wirklich harmonisches Leben möglich. Der eine Aspekt bringt Ideen und Wünsche hervor und der andere handelt, um sie wahr zu machen.

Die Idee, dieses Buch zu schreiben, formte sich allmählich; sie gewann jeden Tag an Klarheit und Kraft. Das ist ein Beispiel für das Wirken des weiblichen Prinzips. Eines Tages beschloss ich, das Buch zu schreiben, legte die Zeit fest, die ich dafür verwenden wollte, und trug sie in meinen Terminplan ein. Mein männliches Prinzip hatte zu handeln begonnen. Durch die Zusammenarbeit beider Prinzipien wurde dieses Buch Realität.

Im Laufe eines normalen Tages greifen wir ständig auf beide Prinzipien zurück. Wenn wir hungrig werden und Appetit auf eine bestimmte Speise haben, hat sich das weibliche Prinzip gemeldet und wenn wir aktiv werden, um zu holen und zu essen, was wir uns wünschen, nutzen wir das männliche Prinzip. Wir waren kreativ. Das heißt nicht unbedingt, dass wir etwas Neues erfunden haben; aber wir haben bestimmt, was wir wollen und gehandelt, um es zu bekommen. So führen wir unser Leben selbst.

Kreativität ist eine Quelle des Glücks, der Freude, der Erfüllung und der Energie.

Wenn wir unser Leben nicht selbst führen, das heißt, wenn wir zwar Ideen haben, aber nicht handeln, fühlen wir uns unwohl. Aber auch das Gegenteil ist richtig: Wenn wir handeln, ohne vorher zu prüfen, ob wir damit unsere wahren Bedürfnisse befriedigen wollen, tun wir letztlich genau das, was wir nicht wirklich wollen. Im Idealfall weiß unser weiblicher Aspekt, was gut für uns ist, und unser männlicher Aspekt weiß, wie er den Wunsch unserer „inneren Frau" erfüllen kann. Der weibliche Aspekt muss der Logik des männlichen vertrauen, wenn es darum geht herauszufinden, wie das Ziel am besten zu erreichen ist.

Je mehr wir uns davor fürchten, die Weisheit dieser beiden Prinzipien zu achten, desto größer wird die Kluft zwischen beiden. Diese Trennung ist die Ursache vieler negativer Emotionen und sogar Krankheiten. Die vergangenen 2000 Jahre wurden vom männlichen Prinzip beherrscht, was die Trennung der Geschlechter förderte. Zu einer typischen Familie gehörten eine Frau, die den Haushalt führte und die Kinder versorgte und ein Mann, der arbeiten ging, um die Felder zu bestellen oder Geld zu verdienen. Frauen dominierten also im Haus, Männer außerhalb des Hauses.

Lange Zeit haben die Frauen ihre Macht verborgen, um die Männer nicht zu stören. Frauen nutzten ihre Macht nur indirekt, etwa durch Manipulation. Männer wurden oft von Frauen geführt, ohne es zu merken, da die Frauen ziemlich geschickt vorgingen. Auch das vertiefte den Abgrund zwischen dem weiblichen und dem männlichen Prinzip. Seit das

Wassermannzeitalter dämmert, gehen jedoch immer mehr Menschen neue Wege; sie wollen die Trennung überwinden und eine Einheit erreichen. Junge Paare arbeiten heute viel mehr zusammen; sowohl Männer als auch Frauen sorgen für die Familie und teilen sich die Pflichten im Haushalt und bei der Kindererziehung. Dadurch unterstützen sie die Vereinigung ihrer weiblichen und männlichen Prinzipien. Außerdem ergreifen immer mehr Frauen einen Beruf, der früher den Männern vorbehalten war – und umgekehrt. Diese Trends zeigen eindeutig, dass wir auf dem Weg zur Einheit sind.

Damit du herausfinden kannst, welches Prinzip du am wenigsten akzeptierst, möchte ich einige der typischen Merkmale der folgenden vier Gruppen beschreiben.

Ein Mann akzeptiert sein männliches Prinzip mehr als das weibliche:

- Er ist sehr von sich überzeugt.
- Er hört weder auf seine Intuition noch auf die Intuition anderer.
- Er verlässt sich auf seinen Verstand.
- Er urteilt oft über andere.
- Er handelt, achtet dabei aber nicht auf seine wahren Bedürfnisse und Wünsche.
- Er versucht, Frauen zu beherrschen und traut ihnen nicht.
- Er strebt auf Kosten anderer – vor allem auf Kosten von Frauen – nach Lust.
- Er verabscheut Frauen, die ihn beherrschen wollen.
- Er kommt besser mit Männern aus, weil er sie besser versteht und toleranter zu ihnen ist.
- Er zieht Frauen an, die ihr weibliches Prinzip ablehnen (daran sieht er, dass er es ebenfalls ablehnt).

Eine Frau akzeptiert ihr weibliches Prinzip mehr als das männliche:

- Sie ist sehr von sich überzeugt.
- Sie hat eine gute Intuition und will ihre Wünsche sofort erfüllen.
- Sie handelt zu schnell und lässt ihren „inneren Mann“ nicht entscheiden, wann und wie vorzugehen ist.
- Sie will auch unter Männern den Ton angeben.

- Sie schätzt Männer nicht sehr und traut ihnen nicht.
- Sie verabscheut Männer, die sie beherrschen wollen.
- Ihre Wünsche sind ihr wichtiger als die Wünsche anderer, vor allem als die Wünsche der Männer.
- Sie kommt besser mit Frauen aus, weil sie ihnen mehr traut und toleranter zu ihnen ist.
- Sie zieht Männer an, die ihr weibliches Prinzip ablehnen (daran sieht sie, dass sie es ebenfalls ablehnt).

Ein Mann akzeptiert sein weibliches Prinzip mehr als das männliche:

- Seine Selbstachtung ist gering.
- Er kennt seine Bedürfnisse und Wünsche, glaubt aber nicht, dass er es verdient, sie zu verwirklichen. Er will sie nur verwirklichen, wenn es anderen – vor allem einer Frau – gefällt.
- Eine Frau muss ihn führen, damit er handelt.
- Er ist nur zufrieden, wenn er einer Frau Freude macht.
- Er kommt mit Frauen besser aus als mit Männern. Er wehrt sich gegen männliche Autorität und traut Männern nicht.
- Er bevorzugt Frauen, die ihr männliches Prinzip nicht akzeptieren und Männer wenig schätzen (das zeigt ihm, wie er sich selbst behandelt).

Eine Frau akzeptiert ihr männliches Prinzip mehr als ihr weibliches:

- Ihre Selbstachtung ist gering.
- Sie handelt, um die Wünsche anderer zu erfüllen. Ihre eigenen Wünsche erfüllt sie nicht, weil sie es für wichtiger hält, anderen – vor allem Männern – Freude zu bereiten.
- Sie lässt sich von Männern führen.
- Männer müssen ihr sagen, was gut für sie ist.
- Sie ist in der Ehe ziemlich passiv.
- Es fällt ihr schwer, Frauen zu trauen. Ihre Beziehungen mit Frauen sind schwieriger als die mit Männern.
- Sie zieht Männer an, die ihr weibliches Prinzip ablehnen (das zeigt ihr, wie sie sich selbst behandelt).

Die meisten Menschen fühlen sich also mehr zu jemandem hingezogen, der das gleiche Prinzip ablehnt wie sie.

Diese Situation ist sehr schwierig, weil beide Partner ihre Ablehnung auf den anderen projizieren.

Dennoch ist eine dauerhafte Beziehung möglich, weil beiden Partnern, wenn auch unbewusst, klar ist, dass sie lernen müssen, das gleiche Prinzip zu akzeptieren. Ein Mann, der sein weibliches Prinzip ablehnt (und deshalb autoritär ist), versucht natürlich, das Verhalten seiner Partnerin zu ändern. Vielleicht sagt er zu ihr: *„Wann wirst du je etwas tun, anstatt immer nur abzuwarten?“* Er versucht sie zu ändern, weil er seine „innere Frau“ ändern möchte. Seine Partnerin zeigt ihm also, was er an sich selbst nicht akzeptiert.

Ähnlich ist die Situation für eine Frau, die ihren Mann dominiert. Sie sagt möglicherweise zu ihm: *„Wann triffst du endlich mal eigene Entscheidungen und überlässt nicht alles mir?“* Das Verhalten ihres Partners spiegelt den Teil von ihr wider, den sie ablehnt.

Mir fiel es am schwersten, meinen „inneren Mann“ zu akzeptieren. Das wurde mir klar, als ich erkannte, dass mein Mann mein Spiegel ist. Nun verstand ich, warum ich ihn führen und dominieren wollte und ich wusste, dass sein Wunsch, sich von mir führen zu lassen, erst erlöschen würde, wenn er sein männliches Prinzip akzeptierte. Und solange ich mein männliches Prinzip ablehnte, würde ich meinen Partner dominieren wollen.

Dieser Prozess kam langsam, aber sicher voran, als ich den Unterschied zwischen dominieren und führen verstand. Führen bedeutet, die Entscheidungen des Partners in eine bestimmte Richtung lenken. Dominieren heißt, seine eigene Entscheidung auch gegen den Willen des Partners durchsetzen. Als geborene Führerin neige ich heute noch zu diesem Verhalten. Allerdings versuche ich nicht mehr, Recht zu behalten und meinen Mann zu manipulieren, wenn er anderer Meinung ist.

Das hilft meinem Mann, Entscheidungen zu treffen, und mir hilft es, Männern im Allgemeinen mehr zu vertrauen. Außerdem bin ich ihm dafür, dass er mich führen lässt, dankbarer als früher – ich akzeptiere also ihn und meinen „inneren Mann“ mehr. Da wir beide wissen, dass wir gemeinsam lernen müssen, unser männliches Prinzip zu akzeptieren, wird unsere Beziehung im Laufe der Jahre immer besser.

Manche Leute lehnen sowohl ihre weibliches als auch ihr männliches Prinzip ab. Dadurch wird ihr Leben noch mühseliger. Heute fühlen sie sich zu einem dominierenden Partner hingezogen, morgen zu einem passiven und sie selbst schwanken zwischen dominierend und passiv. Wenn du dieses Problem hast, musst du lernen, beide Aspekte zu akzeptieren.

Gelegentlich müssen Partner verschiedene Prinzipien akzeptieren lernen. Ein Beispiel: Der Mann lehnt sein weibliches Prinzip ab, die Frau ihr männliches. Ihre Beziehung ist stürmisch und anstrengend, und oft sind solche Partnerschaften kurzlebig. Keiner will vom anderen dominiert werden, und darum reagieren beide ständig aufeinander. Irgendwann wird die Situation untragbar.

Meist braucht der passive Partner mehr Sex als der dominierende. Da der passive Partner nicht kreativ genug ist, um im Rahmen der Beziehung Entscheidungen zu treffen, will er die Sexualität dominieren. Der andere will dominieren, weil er fürchtet, sonst dominiert zu werden. Er hat das Gefühl, ausgenutzt zu werden, wenn er seine Sexualität frei ausdrückt und darum ist sein sexuelles Verlangen viel schwächer als das des Partners. Auch deshalb ist es so wichtig, die beiden Prinzipien durch Respekt und Akzeptanz in Einklang zu bringen. Davon profitiert auch der Sex erheblich.

Fassen wir zusammen: Wer das Prinzip ablehnt, das *seinem* Geschlecht entspricht, ist oft passiv und lässt sich von anderen führen und dominieren. Es fällt ihm schwer, zu entscheiden und zu handeln. Wer das Prinzip ablehnt, das dem *anderen* Geschlecht entspricht, macht einem Partner vom anderen Geschlecht das Leben schwer. Er will den Partner dominieren und bemüht sich nicht, ihm Freude zu machen, es sei denn zu seinem Vorteil. Das gilt für Männer wie für Frauen.

Es ist Zeit, dass wir uns dieser Art der Ablehnung bewusst werden, denn sie verhindert, dass wir unser Leben selbst bestimmen. Das bedeutet nicht, dass wir so leben sollen, wie die Mehrheit es will oder wie es anderen gefällt. Wir leben auch nicht, um Furcht zu vermeiden oder um geliebt zu werden. Unser Leben sollte vielmehr unseren tiefsten Gefühlen und unseren wahren Bedürfnissen entsprechen.

Wenn es dir schwer fällt, dein weibliches Prinzip zu akzeptieren, lehnst du wahrscheinlich dein erstes weibliches Vorbild ab, sei es deine Mutter, sei es eine andere Frau, die diese Rolle innehatte. Wenn du dein männliches Prinzip ablehnst, hast du ein Problem mit deinem Vater oder mit dem Mann, der ihn ersetzte.

Ich habe viele Jahre lang in vielen Ländern gelehrt, und dabei habe ich festgestellt, dass wir den Elternteil, den wir unserer Meinung nach am meisten akzeptieren, in der Regel am stärksten ablehnen. Der Grund dafür ist einfach: Wir räumen uns nicht das Recht ein, den Elternteil abzulehnen, den wir am meisten zu lieben glauben. Im Gegenteil, wir wollen nur seine guten Eigenschaften sehen. Erst nach intensiver innerer Suche erkennen wir, dass wir diesen Elternteil wegen enttäuschender Erfahrungen verurteilen. Es ist beispielsweise normal, wenn ein Kind, das von seinem Vater enttäuscht wurde, sich mit seinem Vaterbild und daher auch mit seinem männlichen Prinzip unwohl fühlt.

Wenn du dir dessen bewusst wirst, welchen inneren Aspekt du mehr oder weniger akzeptierst, kannst du dich leichter mit deinen Eltern sowie mit deinem inneren Mann und deiner inneren Frau versöhnen. Das kann deine Beziehungen mit Menschen des gleichen *und* des anderen Geschlechts nur verbessern. Je mehr Liebe zwischen dem Mann und der Frau in dir besteht, desto stärker ist das Band zwischen dir und deinem inneren Gott. Wenn du Trennung und Dominanz durch Liebe und Akzeptanz ersetzen kannst, wirst du aufgeschlossener. Dein weibliches Prinzip kann in Kontakt mit der Intuition deines Wesens bleiben und dein männliches Prinzip mit der Intelligenz.

***Wenn du dich dem Gott in dir verschließt,
kannst du deine Wünsche nicht mit deinen Bedürfnissen
in Einklang bringen und dein Verstand kann nicht mehr
entscheiden, was für dich intelligent ist.***

Um Frieden auf unserem Planeten zu schaffen, müssen wir die „dominante“ und die „passive“ Rolle aufgeben, die wir schon zu lange spielen. Dieses Paradigma hat unter Menschen und Nationen Elend, Furcht, Kriege, Hunger und Abhängigkeit hervorgebracht. Wir wissen, dass die Welt sich ändern muss und jeder Fortschritt in unserem Leben trägt zu dieser kollektiven Transformation bei.

Zum Schluss empfehle ich dir, die Namen von mindestens zehn Männern und Frauen aufzuschreiben, die du kennst und neben jedem Namen zu notieren, was du von diesem Menschen hältst. Auch deine Kinder können auf der Liste stehen, wenn du willst.

Von welchem Menschen möchtest du dich nicht führen lassen? Wer würde dich deiner Meinung nach ausnutzen? Gegen wen möchtest du dich durchsetzen? Hast du den Eindruck, dass die meisten Männer oder Frauen versuchen, dich auszunutzen? Die Antworten auf diese Fragen verschaffen dir einen Eindruck von deinen Beziehungen zu beiden Geschlechtern. Wenn du eine Frage nicht beantworten kannst, frage die betreffende Person.

Nach dieser Übung weißt du genauer, welches Prinzip du am stärksten ablehnst. Dann kann der Prozess des Akzeptierens beginnen. Mach dir aber keine Vorwürfe, weil du nicht früher damit angefangen hast. *Gib dir die Erlaubnis, so zu sein, wie du im Augenblick bist – das ist immer der wichtigste Schritt.* Finde dich damit ab, dass deine Entscheidungen in der Kindheit – nachdem dein Vorbild dich enttäuscht hat – dich zu dem gemacht haben, was du heute bist. Zum Glück kannst du diese Entscheidungen widerrufen!

Kapitel 21

Gott sein

Jedes Mal, wenn ich bekräftige: *„Wir sind Gott"*, so wie in meiner Autobiografie *„I am God, Wow!"*, löse ich damit heftige Reaktionen aus. Wegen dieses Titels weigerten sich manche Leute sogar, das Buch zu lesen. Das ist schade, weil sie sich dagegen sperrten, etwas Neues kennen zu lernen.

Wenn du dich bei der Bekräftigung *„Ich bin Gott"* unwohl fühlst, stellst du dir Gott mit menschlicher Gestalt und menschlichen Eigenschaften vor. Du hältst Gott für ein Wesen, das behaupten darf: *„Ich bin Gott und sonst niemand."* Nur wenn du das Leben aus spiritueller Sicht betrachtest – also von oben her – kannst du *„Ich bin Gott"* sagen. Vom materiellen Standpunkt aus kannst du das nicht sagen, wohl aber: *„Ich bin ein Ausdruck Gottes"*, *„Ich bin ein Teil Gottes"* oder *„Ich bin ein Kind Gottes"*. Beide Blickwinkel sind wahr und akzeptabel; sie unterscheiden sich nur in unserer Vorstellung von Gott. Willst du Gott immer noch so sehen, wie man es dir beigebracht hat, oder bist du offen für eine neue Sichtweise?

Da wir jetzt im Wassermannzeitalter leben, sind wir alle aufgefordert, zu unserer spirituellen Essenz zurückzukehren. Wer darauf beharrt, dass nur die physische, emotionale und intellektuelle Ebene real sei, wird immer größere Schwierigkeiten haben. Nur wer blind und taub ist, glaubt immer noch, dass wir auf der materiellen Welt glücklich werden können.

Noch tiefer kann die Menschheit meiner Meinung nach nicht sinken. Es ist traurig, was manche Bewohner dieses Planeten durchmachen müssen. Derzeit befinden sich mehr als sechzig Länder im Krieg. Gewalt und sexueller Missbrauch sind auf der ganzen Welt verbreitet und die meisten Opfer sind Kinder. Wir gieren nach materiellem Besitz und sind nicht bereit, uns von dieser Illusion zu lösen, obwohl es klare Beweise dafür gibt, dass wir uns auf dem Holzweg befinden. Zum Glück stellen immer mehr Menschen den Materialismus in Frage. Je größer die Zahl derer wird, die über die materielle Ebene hinaus und in die spirituelle Welt schauen, desto heller wird unser Planet.

Wir müssen bewusster werden. Das ist nicht nur wichtig, sondern notwendig. Viele Menschen behaupten, sie seien hoch entwickelt – aber in welche Richtung entwickeln sie sich? Gewiss, manche sind auf der materiellen Ebene weit gekommen. Das verdanken sie dem technischen Fortschritt in der Kybernetik, der Telekommunikation und der Biotechnik, um nur einige zu nennen. Aber das ist normal auf der materiellen Welt. Unser Planet hat sich schon immer weiterentwickelt und das wird nie anders sein.

Auch die Menschheit entwickelt sich weiter, ob wir uns dessen bewusst sind oder nicht. Um unsere wahre, spirituelle Natur zu erkennen, genügt es jedoch nicht, von ihr zu wissen – wir müssen unser Bewusstsein erweitern. Das geschieht durch die Erfahrungen, die wir sammeln, indem wir aktiv sind. Nehmen wir den Sonnenaufgang als Beispiel. Wenn du versuchst, seine Wirkung einem Menschen zu beschreiben, der die aufgehende Sonne noch nie gesehen hat, wirst du merken, dass Worte unzulänglich sind. Nur wer diese Erfahrung selbst gemacht hat, weiß, welche Gefühle sie weckt. Dennoch ist jede Erfahrung in jedem Lebensbereich einzigartig. Nur durch Erfahrungen werden wir bewusst; einen anderen Weg gibt es nicht, um wirklich zu fühlen und zu verstehen.

„Gott sein" heißt, das Leben spirituell betrachten und begreifen, dass jede einzelne Zelle auf der physikalischen Welt beseelt ist, damit sie auf der materiellen Ebene leben kann.

Um eine umfassende spirituelle Lebensauffassung zu entwickeln, musst du lernen, dich auf der materiellen Welt wohl zu fühlen, ohne an materiellen Dingen zu haften.

Vergiss nie, dass du mehr bist als ein physischer Körper mit Einstellungen und Emotionen. Je mehr du dich an materiellen Besitz klammerst, desto stärker identifizierst du dich mit deinem Verstand, deinen Emotionen und deinem physischen Körper und desto dichter wird die Energie dieser Körper, so dass sie weniger Licht aufnehmen.

Wir Menschen sind Illusionsexperten geworden. Wir reden uns ein, dass wir unsere Emotionen *sind* und handeln danach:

- Wir sind glücklich, wenn jemand nett zu uns ist.
- Wir fühlen uns krank, wenn jemand meint, wir sähen schlecht aus.
- Wir haben keine Energie, wenn wir uns langweilen.
- Wir halten uns für reich, wenn wir viel Geld gewinnen.
- Wir fühlen uns jämmerlich, wenn wir eine schlechte Nachricht erhalten.
- Wir sind begeistert, wenn jemand uns eine gute Nachricht bringt.
- Wir fühlen uns wie neugeboren, wenn ein geliebter Mensch bei uns ist.
- Wir fühlen uns abgelehnt, wenn jemand seine Liebe nicht so zeigt, wie wir es wollen.

Alle diese Emotionen können sich je nach den Umständen augenblicklich ändern. Sobald dir klar wird, dass du tatsächlich Gott bist, der auf der materiellen Ebene menschliche Erfahrungen sammelt, kommt dir das Leben viel weniger dramatisch vor; denn du weißt, dass du hier auf Erden bist, um das ganze Leben zu erfahren.

Wenn du weißt, wer du wirklich bist,
ist dir nur noch die spirituelle Wahrheit wichtig.

Dann merkst du es auch, wenn ein Mensch leidet, weil er vergessen hat, dass er Gott ist; aber du verurteilst ihn deshalb nicht. Du beobachtest nur.

Je bewusster du wirst, desto besser meisterst du dein Leben und desto enger bist du mit der materiellen und mit der göttlichen Ebene verbunden. Es ist, als stündest du auf dem Gipfel des Universums, von wo aus alles zu sehen ist. Von dort aus siehst du das Leben in einem ganz anderen Licht. Du hast den rein materiellen Standpunkt verlassen.

Wenn du dich unwohl fühlst, weil du merkst, dass einige Teile des Puzzles fehlen, weil du innere Leere spürst, ist dir nicht klar, dass du Gott bist – du musst die spirituelle Weltsicht erst noch entwickeln. Jetzt haftest du noch zu sehr am materiellen Aspekt des Lebens und glaubst nur daran. Du versuchst, deine innere Leere mit Essen oder anderen materiellen Dingen zu füllen – vergeblich.

Im Jahr 1961 sprach Bill Wilson, der Mitbegründer der Anonymen Alkoholiker, mit dem Psychoanalytiker C. G. Jung über einen seiner Patienten, und Jung sagte: *„Sein Durst nach Alkohol entspricht, wenngleich in geringerem Umfang, dem spirituellen Streben des ganzen Wesens nach der Vereinigung mit Gott. So drückte man es im Mittelalter aus."* Jung verstand den inneren Schmerz sehr gut, der den Menschen unablässig quält, während er unterwegs zur Wiedervereinigung mit seiner spirituellen Natur ist.

Wenn du versuchst, andere mit deinem Verstand zu beeindrucken, und dein intellektuelles Wissen nutzt, um dein Selbstbild zu verbessern, giltst du als eingebildet. Wenn du dich von mentalen Einstellungen beherrschen lässt, neigst du zu Egoismus und Arroganz. Physisches, emotionales und mentales Leiden ist die Folge, wenn du Gott vergisst.

Je größer das Ich ist, desto stärker verdunkelt es unser inneres Licht, so dass es nicht in unsere materielle Welt scheinen kann. So wie der Schatten des physischen Körpers nicht der Körper ist, stellt die materielle Welt nur den Schatten der spirituellen dar – sie ist eine Illusion. Real ist nur die spirituelle Ebene, die Welt des „Ich bin". Wir können ein Leben voller Freude, Glück, Frieden, Harmonie, Liebe, Fülle und Gesundheit führen, wenn wir uns wieder mit dem inneren Wesen in unserer Mitte verbinden. Dies ist die wahre Heimat jedes Menschen, in der alle großen Weisen und Meister aller Zeitalter Zuflucht gesucht haben.

Selbst wenn du im materiellen Bereich deines Lebens noch Schwierigkeiten hast, brauchst du nur zu sagen: *„Ich weiß, dass ich zurzeit noch an meinem materiellen Besitz hafte; aber ich akzeptiere mich so, wie ich bin, denn ich weiß, dass dies ein vorübergehender Zustand ist."* Dadurch zeigst du, dass dein spirituelles Bewusstsein erwacht ist. Du hast genügend Kontakt mit Gott, um dich so zu sehen, wie du bist. Andernfalls würdest du immer noch glauben, ein physischer oder mentaler Körper zu sein, unfähig zur Transformation. Wenn du zugibst, dass es besser wäre, nicht so sehr am materiellen Besitz zu haften, bist auf dem richtigen Weg.

Das Leben ist einfacher, wenn du ein spirituelles Leitbild hast.

Dann tust du das Richtige zur rechten Zeit und bekommst, was du brauchst, wann immer du es brauchst. Deshalb ist es so wichtig zu *sein,* um zu *haben.* Wenn du erkannt hast, dass du Gott bist, verlangst du nichts mehr für dich selbst; denn du weißt, dass auf der materiellen Ebene alles ein Teil des göttlichen Planes ist und dass dir im Leben genau das begegnet, was für dich am besten ist. Du weißt, dass es eine Lösung für jedes Problem gibt.

Ich hoffe, dass du diese beiden Überzeugungen in dein Leben integrierst: *„Ich bin Gott“,* und *„Es geschieht nur, was mir nützt.“* Dein menschlicher Teil muss jedoch Wünsche haben, damit du sie auf der materiellen Ebene verwirklichen kannst. Das ist eines der Gesetze der Manifestation. Wenn du manifestieren kannst, was du begehrst, wirst du dir deiner großen schöpferischen Kraft bewusst.

Sobald du um deine spirituelle Natur weißt, wird dir klar, dass dir jeder Augenblick die Erfahrungen schenkt, die du brauchst. Dann hast du nach und nach immer weniger materielle Wünsche und auch deine Bedürfnisse nehmen entsprechend ab. Wenn du Kontakt mit deinem inneren Gott hast, lässt du dich von deiner Intuition leiten, nicht vom Verstand. Wenn die Intuition dich führt, können einige Bilder und Ideen auftauchen, noch bevor du nachgedacht oder analysiert hast. Solange der Verstand das Kommando hat, gehen Überlegung und Analyse den Bildern voraus.

Angenommen, du hast eine spontane Idee, zum Beispiel eine Reise zu machen, eine neue Stelle zu suchen oder mit jemandem zu reden. Diese Idee hat deine Intuition hervorgebracht. Du brauchst nicht nachzudenken, zu analysieren oder dich für diese Idee zu programmieren, weil du weißt: *„Wenn ich eine Idee habe und sie gut für mich ist, geschieht alles am richtigen Ort und zur rechten Zeit.“* Und ohne dich anzustrengen, handelst du entsprechend.

An diesem Punkt verwechseln viele Leute das *„Ich bin“* mit dem *„Ich habe“*. Ein Beispiel: Wir sagen: *„Ich bin krank“, „Ich bin dumm“, „Ich bin pleite“* oder *„Ich bin Alkoholiker“* anstatt zu sagen: *„Ich habe Gesundheitsprobleme“, „Ich habe Schwierigkeiten, mich zu akzeptieren“, „Ich habe Geldprobleme“* oder *„Ich habe ein Alkoholproblem“*. Die Worte *„Ich bin“* enthalten viel mehr schöpferische Kraft.

Sobald du diese Worte verwendest, setzt du deine schöpferische Kraft in Bewegung und bringst das, was den Worten folgt, selbst hervor. Wenn du aber darauf beharrst, dass du krank *bist* oder ein Alkoholiker *bist,* verschlimmerst du deine Situation. Sage stattdessen: *„Ich bin ein besonderer Mensch, ich bin Gott und Gott kann nicht inmitten solcher Probleme sein. Das ist die eigentliche Ursache aller meiner Probleme."* Du wirst den großen Unterschied spüren! Die Chance, deine Probleme zu lösen, ist jetzt viel größer, weil du dich mit dem spirituellen Auge siehst.

Andererseits sagen wir *„Ich habe viel Glück im Leben", „Ich habe Kinder", „Ich habe einen Partner"* oder *„Ich habe Geld"* anstatt *„Ich bin glücklich", „Ich bin eine Mutter", „Ich bin verheiratet"* oder *„Ich bin reich"*. Der Ausdruck *„Ich habe"* zeigt hier, dass unserer Meinung nach alles von außen kommt, von der materiellen Ebene. Der Ausdruck *„Ich bin"* bedeutet hingegen, dass alles, was in unserem Leben geschieht, die Folge unserer inneren schöpferischen Kraft ist und wir nicht fürchten, etwas zu verlieren, weil wir mit dieser inneren Kraft verbunden sind.

Worte haben gewaltige Macht. Achte also auf deine Worte, während du redest, achte auch auf deine Gedanken und bitte andere Menschen, es dir zu sagen, wenn du Worte benutzt, die nicht der Realität entsprechen. Sagst du beispielsweise *„Das ist ja unglaublich!",* wenn etwas geschehen ist, was du durchaus glaubst? Sei dir aller deiner Worte und ihrer Macht bewusst.

Manche Menschen verwechseln „tun" mit „sein". Wenn wir uns mit dem identifizieren, was wir tun, können wir nicht wirklich *sein.* Viele Leute fragen mich, ob „sein" womöglich „nichts tun" bedeute. Nein, das ist nicht dasselbe. Etwas tun heißt, ein bestimmtes Ergebnis anstreben. Wenn du beispielsweise ein Buch aus beruflichen Gründen liest, ist das eher ein Tun, denn es ist dein Ziel, etwas zu lernen. Wenn du es dagegen aus Freude liest, ist das eher ein Seinszustand, weil du kein bestimmtes Ziel hast. Wenn du einen Spaziergang machst, willst du entweder mit der Natur eins „sein" oder deine Fitness steigern, also etwas „tun".

Wenn du weißt, dass du Gott bist,
dann weißt du auch, dass du ein Teil des göttlichen Planes,
ein Teil des Ganzen bist.

Dann fühlst du dich vom Ganzen nie getrennt. Die folgende Analogie macht verständlicher, was es bedeutet, mit dem Ganzen eins zu sein, obwohl auf der materiellen Ebene scheinbar alles getrennt ist.

Nehmen wir an, du schneidest fünf Löcher in ein Blatt Papier und schiebst die Finger einer Hand durch die Löcher. Wenn der Rest deines Körpers verborgen ist, könnte ein Mensch, der vor dir steht, glauben, die fünf Finger seien eigenständige Phänomene ohne erkennbaren Zusammenhang. Aber du weißt, dass die Finger zu deiner Hand gehören, die ihrerseits mit deinem Arm verbunden ist und so weiter. Der andere kann das nicht wissen. Er hat keinen (spirituellen) Standpunkt, von dem aus er das ganze Bild – die Wirklichkeit – sehen könnte. Er weiß nicht, dass alles ein Teil des Ganzen ist und dass die Idee von der Trennung und Teilung auf seinem begrenzten Blickwinkel beruht.

Alles, was auf Erden lebt, auch du, ist ein Teil des Ganzen. Wenn du Hilfe bei deiner Entwicklung brauchst, begegnest du zur rechten Zeit dem richtigen Menschen. Fühlst du dich manchmal wie ein verstörtes Kind, das seine Mutter verloren hat? In Wahrheit ist die Mutter nicht verschwunden, sondern das Kind hat sich verirrt. Vielleicht fühlst du dich verloren, weil du Gott vergessen hast; aber Gott hat dich nicht vergessen – er steht immer neben dir.

Die Raupe, die sich in einen Schmetterling verwandelt, symbolisiert das Abwerfen unseres alten, begrenzten Bewusstseins und das Tor zu einem neuen Bewusstsein, das uns mit unserer göttlichen Essenz verbindet, mit dem, was wir wirklich sind.

Wir Menschen kriechen vor unserem Verstand wie eine Raupe und hören nur auf unsere mentalen Einstellungen. Erst wenn wir unser Bewusstsein erweitert haben, gleichen wir dem Schmetterling, der über alles hinweg fliegt und viel mehr sieht als die Raupe. Wie viel Freiheit hat ein Schmetterling im Vergleich mit der Raupe! Das Tier ist dasselbe, aber nach seiner Metamorphose hat es einen ganz anderen Blickwinkel.

Eine ähnliche Transformation erlebst du, wenn du dir deiner spirituellen Dimension bewusst wirst. Sobald du ein

„Schmetterling“ bist, geschieht alles sehr schnell. Innerhalb weniger Wochen kann deine spirituelle Entwicklung Fortschritte machen, für die du als „Raupe“ vielleicht hundert Jahre gebraucht hättest. Dann nimmst du auch Raum und Zeit anders wahr. Je mehr du in der materiellen Welt verwurzelt bist, desto begrenzter sind Raum und Zeit. Aber auch das Gegenteil trifft zu!

Denke daran, dass die Astralebene ein Teil der materiellen Ebene ist. Manche Leute glauben, sie seien spiritueller als andere, weil sie ein Medium sind oder hellsehen können. Da der emotionale und der mentale Körper jedoch aus Astralmaterie bestehen, nehmen Medien ein Astralwesen durch den Filter ihres Emotional- und Mentalkörpers wahr. Die spirituelle Ebene liegt aber jenseits der astralen.

Sei vorsichtig, wenn du dich von Medien oder Hellsehern beraten lässt. Wenn das spirituelle Auge dieser Leute noch nicht offen ist, werden sie von der begrenzten Wirklichkeit der Astralebene beeinflusst und können daher keinen Kontakt mit deinem Wesen aufnehmen. Sie wissen dann nur, was auf der materiellen Ebene gut für dich ist und ihre Worte werden von ihren eigenen bewussten und unbewussten Erinnerungen und Schuldgefühlen beeinflusst. Im Grunde haben solche Medien nicht mehr Fähigkeiten als du. Vertraue deiner inneren Führung und höre auf deine innere Stimme – sie kennt deine wahren Bedürfnisse und meldet sich als Intuition. Achte auf den ersten Gedanken oder Eindruck. Das hilft dir, mit deinem inneren Gott verbunden zu bleiben und deine spirituelle Entwicklung fortzusetzen.

Derzeit ist dein Geist in den mentalen, emotionalen und physischen Körper gehüllt und daran ändert sich nichts, solange du irdische Wünsche und Schuldgefühle hast. Nach dem Tod des physischen Körpers gelangst du auf die astrale Ebene in die Welt der Seele, die im Christentum Hölle, Fegefeuer und Himmel genannt wird. Wie lange du dort bleibst, hängt davon ab, wie bewusst du auf Erden warst und was du dort getan hast. Wenn jedes Verlangen erloschen ist, das heißt, wenn du dich ganz vom emotionalen und mentalen Körper gelöst hast, setzt du deine Entwicklung bewusst auf der spirituellen Ebene fort.

Wenn du „Gott bist“, weißt du, dass du ein spirituelles Wesen bist, das auf der materiellen Ebene lebt. Genau das ist der Sinn deiner Existenz: Du sollst dir durch Erfahrungen deiner spirituellen Natur bewusst werden. Es ist wichtig, die Vorstellung aufzugeben, du wärst ein physischer, emotionaler und mentaler Körper. Wegen dieses Irrglaubens hast du den Eindruck, von Gott getrennt zu sein. Je bewusster du wirst, desto deutlicher spürst du deine Verbindung mit Gott.

***Die Illusion der Getrenntheit verschwindet,
wenn du bewusster wirst und bedingungslose Liebe
in dein Leben integrierst.***

Warum beschließt du nicht heute, mit deiner persönlichen Macht, mit deinem großen inneren Potenzial Kontakt aufzunehmen? Lass dich nicht länger von den Illusionen der materiellen Ebene manipulieren. Ärgere dich aber nicht über deinen physischen Körper und über die materielle Welt, von denen du beherrscht wurdest. Akzeptiere, dass du einen Teil deiner Macht unwissentlich an diese Teile deines Selbst abgegeben hast und ihn von nun an zurückgewinnen willst. Dann meisterst du dein Leben selbst.

Zum Schluss empfehle ich dir herauszufinden, was du in diesem Leben *sein* willst, um glücklich zu werden. Wenn alle Bedingungen gegeben wären, um deine Wünsche zu erfüllen, welcher Aspekt wäre für dich am wichtigsten, um glücklich zu sein? Es geht hier darum, was du *sein* willst, nicht darum, was du gerne tun oder haben würdest. Achte darauf, welche spontane Antwort deine Intuition gibt.

Zweitens: Erlaube dir *heute* noch zu sein, wer du bist. Wenn du nur daran denkst, was du in Zukunft sein willst, vergisst du, im Augenblick zu leben. Wenn du den Sinn deines Lebens im Auge behältst und erkennst, dass du Gott bist, der auf der materiellen Ebene Erfahrungen sammelt, wirst du unweigerlich Erfahrungen machen, die gut für dich sind, und du wirst zur rechten Zeit die materiellen Güter bekommen, die du brauchst.

Denke vor allem daran, dich so zu respektieren, wie du jetzt bist, und dann handle entsprechend. Es ist eine große Freude, immer das zu bekommen, was du brauchst, um deine Reise als spirituelles Wesen auf der materiellen Ebene fortsetzen zu können.

Zum Abschluss

Alle meine Bücher schließen mit dem Gedanken *„Ich bin Gott“*, denn dies ist die Kernaussage meiner Lehre. Dennoch wiederhole ich sie hier, weil wir unsere Auffassung vom Leben auf diesem Planeten und von uns selbst unbedingt ändern müssen. Du hast viel zu gewinnen, wenn du zurück zu Gott findest. Bedingungslose Liebe für dich und andere ist der beste Weg zur Vereinigung mit dem Gott in dir. Die folgende Definition der bedingungslosen Liebe ist Teil der Philosophie, die ich zu meiner Freude in vielen Ländern verkünden durfte.

Wahrhaft lieben bedeutet:

- sich und andere respektieren
- sich und anderen unterschiedliche Bedürfnisse, Einstellungen, Wünsche, Grenzen, Talente, Ängste und Schwächen erlauben, ohne zu urteilen und ohne Schuldgefühle
- Hilfe anbieten, ohne Lohn zu erwarten
- aus Freude geben, ohne Lohn zu erwarten
- Ereignisse akzeptieren und beobachten, selbst wenn du nicht mit ihnen einverstanden bist oder sie nicht mit dem Verstand erfassen kannst

Diese Definition unterscheidet sich erheblich von jener, welche die meisten Menschen gelernt haben.

Das Gegenteil der bedingungslosen Liebe bedeutet:

- geliebt werden wollen (das ist eine beengende oder auf Furcht basierende Form von Liebe)
- sich in das Leben anderer einmischen oder anderen erlauben, sich in dein Leben einzumischen
- sich oder andere kritisieren
- sich oder andere beherrschen wollen
- für sich oder andere Entscheidungen treffen, ohne vorher zu prüfen, ob sie einem echten Bedürfnis entsprechen
- geben, um dafür belohnt zu werden
- der Glaube, für das Glück anderer verantwortlich zu sein oder der Glaube, andere seien für dein Glück verantwortlich

Das ist die Beschreibung der Liebe, die man uns schon als Kinder beigebracht hat und die wir seither in die Tat umsetzen. Diese Art Liebe ist die eigentliche Ursache vieler Emotionen und Krankheiten. Aber du kannst wählen, ob du lieben oder geliebt werden willst! Da der Wunsch, geliebt zu werden, auf Furcht gründet, durchtrennt er die Verbindung mit dem inneren Gott. Wahre Liebe spendet dagegen das Licht, das du brauchst, um zu erkennen, dass jedes lebende Wesen, auch du, Gott ist.

Wenn die Worte „*Ich bin Gott*" dir zusagen, lies diesen Auszug aus meiner Autobiografie:

„Die Bekräftigung ‚*Ich bin Gott*' ist keine Anmaßung, wenn ich akzeptiere, dass alles, was im Universum existiert, ebenfalls sagen darf: ‚*Ich bin Gott*'."

Lise Bourbeau

Autorin von zahlreichen Büchern, u. a. dem Bestseller *Höre auf Deinen besten Freund, auf Deinen Körper (Teil 1)*. Ihre praktische Ausbildung und die einfache Botschaft, die sie vermittelt, haben mehr als 1 Mio. Menschen geholfen, konkrete Veränderungen in ihrem Alltagsleben zu bewirken. Sie ist die Gründerin der größten Schule für Persönlichkeitsentwicklung, dem Seminar-Zentrum ECOUTE TON CORPS (HÖRE AUF DEINEN KÖRPER) in Québec Ihr Gedankengut hat sich mittlerweile in 22 Ländern verbreitet und wurde in neun Sprachen übersetzt. Die Autorin zeigt uns, wie wir die Grenzen überschreiten können, die das Leben uns zu setzen schein, um so die Ziele zu erreichen, nach denen wir alle streben: Glück, Frieden, Gleichmut, Gesundheit und Verwirklichung unserer Träume und Wünsche.

Mehr von Lise Bourbeau

Neben den bislang in diesem Verlag erschienen Titeln können Sie auch Audiokassetten, CDs, Videos und Kartenspiele der Autorin in französischer Sprache bestellen.

In ihren elektronischen Publikationen behandelt Lise Bourbeau die Themen Selbstverantwortung, Reinkarnation, Selbstliebe, Spiegelgesetze, zwischenmenschliche Beziehungen, Erkennen und Erfüllen spiritueller Wünsche, Wege zur Konfliktbewältigung und viele mehr.

Bestellmöglichkeiten gibt es im Internet unter www.ecoutetoncorps.com,
telefonisch unter 001 (514) 875 - 1930 oder
per Post: ECOUTE TON CORPS
1102 Boulevard La Salette
J5L 2J7 Saint-Jérôme
Québec, Canada

Seminarhinweise und Termine finden Sie unter der angegebenen Internetadresse oder unter den Telefonnummern 001–(800)–361–3834 bzw. 001–(514) 875 1930.

Lise Bourbeau · Micheline St-Jacques

Handbuch für die innere Kraft

Höre auf deinen Körper, lerne dich neu zu sehen und bedingungslos anzunehmen

Lise Bourbeau dechiffriert überkommene Glaubenssätze, um sie mit inneren Werten wie Selbsterkenntnis, Öffnung für die spirituelle Welt und innere Kraft neu zu beleben.
Das „Handbuch für die innere Kraft“ zeigt, wie wir uns selbst besser kennen lernen und so sein können wie wir wirklich sind. Es gibt Antworten zu Fragen des Seins, des Tuns und des Habens. Über 500 Stichworte geben Inspiration für die kleinen und großen Themen des Lebens. Lise Bourbeaus Botschaft lautet: Es liegt einzig und allein an uns selbst, uns den Quellen zu öffnen und uns unserer Werkzeuge zu bedienen, um unsere Lebensqualität zu verbessern.
Oft versuchen Menschen, ihr ganzes Leben mit immer gleichen Haltungen, Verhaltensweisen und Meinungen zu bewältigen, die längst überholt, unbefriedigend und manchmal sogar schädlich sind. Das Leben ändert sich ständig! Die Lösung zu allen Problemen liegt bereits in unserem Inneren. Schlagen Sie das Buch einfach auf oder suchen Sie nach ihrem derzeitigen Thema – und lassen Sie sich den Weg zur inneren Kraft weisen.

376 Seiten · ISBN 3-89385-460-6 · www.windpferd.de

Lise Bourbeau

Dein Körper sagt: «Liebe dich!»

Die metaphysische Bedeutung von über 500 Gesundheitsproblemen mit ihren emotionalen, mentalen und spirituellen Ursachen

Lise Bourbeau ist eine der erfolgreichsten spirituellen Lehrerinnen unserer Zeit. Mit diesem wertvollen Ratgeber zeigt sie anhand von 500 Gesundheitsstörungen, wie Krankheitsursachen frühzeitig erkannt und nachhaltig verändert werden können. Im Zentrum ihres Wirkens steht das Reifen der Seele. Dieses Reifen bedeutet, sich und andere anzunehmen und zu lieben. Dazu gehört auch das ganz bewusste Wahrnehmen subtiler Körperbotschaften. Sie zeigen an, wo wir an unsere physische, emotionale und mentale Grenze gelangen. Ein sensibles, spirituelles Nachschlagewerk, mit dem wir unser Wesen wieder ins Gleichgewicht bringen und den natürlichen Zustand des Körpers, Gesundheit, Glück und Liebe finden können.

320 Seiten · ISBN 3-89385-277-8 · www.windpferd.de

Lise Bourbeau

Heile die Wunden deiner Seele

Die Botschaften deines Körpers wandeln sich zur Quelle spiritueller Kraft

Haben wir das Gefühl, unser Lebensweg dreht sich im Kreis? Tauchen Probleme, die wir für gelöst hielten, immer wieder auf? Vielleicht suchen wir nicht an der richtigen Stelle!
Dieses Buch von Lise Bourbeau zeigt auf, dass all unsere Probleme der körperlichen, emotionalen und geistigen Ebene auf fünf Seelenwunden zurückgehen: Ablehnung, Verlassenwerden, Demütigung, Verrat und Ungerechtigkeit. Mit Hilfe der genauen Beschreibung dieser Wunden, aber auch der Masken, die wir entwickelt haben, um sie vor uns und der Welt zu verbergen, können wir die wahren Ursachen all dieser Probleme erkennen, die unser Leben hartnäckig zu verfolgen scheinen.

168 Seiten · ISBN 3-89385-355-3 · www.windpferd.de